共和国记忆系列

共和国文学记忆

主 编 / 白烨

副主编 / 卓今

湖南电子音像出版社

1949—2019

图书在版编目（CIP）数据

共和国文学记忆/白烨主编.—长沙：湖南电子音像出版社，2019.9（2024.1重印）
ISBN 978-7-83004-377-3

Ⅰ.①共… Ⅱ.①白… Ⅲ.①作家—列传—中国—现代 Ⅳ.① K825.6

中国版本图书馆 CIP 数据核字（2019）第 194992 号

共和国文学记忆
Gongheguo Wenxue Jiyi

出 版 人：杨 林
总 策 划：杨 林
主　 编：白 烨
副 主 编：卓 今
编　 著：李 琼　苏大平　高求忠　杨景交　朱思衡
　　　　　徐宁怡　杨 颖　周洪斌　江 萍　刘婕宇
　　　　　易海波　方 芳　刘艳婷
播　 讲：史俊博
音频制作：赵 鑫　王柏臻
责任编辑：荀 娟
美术编辑：张 剑
技术编辑：王 枢
装帧设计：谢 颖

出　　版：湖南电子音像出版社www.xyin.com
印　　刷：三河市明华印务有限公司
开　　本：710mm×1000mm 1/16
印　　张：20
字　　数：270 千字
版　　次：2019年9月第1版
印　　次：2024年1月第6次印刷
书　　号：ISBN 978-7-83004-377-3
定　　价：59.80元

如有印装质量问题，请与我社生产服务中心联系调换。
联系电话：0731-82228602

总序
GENERAL PREFACE

在文艺经典中重温70年的光辉历程

　　为了庆祝中华人民共和国成立70周年,湖南电子音像出版社特别组织编纂了一套"共和国记忆"系列出版物,并率先推出文学卷、音乐卷、美术卷三种。我参与了文学卷的前期编选,浏览过音乐卷、美术卷的拟选篇目,深感这是一件极有意义的工作,而按计划完成整套出版,当是一份别具特色的厚礼。

　　在中国文联、中国作协成立70周年之际,习近平总书记发来贺信,并在贺信中对70年来的文艺战线做出了"广大文艺工作者响应党的号召,积极投身社会主义革命和建设、改革开放伟大实践,创作出一批又一批脍炙人口的优秀文艺作品,塑造了一批又一批经典艺术形象"的高度评价。"共和国记忆"系列,正是以经典作品为点,以发表时间为序,对文学、音乐、美术三个领域里的有特色又有影响的优秀作品,以讲述创作背景、绍介作品梗概和回溯社会影响的方式,进行了系统的梳理与全面的展示,给人们勾勒出文艺领域经典作品衔尾相随、绵延而来的繁盛景象,使得人们在重温这些经典作品的同时,也重温了那些令我们热血沸腾、心潮澎湃的辉煌历史。

无论是作为参与者参加作品的遴选,还是作为阅读者阅读这些绍介经典作品的文章,都会令人在分外亲切的感受中,受到很多启迪,收获许多感动。关于这套出版物的价值和意义,我有三个方面的感受最为突出,在这里略做陈述,以与读者诸君分享。

一、创作历程的精要展示

"共和国记忆"系列中各卷所收入和所绍介的文艺作品,均为新中国成立70年以来文艺领域里在不同时期的代表性作品,都是作家、艺术家"深入生活、扎根人民"的丰硕收获,是他们在创作上精益求精、殚思竭虑的重要成果。

新中国的建立,翻开了中国历史崭新的一页,新的历史需要新的文学与艺术。在象征着文艺界的大会师与大团结的第一次全国"文代会"上,郭沫若和周扬在各自的报告中分别向文艺工作者提出了新的使命与任务:"创造出无愧于我们伟大民族的文学艺术作品"(郭沫若),"创造无愧于伟大的中国人民革命时代的作品"(周扬)。广大文艺工作者听命于时代的召唤,焕发出充沛的艺术激情,在深入体验各行各业的人民生活,了解和亲历各条战线的建设成就的基础上,创作出了一批反映新生活、描写新人物的优秀作品,使新中国成立之后的文学在面临种种干扰的情形下,仍然取得了令人瞩目的较大成就。

当代中国的文艺发展,可分为新中国成立后至改革开放的30年、改革开放以来的40年两个大的阶段来看。新中国成立后的30年,文艺创作比较明显地贯穿了"为政治服务"的主线,这一时期的文艺作品不仅以革命历史题材和农村题材为多,人物也主要以歌吟工农兵的英雄人物为主,而且作品也普遍具有鲜明的思想性与强烈的政治性。改革开放以来的40年,由于文艺与政治关系的正确解决,"为人民服务、为社会主义服务"的文艺方向全面确立,人们的文艺观念在不断更新中走向开放,文艺创作在不断探求中走向多样,文艺领域的精品力作的数量日益增多,质量也明显提高,而且丰富多样的各类作品也体现了不同的创作方法,代表了不同的风格流派,真正迫近了"百花齐放"的繁盛状态。

"共和国记忆"系列中所收入和所绍介的作品,以写作和发表的时间为序,这种历时性的编排方式,可看出文艺创作由单一到多样的演进历程,文艺发展由拘板到开放的拓展路向,从而以经典作品系统巡礼的方式,以点带面地向人们展示了当代文艺创作波澜壮阔的发展历程。

二、时代风采的艺术影像

作家、艺术家都置身于一定的社会生活,也必然属于一定的时代。这样的一个社会定位与时代属性,使得作家、艺术家所创作的作品,既带有作家、艺术家个人的独有的艺术气质,也必然带有一定时代特有的精神气韵。而优秀的文艺作品,则一定是作家、艺术家与社会现实密切互动、思想内容与艺术形式高度融合的创新成果。

"共和国记忆"系列,无论是文学卷,还是音乐卷、美术卷,打开目录,一连串耳熟能详的作品名字映入眼帘;阅读绍介作品的文章,一股浓郁的时代气息也随之扑面而来。这些出自不同作家、艺术家之手的作品，无不是以自己的语言，讲述着时代新变的故事，以不同的形式，诉说着火热生活的观感。这使每一部作品都堪为时代的音符、年代的标志，而把它们连缀起来看，社会现实的沧桑巨变、时代生活的斗转星移，都以一种特殊的方式和样态呈现于人们眼前，让人们在经典作品的重读与温习中流连忘返，让人们在光辉岁月的深情回望中感慨万千。

习近平总书记的《在中国文联十大、中国作协九大开幕式上的讲话》，在文艺与时代关系上有许多重要论述，他特别强调说："文艺的性质决定了它必须以反映时代精神为神圣使命。""任何一个时代的经典文艺作品，都是那个时代社会生活和精神的写照，都具有那个时代的烙印和特征。任何一个时代的文艺，只有同国家和民族紧紧维系、休戚与共，才能发出振聋发聩的声音。"这些提纲挈领又精警凝练的论述，既是党和国家领导人对文学艺术家的殷切期望的具体体现，也是文艺创作和文艺发展的客观规律的集中反映。

"共和国记忆"系列所选收的各类作品，正是由于紧贴时代生活，把握时代脉搏，才使它们在聆听时代声音的同时，传达了时代的强音，在与时代同步行进的过程中，做到了与时代同频共振。可以说，怎样认识文艺与时代的关系，如何领会时代精神的精髓，这些经典文艺作品都给我们做出了精妙的示范，也提供了宝贵的经验。

三、人民情怀的诗意呈现

文艺创作是作家、艺术家个人的个性化劳作，文艺作品是艺术个性化的产物，这是人们认识得很清楚并一再强调的。但这是文艺创作的特殊性的一个方面。文艺创作的特殊性还有一个重要方面，是一切能传之久远的优秀作品，都反映了时代的要求和人民的心声，都是以精湛的艺术彰显了深厚的人民情怀，从而在内在情怀与精神蕴含上，与人民群众保持了密切而内在的联系。

纵观"共和国记忆"系列各卷所选作品及其简明扼要的创作钩沉，人们都能深刻地感受到，这些经典作品，无论是思想内容上的取向，还是艺术表达上的趣味，都葆有"人民性"的明显指向。作品的内容，表现的是人民的喜怒哀乐与所思所想；作品的形式，也适应人民大众的审美需求，为人民群众所喜闻乐见。可以说，这种卓具个性化的艺术表达中，无不透显出对人民生活的锐意发现，无不溢渗着对人民情怀的诗意呈现。

习近平总书记《在中国文联十大、中国作协九大开幕式上的讲话》指出："广大文艺工作者要坚持以强烈的现实主义精神和浪漫主义情怀，观照人民的生活、命运、情感，表达人民的心愿、心情、心声，立志创作出在人民中传之久远的精品力作。"这是习近平总书记对新时代文艺工作者提出的新要求，也是他对当代文艺创作经验的高度概括。"共和国记忆"系列中的所有作品，都是当代的作家、艺术家在不同时期努力践行"为人民抒写，为人民抒情，为人民抒怀"的艺术成果。而这样的成功实践，也感召着新时代的文艺工作者在深入生活、植根人民的过程中,创作出更多更好的优秀文艺作品,构筑属于我们这个新时代的文艺高峰。

"共和国记忆"系列,以文艺名家荟萃、经典之作联袂的方式,记录了共和国70年文艺领域的非凡成就与光辉业绩,也以此向人们信而有征地表明:优秀的文艺作品都有一个共同的特点,那就是"有正能量、有感染力,能够温润心灵、启迪心智,传得开、留得下,为人民群众所喜爱"。经典作品兼具着回望历史、启迪现在和面向未来的多种指向与多重价值,而这也同样是这套出版物的价值与意义之所在。正因如此,这套向文艺经典致敬的出版物,也一定"传得开、留得下",并在人民群众的阅读与传播中,发挥其积极而重要的作用。

白烨

2019年8月5日于北京朝内

前言
PREFACE

70年,我们的文学记忆

记忆是过去的事物留在人们脑海中的印象。

关于新中国成立的记忆,相信很多人的印象都是那激动人心的时刻——1949年10月1日,在天安门城楼上,毛泽东主席宣布:"中华人民共和国中央人民政府今天成立了!"

那一段珍贵的影像资料,是我们共同的记忆。

那一时刻,即使不能亲身参与,也能铭刻在我们的脑海中,这是影像的魅力。与前者不同的是,文学以一种更为艺术也更为形象的记录与表达方式,在传播作者审美意趣的同时,带给读者更多的想象空间。

从1949至2019年,共和国走过了波澜壮阔的70年历史进程。70年来,在中国共产党的领导下,"久经磨难的中华民族迎来了从站起来、富起来到强起来的伟大飞跃","中华民族正以崭新姿态屹立于世界的东方"。

中国文学人热爱新中国,歌吟新时代,始终与新中国同呼吸、共命运。在共和国成立之初,他们敏锐地观察到,随着社会主义制度的全面建立,社会生活日新月异,人民的精神面貌也焕然一新,他们兴致勃勃地创作出《北京的春节》《荔枝蜜》《西去列车的窗口》《创业史》《山乡巨变》等作品,满怀激情地歌颂新中国、描绘新生活和塑造新人物。这样的文字由衷地抒发了作者的情感,又表达了人民的心声,有着极强的表现力和感染力。

面对国家发展过程中因多种原因导致的曲折或失误,我们的作家也并不避讳,直抒胸臆,有感而发地写出了《班主任》《将军吟》《干校六记》《随想录》等作品,在忧国忧民的意蕴中,体现了中国文人的铮铮风骨与担当精神。

结束"浩劫"后经由拨乱反正,中国社会迎来改革开放的新时期,中国共产党领导全国人民建设有中国特色的社会主义,中国社会从乡村到城市,都在不断发生着令人欣喜的新的变化。敏锐的作家由新变的风向看到了历史转折所孕育的美好前景,他们的创作热情空前高涨,《乡场上》《祖国高于一切》《乔厂长上任记》《沉重的翅膀》《平凡的世界》等一大批优秀文学作品联袂而来,向人们报告了生活在渐变、人们在蜕变的可喜信息。

《共和国文学记忆》收录了100位作家的代表性作品,这些出自不同作家之手的作品,既具有不同作家鲜明的艺术个性,也显然都跳动着火热生活的脉搏,折射着跃动时代的身影。把它们连缀起来看,经典作品相互辉映的文学长河川流不息,打着中国印记的时代巨轮也在滚滚向前。

经典在记忆中复现,历史在记忆中复活。让我们在这些经典作品的重温中,在辉煌历史的徜徉中,不忘过去,珍惜现在,更加自信满满地迈向未来!

向辉

目录
CONTENTS

用手机扫描二维码
即时聆听书中故事

短篇小说

1. 第一只报春的燕子 ——刘心武《班主任》/ 001
2. "伤痕文学"的代表之作——卢新华《伤痕》/ 004
3. 从工厂走出来的"改革先锋"——蒋子龙《乔厂长上任记》/ 007
4. 新时代的镜子,农民的代言人——高晓声《陈奂生上城》/ 010
5. 折射时代阳光的一滴水——何士光《乡场上》/ 013
6. 凡人的人生欢乐——汪曾祺《受戒》/ 016
7. 天之骄子——刘震云《塔铺》/ 019
8. 与共和国同龄的父亲——黄咏梅《父亲的后视镜》/ 022
9. 乡土中国的现代化转型——朱辉《七层宝塔》/ 025

中篇小说

10. 工地生活十日记——杜鹏程《在和平的日子里》/ 028
11. 动人的咏叹调——谌容《人到中年》/ 031
12. 军旅文学之"高山"——李存葆《高山下的花环》/ 034
13. 为一代知青树一块碑——梁晓声《今夜有暴风雪》/ 037
14. 人性之美,劳动之美——张贤亮《绿化树》/ 040
15. 我们的80年代——刘索拉《你别无选择》/ 043
16. 英雄血,民族魂——莫言《红高粱》/ 046
17. 棉花的温暖——铁凝《棉花垛》/ 049
18. 乡村教师的赞歌——刘醒龙《凤凰琴》/ 052
19. 在孤独中坚守理想——田耳《一个人张灯结彩》/ 055

20. 中国的保尔·柯察金——吴运铎《把一切献给党》/ 058
21. 山药蛋派的农村故事——赵树理《三里湾》/ 061
22. 笔拓江湖——金庸《射雕英雄传》/ 064
23. 新中国工商业发展的曙光——周而复《上海的早晨》/ 067
24. "山乡"的画师,"巨变"的妙手——周立波《山乡巨变》/ 070
25. 创业路上的经典史诗——柳青《创业史》/ 073
26. 春天的布谷声——周克芹《许茂和他的女儿们》/ 076
27. 将军一梦醒其时——莫应丰《将军吟》/ 079
28. 南国乡村的生活色彩——古华《芙蓉镇》/ 082
29. 改革前行——张洁《沉重的翅膀》/ 085
30. 民族心史的厚重碑石——张炜《古船》/ 088
31. 宝剑锋从磨砺出,大浪淘沙耀光辉——路遥《平凡的世界》/ 091
32. 在商州寻找文学的根——贾平凹《商州》/ 094
33. 毁誉参半的人生历程——唐浩明《曾国藩》/ 097
34. "活着"的人生态度——余华《活着》/ 100
35. 白鹿原上的史诗巨著——陈忠实《白鹿原》/ 103
36. 上海流年——王安忆《长恨歌》/ 106
37. 用词典讲故事——韩少功《马桥词典》/ 109
38. 改革开放中的青春之歌——郁秀《花季·雨季》/ 112
39. 生命不息,抉择不止——张平《抉择》/ 115
40. 沧浪之水濯我足——阎真《沧浪之水》/ 118

41. 谍战解密——麦家《解密》/ 121

42. 一部狼的赞歌，一部狼的挽歌——姜戎《狼图腾》/ 124

43. 三代人的追梦路——格非"江南三部曲"/ 127

44. 石油工人的英雄故事——王立纯《月亮上的篝火》/ 130

45. 中国科幻小说的里程碑——刘慈欣《三体》/ 133

46. 人生就是一场运转——肖克凡《机器》/ 136

47. 以史鉴今，反腐倡廉——王跃文《大清相国》/ 139

48. 西北大地的守护者——李栋梁《上庄记》/ 142

49. 背负土地行走的人——李佩甫《生命册》/ 145

50. 大时代，小故事——金宇澄《繁花》/ 148

51. 风景这边独好——王蒙《这边风景》/ 151

52. 天山水，援疆情——吴玉辉《援疆干部》/ 154

53. 强国之梦，强军之焰——苗长水《梦焰》/ 157

54. 小人物身上也有巍峨——迟子建《群山之巅》/ 160

55. 致敬高原上的筑路兵——党益民《雪祭》/ 163

56. 以笔为剑，直指腐败——周梅森《人民的名义》/ 166

57. 文工团里的花样年华——严歌苓《芳华》/ 169

58. 新时代的乡村振兴之路——陈毅达《海边春秋》/ 172

59. 大运河畔的百年变迁——徐则臣《北上》/ 175

60. 幸福街的人和事——何顿《幸福街》/ 178

散文

61. 京腔京韵新北京——老舍《北京的春节》/ 181
62. 新生活的歌者——秦牧《社稷坛抒情》/ 184
63. 心灵之美,青春之美——何为《第二次考试》/ 187
64. 酿造生活的蜜——杨朔《荔枝蜜》/ 190
65. 听党的话,把青春献给祖国——雷锋《雷锋日记》/ 193
66. 世纪老人的真实记录——巴金《随想录》/ 196
67. 记劳,记闲——杨绛《干校六记》/ 199
68. 一纸虽短,家书情长——傅雷、朱梅馥、傅聪《傅雷家书》/ 202
69. 摇着轮椅在地坛思索人生——史铁生《我与地坛》/ 205
70. 踏遍万里山河,笔书千载华史——余秋雨《文化苦旅》/ 208
71. "人民"生活的记录者——李修文《山河袈裟》/ 211

诗歌

72. 俯下身子给人民当牛马——臧克家《有的人》/ 214
73. 凡有石油处,皆有玉门人——李季《玉门诗抄》/ 217
74. 草原民族的诗意世界——闻捷《天山牧歌》/ 220
75. 天堑变通途——毛泽东《水调歌头·游泳》/ 223
76. 向星空瞭望——郭小川《望星空》/ 226
77. 当祖国需要的时候——贺敬之《西去列车的窗口》/ 229
78. 一首《乡愁》,两岸泪流——余光中《乡愁》/ 232
79. 中国朦胧诗的开山之作——北岛《回答》/ 235
80. 新时代女性的独立宣言——舒婷《致橡树》/ 238

81. 为一代人代言——顾城《一代人》/ 241

82. 没有比人更高的山——汪国真《山高路远》/ 244

83. 小战士"图文并茂"写大作——高玉宝《高玉宝》/ 247

84. 有你在，灯亮着——冰心《小橘灯》/ 250

85. 永葆童心，历久弥新——张天翼《宝葫芦的秘密》/ 253

86. 写给男孩子看的童话——郑渊洁《皮皮鲁外传》/ 256

87. 青春期的苦恼——秦文君《男生贾里》/ 259

88. 结实而美丽的童年记忆——曹文轩《草房子》/ 262

89. "笨狼妈妈，你让笨狼变聪明吧"——汤素兰《笨狼的故事》/ 265

90. 歌声与希望——孟宪明《花儿与歌声》/ 268

91. 最可爱的子弟兵——魏巍《谁是最可爱的人》/ 271

92. 时代楷模的颂歌
　　——穆青、冯健、周原《县委书记的榜样——焦裕禄》/ 274

93. 诗意世界的理性猜想——徐迟《哥德巴赫猜想》/ 277

94. 赤子之心——陈祖芬《祖国高于一切》/ 280

95. 灾难无情，人有情——钱钢《唐山大地震》/ 283

96. 没有大国崛起，何来小民尊严
　　——何建明《国家——2011·中国外交史上的空前行动》/ 286

97. 君子淡如水，岁久情愈真
　　——李春雷《朋友——习近平与贾大山交往纪事》/ 289

98. 拓荒者的劳动交响曲——丰收《西长城——新疆兵团一甲子》/ 292

99. 向海图强——许晨《第四极——中国"蛟龙"号挑战深海》/ 295

100. 精准扶贫的中国式故事——纪红建《乡村国是》/ 298

1. 第一只报春的燕子
——刘心武《班主任》

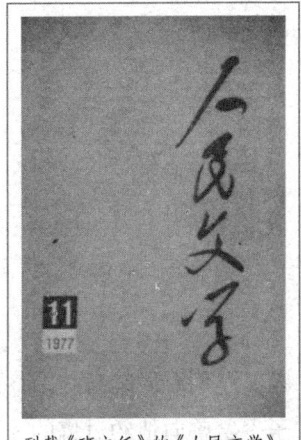

刊载《班主任》的《人民文学》1977年第11期封面

《班主任》
发表于《人民文学》1977年第11期上的短篇小说。

一篇19000多字的短篇小说，曾让作者的创作过程惴惴不安，让编辑们展开激烈讨论，让广大读者引起巨大心理震动。这篇小说就是刘心武的《班主任》。

小说以北京光明中学班主任张俊石接收一个小流氓插班生宋宝琦为线索展开，通过团支书谢惠敏和宋宝琦两个表面上好坏分明、实质上都是被极左思想扭曲成畸形的中学生形象，揭露和批判了极左思想对青少年的毒害，从而发出了"救救孩子"的呼声。

刘心武1942年生于四川成都，1950年随父母定居北京，1961年从北京师范专科学校毕业后被分配到北京十三中任教。他目睹了"文革"期间极左思潮对青少年心灵的毒害。1974年，他调到人民出版社任编辑，出版社的工作为他提供了比在中学任教时更开阔的政治与社会视野，也让他体察到文学复苏的趋势。

1976年"四人帮"倒台后，经过半年多的思考与酝酿，1977年夏天，刘心武怀着无比忐忑的心情，在家里偷偷铺开稿纸开始写《班主任》。他决心从原有的观念中解脱出来，根据自己的真情实感写出自己的认知，写作过程很顺利。但写完后，他心里直打鼓，"我这不是在否定'文革'

吗？"刘心武暗自纠结，犹豫着该不该将稿子公开。直到初秋，他才决心将稿子寄给曾向他约过稿的《人民文学》编辑崔道怡。在邮寄过程中，还有点小波折。因邮政人员不允许他在稿件中夹带给编辑的信，本就心情矛盾的刘心武一气之下不打算把稿件寄出，但冷静下来后，他细读了自己所写的文字，再次被这篇小说感动了，于是他寄出了稿件。

而另一边，《人民文学》编辑部对收到的这篇小说展开了激烈的讨论。有人感动，认为这是揭批"四人帮"的好小说；也有不少人持否定意见，认为小说太尖锐，属于暴露文学，不宜发表。两种意见尖锐对立，不能达成一致，但主编张光年最终拍板，将小说发表在当年《人民文学》第 11 期"短篇小说特辑"的头条位置。

小说发表后引起社会各层面的强烈反响，出乎《人民文学》编辑部意料。编辑部收到各界读者的来信不下数千封，其中教育战线的来信最多，有不少中学生写信控诉"四人帮"的法西斯文化专制主义对他们心灵造成的伤害。贵州偏远山区某劳改所的一个少年犯在信中讲述了他与宋宝琦类似的经历，并沉痛控诉"四人帮""杀人不见血"，在读了《班主任》之后，他幡然悔悟，决定要重新起步。还有一位工厂的工人，打听到刘心武家的地址，拿着杂志找上门，将画了线、加了圈的《班主任》给刘心武看，并告诉刘心武那些地方让他觉得很生动。小说里写到工人下班后，夜晚聚到电线杆底下打扑克，他说那细节"像条活鱼，看着过瘾"。刘心武的小说触及读者心灵深处的痛楚，这就是作品的力量所在，也是小说的成功之处。

刘心武的远见在于，小说中提到的以《牛虻》为代表的优秀文学作品，在当时均未"解冻"，更谈不上重新出版和发行，可见他承受了多么大的精神压力。直到 1978 年 12 月，《班主任》刊出一年之后，党的十一届三中全会召开，阴霾才彻底驱散,而对"文化大革命"的彻底否定则是在1981年党的十一届六中全会才正式实现。

  不久,中央人民广播电台将这篇小说改编成广播剧,引起更广泛的关注。1978年,控诉"四人帮"对人民精神造成戕害的文学作品形成了一个浪潮,史称"伤痕文学",而刘心武的《班主任》被认为是"伤痕文学""第一只报春的燕子"和"新时期文学的发轫之作"。美国人编写的《剑桥中国史》一书有一篇文章《1976年和"伤痕文学"的出现》,认为在新作家中,刘心武是第一个批判性地触及"文化大革命"的不良后果的作家。

(李琼)

刘心武

  1942年出生,中国当代著名作家、红学研究家。曾任《人民文学》主编、中国作家协会理事等。其作品以关注现实为特征,以《班主任》而闻名文坛,其长篇小说《钟鼓楼》曾获得茅盾文学奖。

2. "伤痕文学"的代表之作
——卢新华《伤痕》

发表在 1978 年 8 月 11 日《文汇报》上的《伤痕》

《伤痕》

发表在 1978 年 8 月 11 日《文汇报》的短篇小说。

1978

　　1978 年 8 月 11 日,《文汇报》发表短篇小说《伤痕》,揭露了"文革"给人们身心带来的"伤痕"。小说写出了一个时代的悲剧,给千百万人以心灵的震撼,它虽有些稚嫩和粗糙,但朴实清新、情感真挚、发人深思,打动了无数读者。这篇小说先后被 20 多家省、市广播电台播发,并获得首届全国优秀短篇小说奖。1978 年底,同名连环画刊登在《连环画报》上。后来,小说还被翻译成英、法、德、西、日、俄等十几种文字。

　　《伤痕》的作者卢新华,当时还只是复旦大学中文系一年级的学生。卢新华 1972 年参军入伍以后,机缘巧合,阅读了不少文学经典著作。后来卢新华进入复旦大学深造。一天上午,老师给他们上作品分析课,提到许寿裳先生在评价鲁迅的《祝福》时说过的一句话:"人世间的惨事,不惨在狼吃阿毛,而惨在封建礼教吃祥林嫂。"这句话引发了卢新华的思考:"'文化大革命'给每个人的身心都留下了无法愈合的伤痕。"下课以后,他想到了小说的雏形:"文革"中,一名积极要求上进的女青年,因为母亲被打成"叛徒"而决定与其划清界限并离家出走。一别九年后,母亲的冤案得以昭雪,她才踏上归途。然而当她赶到医院见母亲最后一面时,却已是阴阳两隔……

就这样,《伤痕》诞生了。写完后,卢新华的自我感觉很好,但请一些老师和同学看过后,他们却不以为然。卢新华十分灰心,将手稿默默地锁进了抽屉。正在这时,小说组组长倪镰催他交墙报作品,他将《伤痕》翻出来,忐忑不安地交了出去。

倪镰拿到小说,给同寝室的几位同学看过,有些不同的意见,但大家都认为有不同意见正好可以拿出来一起讨论,于是倪镰决定将《伤痕》放在墙报的头条位置。

小说《伤痕》和卢新华的命运就这样被改变了。

4月的一天早上,卢新华一醒来,就听到一片嘈杂声,原来门外的走廊上围满了人,大家正争相阅读着墙报上的《伤痕》,不少女生都哭了。墙报的第一批读者成了卢新华作品的第一批知音,一传十,十传百,读者越来越多。卢新华后来回忆说,众人面对着一篇墙报稿伤心流泪的场景,成了复旦校园的一大奇观。

中文系刚刚留校的女教师孙小琪将这篇小说推荐给《文汇报》的编辑钟锡知,并说了小说受欢迎的情况。钟锡知马上托人找卢新华要去一份手稿。《文汇报》拿到《伤痕》原稿后,马上打成小样,分别寄给新闻界、文艺界、教育界的知名人士,广泛征求意见,反馈的意见绝大部分都是肯定和积极支持的。

与此同时,卢新华见稿子一直没有动静,又投稿到《人民文学》,却被退了回来。后来,他得到《文汇报》的通知,暑假里不要离开校园,因为这期间《伤痕》可能要发表,需要看小样,谈修改意见。

《文汇报》文艺部同仁经过集体讨论,决定发表《伤痕》,原总编辑马达将小说的大样呈送时任中共上海市委宣传部副部长洪泽批示,很快就得到回复:"同意发表。"

发表过程如此曲折和富有戏剧性,卢新华说《伤痕》是"众缘成就"的,没有诸多因素的助力，没有改革开放大的政治环境，或许《伤痕》至今还锁在他的抽屉里。

《伤痕》发表后，引起广泛关注，《文汇报》将刊载有小说《伤痕》的报纸加印到180万份，还是不能满足需要，读者来信像雪片一样飞来。一位来自西安的读者在信中写道："我和你小说的主人公王晓华同名同姓同岁，同年下乡，同样的家庭遭遇。我不知道远在东海之滨的你，如何这么详细地了解到远在西北古城的我的这一切。"

文艺评论家陈荒煤评论说，《伤痕》描写了这一个历史的大悲剧的一个侧面。小说终究挖掘了一个有深刻的社会意义的题材……这就是《伤痕》，尽管还有缺点，仍然在广大群众之间激起广泛反响的最根本原因。

曾有媒体报道说，当年全中国读者读《伤痕》的眼泪，可以汇成一条河。作为"伤痕文学"的代表作，《伤痕》走入读者内心深处，触动了人们的泪点，引发了思想界、文学界，乃至全国人民对"文革"的集体反思，它被认为是新时期文学开端的标志。

（高求忠）

卢新华

生于1954年，江苏如皋人。著有短篇小说《伤痕》《表叔》《典型》等，中篇小说《魔》，长篇小说《森林之梦》《细节》《紫禁女》等。

《伤痕》获1978年全国优秀短篇小说奖。

3. 从工厂走出来的"改革先锋"
——蒋子龙《乔厂长上任记》

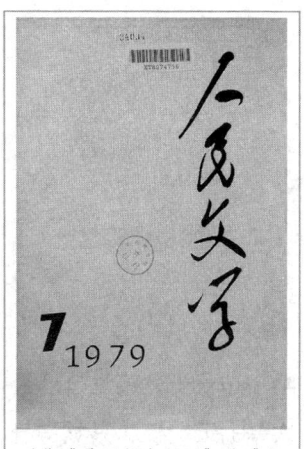

刊载《乔厂长上任记》的《人民文学》1979年第7期封面

"现实生活永远大于文学艺术,但不能大得使创作者知难而退,或躲在远处仰视、漠视,乃至鄙视。任何一个时期的文坛,现实题材的创作都不可缺席。"著名作家蒋子龙如是说。

他是这么说的,也是这么做的。

1965年,从部队复员的蒋子龙回到天津重型机械厂。十年间,脚踏实地的蒋子龙从普通工人逐步成长为生产工段长、车间主任。在工厂摸爬滚打多年,他对企业的一切状况都了然于心,也有了自己独立的思考。

1976年,他在《人民文学》上发表了工业题材小说《机电局长的一天》。1979年,《人民文学》的编辑来到天津,向他约稿。

《乔厂长上任记》

发表于《人民文学》1979年第7期上的短篇小说。

由于平时丰富的积累,蒋子龙只用了3天就完成了短篇小说《乔厂长上任记》。他回忆说:"《乔厂长上任记》的创作过程非常简单,简单到不是我找到了乔厂长,而是乔厂长找到了我。"当时,担任锻压车间主任的蒋子龙,发现了企业的不少弊端,也有不少困惑:工作时,有图纸没材料,好不容易把材料找齐,可是机器设备年久失修,到处是毛病,等把机器修好了,人又不听使唤……蒋子龙感觉自己天天就像在"救火",常常是昼夜连轴转,熬得最长的一次是七天七夜,只觉得身心俱疲。《乔厂长上任记》这篇小说实际上正是蒋子龙当时心境的写照。

这篇小说讲述了"文革"之后,某重型电机厂生产停顿、人心混乱,主人公乔光朴自愿放弃公司经理的美差,立下军令状,克服重重阻力,大刀阔斧地进行改革,兴利除弊,从而扭转了工厂被动局面的故事。小说塑造了不畏艰难、勇挑重担、雷厉风行、具有开拓精神的改革者形象,表达了当时老百姓渴望变革的迫切要求,引起了广大读者的共鸣,被认为是"改革文学"的开山之作。

1979年小说发表后,引起轰动,蒋子龙收到近千封读者来信。锐意改革的电机厂"乔厂长"成了改革者的代名词。有的工人买了一本《人民文学》第7期送给自己的厂长,希望厂长能像乔光朴那样领导工人干"四化";有些工厂的厂长甚至把这篇小说当作企业管理的教科书来研究;还有一个大型石化企业,新调来一个党委书记,有人专门送给他一本刊登这篇小说的《人民文学》,希望新来的领导仿效乔厂长。很多读者根据自己的体会来理解"乔厂长",更多的人还参与创造和完善"乔厂长"。"乔厂长"一时成了国企改革的"标杆人物"。

1979年,《乔厂长上任记》以13000多票的得票数获得当年全国优秀短篇小说奖第一名。1980年,小说被改编成电影《钟声》,由陈颖主演。同年,改编的同名电视剧播出,李默然在剧中扮演乔光朴。

此后,小说还在电台播出,上海人民美术出版社推出了同名连环画,《乔厂长上任记》成为文学史上的一座高峰。之后蒋子龙陆续发表了《开拓者》《赤橙黄绿青蓝紫》《锅碗瓢盆交响曲》等一系列表现工厂、城市改革的中短篇小说,都引起很大的社会反响,激发了全国上下的改革热情。

现在读来,《乔厂长上任记》里呈现出的改革开放的宏伟气势,文字里萦绕的凛然正气，生动立体化的人物形象，仍旧能够打动读者。用现在的话来说，这是一部接地气的作品，它泼辣水灵，富有勃勃生机，经得起时光的流转。

2018年9月，《乔厂长上任记》入选中国改革开放四十周年最有影响力小说。2018年12月18日，党中央、国务院授予蒋子龙"改革先锋"称号，颁授其改革先锋奖章，并评其为"改革文学"作家的代表。

作为老一辈作家，蒋子龙重视文学的社会功能，珍视使命感和社会责任，反映社会风貌、人间疾苦和悲欢，这些荣誉对他来说，实至名归。那个积极进取的"乔厂长"，也将一直留在人们的记忆里，英姿勃发、充满激情。

（高求忠）

蒋子龙

1941年生，河北沧县人。曾任中国作家协会第五、六、七届副主席，天津作家协会主席、天津文联副主席。现任天津市作家协会名誉主席。

2018年12月18日，党中央、国务院授予蒋子龙"改革先锋"称号。

4. 新时代的镜子，农民的代言人
——高晓声《陈奂生上城》

刊载《陈奂生上城》的《人民文学》1980年第2期封面

《陈奂生上城》

发表于《人民文学》1980年第2期的短篇小说。

"为什么我的眼里常含泪水？因为我对这土地爱得深沉……"高晓声正是如此，他深爱着自己的那一片乡土和生活在那里的人们。他以朴实的笔墨，塑造出一个个活灵活现的农民形象。

1957年，高晓声被划成右派，遣送到江苏武进农村"劳动改造"，"文革"期间他一直在乡下生活。

多年务农，高晓声完全与农民打成一片，用他自己的话来说："完全不是作为一个作家去体验农民的生活，而是我自己早已是生活着的农民了。"高晓声小说中的主人公李顺大、陈奂生面临的一些困境，高晓声都亲身经历过，小说中就有一些他的影子。高晓声观察村民们的说话方式、生活习惯，揣摩他们的心理，与农民休戚相关、患难与共，在很大程度上已经融入其中。高晓声是农民的代言人，始终关注农村小人物。

"文革"后，高晓声恢复工作，经常出差，在东道主的热情安排下住进了较好的房间，住一夜要付五元到八元不等。有着丰富农村生活经验的他联想到父老乡亲们劳动一天通常只有七八角的收入，悬殊实在太大，农民们如果听说他住的房间价格，一定会笑他吹牛。由此，他设想出了让农民住进高级招待所的情节，又想到他的小说《"漏斗户"主》的主人公陈奂生，于是，就有了《陈奂生上城》这个短篇小说。小说通过主人公陈奂生上城卖油绳、买帽子、住招待所的经历及其微妙的心理变化，写出了背负历史重荷的农民在跨入新时期变革门槛时的精神状态。

小说以小见大，塑造人物有血有肉，细节描写十分传神，以付出五元钱为界，陈奂生前后的表现有很大的变化。之前，他一觉醒来发现自己住在那么好的房间里，感受到了"父母官"的关怀，眼中热辣辣的，生怕破坏了房间的一切，如刘姥姥初次走进大观园，出尽洋相。但付出五元钱后，陈奂生心理失衡，衣服也不脱，钻进被窝，"心一横，便把提花枕巾捞起来干擦了一阵"，"这一次再也不怕弄脏了什么"，在"大闹招待所"中获得自我安慰，因为"出了五块钱呢"。后来他又用上"精神胜利法"，想到"有谁坐过吴书记的汽车？有谁住过五元钱一夜的高级房间？"于是"精神陡增"，觉得从此有了在村人面前炫耀的资本。回村以后的陈奂生，终于如愿以偿，获得了话语权，得到更多尊重。小说对人物的心理剖析，丝丝入扣，整篇小说富有喜剧色彩，读来笑中有泪。

这篇小说就像一面镜子，映照出那个时代农民的精神风貌，在陈奂生身上，我们看到农民对精神需求的向往。如作者所言，"想起他们，有时使我彻夜难眠"。小说反映了高晓声对农民精神世界的探索和农民命运的思考。小说中的陈奂生心理"突变"，服务员和村民对陈奂生态度的变化，陈奂生以"沾上官气"而自豪，都折射出人性的普遍弱点和民众心理的某些陋习，具有深厚的现实感和历史意义，至今仍旧发人深思。

《陈奂生上城》发表于《人民文学》1980年第2期，随即成为新时期文学的热点，获得1980年全国优秀短篇小说奖。之后，这篇小说被收入中学语文课本，还被改编成电影。2018年9月，《陈奂生上城》入选中国改革开放四十周年最有影响力小说。

从《"漏斗户"主》《陈奂生上城》到《陈奂生出国》，高晓声的"陈奂生系列"实际上也是一部中国当代农民的命运史。高晓声对中国农民的生活和命运进行追踪式描写，注意将农民的命运与中国的社会历史命运紧密相连，他通过塑造陈奂生的艺术形象，对中国农民的文化心理和精神结构进行了深入解析，并由此引发出对中国国民性的改造问题。与其他作家体验生活式的俯视视角不同，高晓声描写农民是农民式的亲身体验与知识分子的思考相结合。区别于以往文学作品里的农民形象，具有独特个性和时代烙印的陈奂生，饱含着农民生活中的喜悦与辛酸，一言一行都十分接地气，给我们留下了深刻的印象。穿过近40年的光阴，独一无二的陈奂生依旧在文学长廊形形色色的人物中，脱颖而出，熠熠生辉。

（高求忠）

高晓声

生于1928年，江苏武进人。中国作家协会江苏分会副主席，中国作家协会第四届理事。其代表作品有《李顺大造屋》《"漏斗户"主》《陈奂生上城》等。

《李顺大造屋》《陈奂生上城》分获第一、二届全国优秀短篇小说奖。《陈奂生上城》获得1980年全国优秀短篇小说奖，2018年9月，《陈奂生上城》入选中国改革开放四十周年最有影响力小说。

5. 折射时代阳光的一滴水
——何士光《乡场上》

刊载《乡场上》的《人民文学》1980年第8期封面

20世纪80年代初，一位甘肃农民在给小说《乡场上》的作者何士光的信中写道："我一口气读完，清晰地感到：梨花屯就是我们的村庄……感谢您'替农民说话'……祝愿您勇敢地、更多地写出我们'梨花屯'的真实情况。"

何士光的《乡场上》，被《红旗》杂志破例转载。后来，它毫无争议地荣获1980年全国优秀短篇小说奖。

《乡场上》得到了官方和民间的一致认可，不仅如此，何士光还连续三次获得全国优秀短篇小说奖，这在当代中国文学史上算是极为罕见的。那么，这是一部怎样的作品？它的背后又有什么故事呢？

1965年毕业于贵州大学中文系的何士光，因为种种原因，来到凤冈琊川公社东风生产队，成了一名乡村教师。在那里，他娶了一个农家姑娘，结婚生子，白天教书、耕地，晚上就在煤油灯下阅读和写作。对此，何士光的岳母并不理解，也颇有微词，但他还是默默坚持，在自己的文章中记录着农民的真实生活和悲欢疾苦，就这样度过了许多的漫漫长夜。

直到1977年，何士光才开始在《贵州日报》发表第一篇散文《飞吧，兰雁》。当时，那篇散文

《乡场上》

发表于《人民文学》1980年第8期的短篇小说。

还是用妻子的名字署名的。

多年的农村生活，让何士光认识到过去的一些政策与现实情况不太相适应。基于此认识，他忍不住要把那些表达出来，这才有了他的成名作《乡场上》。

《乡场上》通过梨花屯乡场上的一场小风波，反映了党的十一届三中全会以后，在农村变革中人们精神面貌的变化。小说开头就把主角冯幺爸置于矛盾斗争的旋涡中，并随矛盾斗争的发展将他的性格展示给读者。冯幺爸本质上是善良、纯朴的，从前被人瞧不起、穷困潦倒，是一个"顶没价值的庄稼人"，"却不知道被人把他从哪儿找来，咧着嘴笑着，站在两个女人的中间，等候大队支书问话，为两个女人的纠纷作见证"。他从最开始的畏缩、逃避，到最后终于敢于直言，主持正义，再也不怕手里有实权、欺压百姓的罗二娘和曹支书之流的打击，就是因为在屈辱与难堪中他算了一笔账：由于新政策的实施，他家的粮够吃了，也不愁买不到东西了。现实的变化使他看到了新生活的希望，并增添了勇气与自信，他大胆吼道："……只要国家的政策不像前些年那样，不三天两头变，不再跟我们这些做庄稼的过不去，我冯幺爸有的是力气，怕哪样？"

这篇小说揭露出"十年浩劫"后农村的弊端，反映了农民精神的觉醒和思想的解放。小说仅7000字，却展示出乡场上几个人物迥然不同的性格，洞幽烛微，就像一滴水一样，折射出时代的七彩阳光。

这篇小说被寄到《人民文学》编辑部，立即得到编辑的赏识，在1980年第8期的头条位置发表。1981年3月17日上午，琊川区政府一名工作人员匆匆来到何士光家里，让他到区政府去接电话。电话是《人民文学》编辑部打来的，说他的短篇小说《乡场上》获得了全国优秀短篇小说奖，让他在3月20日赶去北京参加颁奖会议。这是何士光平生第一次得到奖励，于是在第二天，他搭乘一辆摇摇晃晃、座椅和门窗都碰响着的乡村公共汽车，走出了梨花屯乡场。

这个奖项,何士光当之无愧。正如吉狄马加所言,何士光的小说是对那一段历史的记录。在中国20世纪五六十年代的小说作家里,何士光毫无疑问是最具有经典意义的作家之一。

今天,人们在阅读《乡场上》时,它的结尾依旧让人振奋:"不公正的日子有如烟尘,早在一天天散开,乡场上也有如阳光透射灰雾,正在一刻刻改变模样,庄稼人的脊梁,正在挺直起来……"

(高求忠)

何士光

1942年生,贵州贵阳人。著有长篇小说《似水流年》,散文集《在神秘的茅台》《雨霖》《何士光散文选》《烦恼与菩提》,中篇小说集《草青青》等。

曾获得1980年、1982年、1985年全国优秀短篇小说奖,1987年优秀中篇小说奖等。

6. 凡人的人生欢乐
——汪曾祺《受戒》

天津人民出版社出版的汪曾祺作品集《受戒》封面，该书收录了《受戒》

《受戒》

发表于《北京文学》1980年第10期的短篇小说。

1980

　　明海看着她的脚印，傻了。五个小小的趾头，脚掌平平的，脚跟细细的，脚弓部分缺了一块。明海身上有一种从来没有过的感觉，他觉得心里痒痒的。这一串美丽的脚印把小和尚的心搞乱了。

　　这是一个17岁小和尚动心的瞬间，也是汪曾祺的短篇小说《受戒》中，最为人津津乐道的经典片段。

　　小说中的和尚并不是一般意义上的和尚，在旧社会的江南水乡，当和尚不过是谋生的手段，在人们心中与种地、弹棉花等并无实质区别。在那个被叫作"荸荠庵"的小庙里，和尚是可以打牌、娶妻甚至杀生、吃肉的凡夫俗子。

　　《受戒》主要描写了小和尚明海与农家女小英子之间天真无邪的懵懂爱情，赞颂了尘世间美好的人性和淳朴的情感。全篇1.2万多字并无戏剧性冲突，结构也比较松散，将大量笔墨用于描写风土人情的细节，营造出恬淡从容、富有田园气息的世外桃源意象。

　　谈起创作初衷，作者汪曾祺说："我要写，一定要把它写得很美，很健康，很有诗意。"在1980年写成后，他宣布："我写的是美，是健康的人性。美，人性，是任何时候都需要的。"汪曾祺自知作品的题材、风格不合于当时的文学主流，所以并不奢望发表，只给朋友和同事看过初稿。一次偶然的机会，《北京文学》负责人李清泉得知这个故事后，亲自向汪曾祺要稿子，在《北京文学》1980年第10期发表该文。此文一出，仿佛晴空惊雷，疑议纷纷："这也是小说？""还能这样写小说？"

时间证明，《受戒》及汪曾祺其后发表的一系列作品，侧重于关注小人物、小事件、小生活，讴歌人情人性之美，开创了20世纪80年代小说的新格局，对寻根文学的产生和发展起到了重要的促进作用，也令很多作家豁然开朗。

作家阿城说，中国大陆80年代开始有世俗之眼的作品，是汪曾祺先生的《受戒》……有一天在朋友处翻旧杂志……忽然翻到1980年一本杂志上的《受戒》，看后感觉如玉，心想这姓汪的好像是个坐飞船出去又回来的早年兄弟，不然怎么会只有世俗之眼而没有"工农兵"气？《受戒》没有得到什么评论，是正常的，它是个"怪物"。

作家李锐表示，新时期文学的文体自觉是从《受戒》开始的，《受戒》在某种意义上说是中国当代文学的先锋小说……是当代汉语的一次语言的自觉，一次文体的自觉！

《受戒》以汪曾祺早年间在故乡江苏高邮的生活为创作素材。汪曾祺于1920年出身于一个旧式地主家庭，虽世道动乱，但是他辗转多地坚持读完了中学。1937年日军占领江南，汪曾祺随祖父、父亲前往县城附近一个小村庄的小庵里避难，并住了半年多。

经过40多年的人生积累，年近六旬的他回忆起当时那段生活经历，感慨像小英子那样的农村女孩的感情是健康、美好、富有诗意的，于是产生了创作冲动，决定要把那种美好的情感和生活状态写出来。也因受在西南联大中文系的恩师沈从文的影响，汪曾祺采用了一种清新质朴、化繁为简的写作风格。

虽被誉为"抒情的人道主义者""中国最后一个纯粹的文人",但汪曾祺的创作状态却有些窘迫,彼时他居住在北京,家里的房子很小,实在没有地方创作,他只能每天等女儿上班以后,挪到女儿的房间里安安静静地写作。于是他经常站在女儿房间门口等着,女儿一走,他就进去,因此他还被女儿嘲笑像是"等着下蛋的公鸡"。

年近六旬再次开始创作,漫长的人生历程让汪曾祺对社会、对人生都有了更深刻的感受。他说他已将人生识破,忧愁和苦难,对他来说,都已不再可能使他产生大幅度的感情波动。因此,他才能返璞归真,写出动人的纯真与美好。

(李琼)

汪曾祺

1920年生于江苏高邮,中国当代作家、散文家、戏剧家,京派作家的代表人物。其代表作有《受戒》《晚饭花集》《逝水》《晚翠文谈》等。

7. 天之骄子

——刘震云《塔铺》

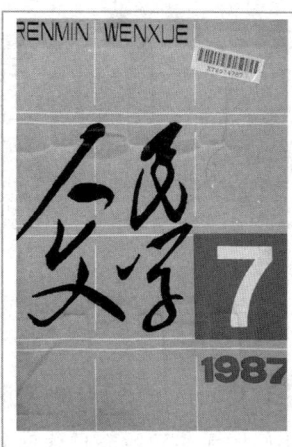

刊载《塔铺》的《人民文学》1987年第7期封面

后来，我进了我国北方的一所最高学府。玉阶飞檐，湖畔桃李，莘莘学子。但我的眼前始终浮动着、闪现着塔铺的一切，一切。我不敢忘记，我是从那里来的一个农家子弟。

这是刘震云的短篇小说《塔铺》的结尾，小说勾起了经历过1977年恢复高考那一代人的共同回忆，也带给更多人感动和思考。

由于"文化大革命"，我国的高考制度被中断十年。1977年8月8日，邓小平在《关于科学和教育工作的几点意见》中，提出恢复高考制度的问题。这犹如惊天春雷，给神州大地带来了一场春雨的洗礼，为我国在新时期及以后的发展奠定了良好的基础。

《塔铺》

发表于《人民文学》1987年第7期的短篇小说。

恢复高考的初期，竞争非常激烈，被称为"千军万马过独木桥"，1977年冬天，中国570万考生走进了高考考场。当年全国大专院校录取新生仅27.3万人；1978年，610万人报考，仅录取40.2万人。在这场激烈的人才选拔考试中，能闯过"独木桥"的人被称为"天之骄子"，他们也由此改写了自己的命运。

小说《塔铺》主要描写了恢复高考一年后的1978年，黄河故道旁的塔铺镇一个高考复习班的情形。小说讲述了退伍士兵"我"参加高考复习班，与同宿舍矮个子的"磨桌"，趁高考这个机会拼一次的已婚农民王全，家境稍好但无心学习整日谈恋爱的"耗子"，以及和"我"暗生情愫的女同桌李爱莲等众同学一起怀揣梦想、复习备考，希望通过高考改变命运的故事。他们各自的身份，也体现了当年招生政策的重要改革之处就是招生对象范围的扩大，"农民、复员军人……年龄可放宽到30岁，婚否不限……"

备战高考的过程是艰辛的，尤其是在贫困而落后的农村。小说展示了那个年代的世态人情：农村教育水平的低劣，信息资源的匮乏，学生学习方法的死板以及生活的艰苦等。在这其中，还夹述了一段凄美的爱情："我"和女同桌李爱莲学习勤奋，互相帮助鼓励，希望能一起上大学。但她为了替父治病，嫁入一户有钱人家，最终放弃了高考。为了不影响"我"高考，她谎称去其他地方考试，让"我"在残酷的生活面前失去了美好而短暂的初恋。而其他人的命运也令人唏嘘：王全在高考前一个月，因生活的压力放弃了高考，回家收麦；"磨桌"发挥失常，没考好；"耗子"被女朋友抛弃，也没考好；只有"我"考上了，却因为失去恋人而崩溃痛哭……小说篇幅不长，人物描写精确生动，语言朴实，情感真挚地展示了极具乡土气息的友情、爱情和亲情，体现了生活的残酷与无奈，以及高考对寒门学子的重要性，让读者能感受到那时的祖国将要发生一种巨大改变的期待感。

作者刘震云，1958年5月生于河南延津。1973年，不满15岁的他长得比较高，家里虚报了年龄让他去参军。刘震云入伍后到了甘肃。1978年复员后，他回到家乡一所中学担任民办教师，白天上课，夜晚复习备战高考。同年，刘震云以河南省高考文科状元的身份考入北京大学中文系。显然，小说《塔铺》是根据刘震云的个人经历创作的。

1982年，大学毕业的刘震云选择到《农民日报》工作，并从此开始写作。

他白天上班，晚上创作，每天熬夜写到凌晨两三点，第二天早上天一亮送女儿去托儿所，接着再去上班，整个人黑瘦黑瘦的。就是这样，他还是不断被退稿，光退回来的稿子摆在家里就有三个大纸箱。妻子郭建梅多次劝他放弃，刘震云对妻子说："你放心吧，我一定成功！"这样艰苦的日子过了四五年。

1987年，《塔铺》在《人民文学》第7期上发表，这是刘震云的成名作。

这一年，正是恢复高考的第十个年头，作为"新三届"的一员，刘震云交出了一份令人满意的答卷。和刘震云一样，在1977、1978、1979年参加高考被录取的三届大学生，其中很多人不负众望，成了社会栋梁。《塔铺》讲述的这段历史，这群人大多都经历过，因此引起了他们极大的共鸣，勾起了他们内心深处的记忆。

（李琼）

刘震云

1958年生于河南延津。其代表作有《塔铺》《一地鸡毛》《手机》《一句顶一万句》等。

1987年，《塔铺》获《人民文学》《小说选刊》优秀短篇小说奖，1987—1988年全国优秀短篇小说奖。2011年获第八届茅盾文学奖。2018年4月13日，刘震云被法国文化部授予"法兰西共和国文学与艺术骑士勋章"。

8. 与共和国同龄的父亲
——黄咏梅《父亲的后视镜》

刊载《父亲的后视镜》的《钟山》2014年第1期的封面

《父亲的后视镜》

发表于《钟山》2014年第1期的短篇小说。

2014

父亲生于1949年。过去，他总是响亮地跟别人说，我跟中华人民共和国同龄。

这是黄咏梅的小说《父亲的后视镜》开篇的第一句话。全篇以女儿的视角，讲述一位与新中国同龄的父亲从当长途货车司机养家糊口到退休颐养天年的人生故事，有重点、有细节地描绘了父亲的大半个人生。从车上到路上，再到水上，数十年的生活在人生后视镜中渐行渐远，留下了珍贵的回忆，也引发众多读者关于亲情与人生的思索。

这篇小说将时代与个人命运这个主题表达得淋漓尽致——一位生于1949年的父亲，在计划经济时代，参加工作并成为一名长途汽车司机。正如小说中提到的"那些年月，汽车司机是很红的，跟副食品店员、纺织工人合称'三件宝'"。之后，他赶上了改革开放，国家的经济发展更为迅猛，外来的新鲜事物也越来越多。不同于大部分的长途司机，"父亲"是一个非常注重仪表和形象的人。"90年代初，发胶刚刚开始流行那阵，父亲的车上就一直备着一瓶，风从来吹不动他的大背头。"

经济高速发展而人们的文化和道德水平没有跟上从而导致的社会问题，也在小说中有所反映："事实上，父亲40岁那年，他跟他的卡车的确开出过轨道。"在意识到对家庭的责任缺失和交流过少之后，"父亲"想到将沿途的祖国美景用相机记录下来，回家与家人分享，这的确改善了家人之间的关系。

进入新世纪，"父亲"退休了。为了身体健康，也为了排解妻子去世后的寂寞，他开始倒退走路，并"偶遇"一位有着相同爱好的赵女士。可是这个早有预谋、专骗独居老人的骗子，卷走了"父亲"家里所有值钱的东西。面对新时期出现的这种新式诈骗，女儿感慨："我们的父亲真的老了，已经搞不掂这个时代了。"

沉寂一段时间后，"父亲"做出一个决定："我要把游泳捡回来，今年夏天到运河里走走。"于是，他到小区游泳馆，花 800 元请了一个游泳教练教他仰泳。终于，64 岁的"父亲"踏入相伴几十年的运河，并如同自带后视镜一样，能轻松避开巨大的货船，"父亲"再次把握住了自己命运的"方向盘"……

2018 年 8 月 11 日，这位"70 后"女作家凭借《父亲的后视镜》荣获第七届鲁迅文学奖短篇小说奖。短篇小说奖评奖委员会副主任鲁敏说："黄咏梅的《父亲的后视镜》构思妙谐，犹如一幅潇洒倒展的长轴，以退为进、似后实前，充盈着人生长路中的爱与智慧。"

而这篇精妙的短篇小说，灵感来自黄咏梅初到杭州时在运河边的偶遇。她看到一位老者在运河里惬意地游泳，与往来船只自如交错，也不理会岸上人们的各种声音。黄咏梅发现，这位年近古稀的老者，他的自在生活状态折射出一个国家的时代变迁和一座城市的人文发展。她说："在杭州这个既不断向前发展却又安静的城市，在不断向远方奔流的运河边，我真切地感受到了时代的步音……作为一名 20 世纪 70 年代出生的女性作家，我想说，要做一个在日常生活里聆听时代步音的作家。"

黄咏梅生于广西梧州，自小热爱文学。获得文学硕士后，黄咏梅被分配到

《羊城晚报》"花地"副刊部当编辑，一干就是13年。她从2002年开始小说创作，并陆续在《人民文学》《收获》《花城》《天涯》等杂志上发表作品。《父亲的后视镜》最早发表在《钟山》2014年第1期。

  关于什么是好的文学作品，黄咏梅有自己独特的理解："我觉得好的作品，不是我们常说的反映了时代变迁，而是在于作品反映了时代变迁下的人的命运。"

  有很多的读者从《父亲的后视镜》这篇看似普通的短篇小说中感受到了生活中的不平凡与心底的触动。著名评论家张颐武说，黄咏梅的作品已经引起了人们的关注。在一个短篇作品越来越难以引起人们关切的时代，这是非常难得的。

（李琼）

黄咏梅

"70后"女作家，广西梧州人。著有《父亲的后视镜》《一本正经》《负一层》《单双》等。

2018年，《父亲的后视镜》获第七届鲁迅文学奖短篇小说奖。

9. 乡土中国的现代化转型
——朱辉《七层宝塔》

刊载《七层宝塔》的《钟山》2017年第4期封面及文章

"村子竖起来"是短篇小说《七层宝塔》中的神来之笔,也是作者朱辉创作作品的初衷。

在小说中,"村子竖起来"是指农村的平房变成了楼房,这也是主人公——老农民唐老爹搬进楼房之后发出的感叹。小说主要描述唐老爹老两口搬进楼房后,与其邻居"没出五服的孙辈"阿虎之间的一系列矛盾冲突。小说从两代人不同的价值观与行为方式的摩擦中,展现了中国农村现代化转型的最新进程,及其带来的乡村变为城镇、农民成为新城市人之后,城镇社会出现的新现象和新问题,凸显了时代转型中农民人际关系的变化及农村现代化转型对他们身心的震荡。

小说中,对阿虎形象的塑造——毒死唐老爹家的鸡、囤积居奇贩卖炮仗和丧葬用品、盗挖宝塔地宫等行为,不仅冲击和挑战着唐老爹一直看重与坚守的"道理",更击中时代的痛点:城乡对立、城镇化之后失地的农民、农民上楼再就业、新移民的邻里关系等一系列冲突,都透露出朱辉对城镇化转型中种种问题的深切忧思。

《七层宝塔》的作者朱辉,1963年出生于江苏兴化,毕业于河海大学农田水利工程系,因成绩优异而留校任教多年。他是一位典型的理工男,但又爱好文学,尤其是西方文学。在大学期间,

《七层宝塔》

发表于《钟山》2017年第4期的短篇小说。

2017

他把主要精力都投入创作，写作之余，读完了学校图书馆能找到的几乎所有西方经典。

回忆起无奈学了理工科，却依然可以做到成绩优异的过往，朱辉说："这说明在理性思维上，我可雕，非朽木。"显然，这一段经历对他的创作是有益的，不仅让他拥有缜密的逻辑思维，还让他获得了独特的观察角度与表达方式。"村子竖起来"中的一个"竖"字，就显示了朱辉与一般作家的不同视角，而且他还触类旁通地将建筑术语"腰眼"，用在文学创作上。作为一位看到任何建筑都能立刻判断出它的内部结构和受力情况的水利方面人才，朱辉知道一座建筑最薄弱的环节，就是"腰眼"。

在《七层宝塔》里，朱辉把故事和人物严丝合缝地放在小说的"腰眼"位置上，达到一种平衡之美，如将主人公唐老爹的种种不适应设为小说的中心。首先他是老年人，接受新鲜事物较慢；然后他从村里的平房搬到楼房，住不惯；再有就是他的处事方式，他什么事情都爱"论理"，做人非常讲原则……朱辉把人物设定好后，将其放入种种因不适应造成的冲突中，唐老爹这个人物便立了起来，故事也顺理成章地发展下去，精准而生动。

创作故事的初衷，源于朱辉出生在小镇，并在镇上生活了十几年，对小镇的风土人情、人际关系、生态发展有着天然的熟悉感。他曾写过许多以乡村为背景的小说，如获得第一届紫金山文学奖的《暗红与枯白》等，但在《七层宝塔》之前，他有很多年不写乡村了。朱辉觉得"恐怕还是乡村正处于巨变中，这种变化精彩而激烈，我有点眼花缭乱，难以把握"。

2015年的一次作家深入新农村的活动，让朱辉灵光乍现。当时作家们参观了新建设的楼房，与城市的房子并无区别，也有很大的市民广场。朱辉注意到，广场上的居民有一些明显的特征，说白了就是农民的特征，穿着、谈吐、动作还是农民的样子。当时朱辉的脑中冒出了一个句子——"村子竖起来",也就是平房变成了楼房,那么,进城的农民该如何安放自己的身体和心灵?这句话冒出来后,整部作品就一气呵成了。

两年后,《七层宝塔》发表在《钟山》杂志2017年第4期上。《七层宝塔》直面乡村的现代化转型,围绕生产方式和生活形态的变化,敏锐地打开农民邻里矛盾中隐含的经济、文化、伦理向度,在典型环境中生动地刻画人物,显示了充沛的现实主义力量。2018年8月,《七层宝塔》荣获第七届鲁迅文学奖短篇小说奖。

(李琼)

朱辉

1963年出生于江苏兴化,当代作家。其代表作有《绝对星等》《七层宝塔》《我的表情》《牛角梳》等。

曾荣获第一届紫金山文学奖、第五届汪曾祺文学奖、第七届鲁迅文学奖短篇小说奖等。

10. 工地生活十日记
——杜鹏程《在和平的日子里》

刊载《在和平的日子里》的《延河》1957年8月号封面

《在和平的日子里》

最初刊发于《延河》1957年8月号的中篇小说。1958年，东风文艺出版社推出单行本。

1956 年 2 月 4 日，毛泽东主席在中南海亲切接见了杜鹏程。

说起杜鹏程，人们可能会想起他创作的长篇小说《保卫延安》，这是他的代表作，也是我国第一部大规模正面描写解放战争的史诗般的长篇小说。实际上，他创作的《在和平的日子里》，同样是一部优秀作品，是新中国成立以来我国工业题材创作中的优秀之作。

杜鹏程是陕西韩城人，生于 1921 年 3 月。不识字的父母请人给他取了个吉利的名字"杜红喜"，这个名字一直用到 1938 年他从鲁迅师范学校毕业。他 3 岁丧父，家境贫寒。幼年上过私塾和基督教学校，后来到韩城一家店铺当学徒。1934—1936 年，杜鹏程经人推荐转到离家二三十里远的一个乡村学校半工半读。这 3 年，是他人生道路上的一个重要转折。在这里，杜鹏程在进步老师的影响下开始接触中国的进步文学作品，正是这些作品点燃了他内心对旧社会现实生活的怒火。后来他看到西北抗日红军大学（中国抗日军政大学原名）的招生通告，就决心奔赴延安。1936 年 6 月，母亲拿出长期积攒下来的仅有的 4 块光洋给他做盘缠，让他前往韩城 500 里外的延安，从此揭开了他人生崭新的一页。到了延安，经过整风、大生产运动,他被派往工厂工作,后来在西北野战军任新华社随军记者。杜鹏程在农村、工厂、部队的生活经历,为他后来的创作提供了丰富的经验与素材,奠定了他扎实的思想基础与写作基础。

新中国成立后,他在铁路建设岗位坚守了十几年。1956年秋,他写出了以铁道建设为题材的长篇小说《太平年月》的一部分初稿。1956年冬到1957年,他将这部长篇中的一章改写成近5万字的中篇《在和平的日子里》,发表在《延河》上。作品发表后,他又做了重大修改,将其扩充到10多万字,1958年6月交由东风文艺出版社出版。文艺界大多数同行和读者对作品都给予了高度评价。

《在和平的日子里》通过铁路建设工地的一个横断面,描绘了经过战争洗礼的人们在和平建设事业中所经受的新的严峻考验。这部小说不具备严格意义上的完整故事情节,用杜鹏程自己的话来说"它实际上只是'工地生活十日记'"。十天的时间,一支工程队,七八个人物,以主角阎兴与梁建之间的矛盾冲突为中心,塑造了阎兴、刘子青等新时期英雄人物形象。这些人物事事从党的整体利益出发,对未来充满理想和信心,对革命建设事业具有高度的责任心,毫无患得患失的个人主义思想。这些典型英雄人物的塑造,既是杜鹏程对新中国成立之初的时代脉搏的真实把握,也是他个人审美理想的反映。他站在时代的前列,以充沛的革命热情,提出了发人深思的人生课题:在新的历史时期,只有不畏艰险、激流勇进的人,才能跟上历史前进的步伐。

杜鹏程所走的这条从革命到文学创作的道路,在他的同辈作家当中具有很强的代表性。他们绝大多数人出身贫苦,没有接受过完整的学校教育,很年轻就投身革命。在战争年代里,他们缺乏良好的读书学习条件。因为革命工作需要,他们拿起笔,写通讯,写报告,逐渐发展到写小说。同老一辈的作家相比,杜鹏程这一代作家的出身、经历和修养都不同。

有人说杜鹏程的作品在艺术性、思想性等方面存在着局限。杜鹏程说:"一个人往往就是一个世界。"杜鹏程的作品表达了作家个人与祖国在历史中经历的沧桑风云。杜鹏程的小说是时代的产物,内容独特,主题鲜明,为我国当代小说的繁荣和发展做出了贡献。对于从事创作的后来者来说,杜鹏程是先行者,是贡献者。要了解中国从抗日战争到十年动乱时期的历史,要了解那几十年里中国的社会风貌以及人民的生活、斗争和建设,不能不读他的作品。

《在和平的日子里》问世至今,60多年过去了,这60多年间,世事之多变,可谓沧海桑田!无论是国内还是国际,莫不如此。然而,不论世事如何多变和骤变,是沧海变成了桑田,还是桑田变成了沧海,都无损于《在和平的日子里》思想和艺术的整体性。

(朱思衡)

杜鹏程

原名杜红喜,曾用笔名司马君,1921年生,陕西韩城人,现代作家。著有长篇小说《保卫延安》,中篇小说《在和平的日子里》,短篇小说《年青的朋友》《速写集》《杜鹏程小说选》等。

11. 动人的咏叹调
——谌容《人到中年》

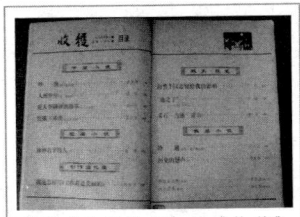

刊载《人到中年》的《收获》1980年第1期目录

谌容的中篇小说《人到中年》是一部特殊的作品，它发表在《收获》1980年第1期上，引发了不少讨论和争议。"文坛泰斗"巴金认真地读完后，特意撰文支持这位不相识的作者。他不仅喜欢这部小说，还委托女儿专程去探望因写作过度疲劳而病倒的谌容。

不少读者看完小说后，"鼻酸落泪"，其中就包括一些男性评论家。

小说发表后引起了轰动，它获得第一届全国优秀中篇小说一等奖，还被翻译成英、法、俄等多种文字介绍到国外。

《人到中年》曾被几家电影制片厂看中，最终花落长春电影制片厂。小说作者谌容只有一个要求，"绝对不许改变这个戏的主题"；而制片方的态度也很明确，回复说："我们就是看中了这个主题，要是改了，我们还不要这个剧本了"，双方一拍即合。

由谌容自己担任编剧改编的同名电影几经周折才得以成功拍摄。电影上映后，大受欢迎，连续荣获金鸡奖、文化部优秀影片奖和百花奖，感动了全国观众。电影里的女主人公成了知识分子阶层的偶像，主演潘虹获得当年的金鸡奖最佳女主角。它引发全社会都来关心知识分子。

《人到中年》

发表在《收获》1980年第1期的中篇小说。

1980

这部电影还引起了邓小平的亲自关注,他说:"落实知识分子政策,包括改善他们的生活待遇问题,要下决心解决。《人到中年》这部电影值得一看。"

《人到中年》主要讲述眼科医生陆文婷的故事,她医术高超,将全部心血都倾注到工作中,但自己却面临家庭和事业的双重压力,长期超负荷运转,几乎失去生命。小说真切地描写了中年知识分子的苦衷和理想,歌颂了他们的无私奉献,又以尖锐的锋芒反映了那个时代中年知识分子窘困的生活境遇,呼吁社会尊重知识、尊重人才,因此具有强烈的现实意义。

一个作家的人生经历必然会对其创作产生一定的影响,谌容经历了"文化大革命"那段艰难岁月,她明白并且理解当时那个时代知识分子的处境,因为这其实就是她自己处境的真实写照。针对当时普遍存在的社会问题,她结合自己的亲身经历,创作了《人到中年》这部小说。

小说中有个细节,主人公忙着给病人看病,自己女儿生病也顾不上,午休时间还要照顾孩子,做饭来不及了,只能买烧饼充饥。家里地方狭窄,一家四口住在12平方米的小房子里,家里只有一张桌子,只有等到孩子睡觉后,陆文婷才能在桌子上进行业务学习,而其丈夫只能在床边看书研究。谌容曾坦承:"有不少人问我《人到中年》里有没有你自己的生活感受?以前我总用'外交辞令'含混过去。现在还是说出来吧,当然是有的。在一段很长的时间里,我就是啃两个冷烧饼,就一杯白开水,伏在三屉桌子上写东西的。"

为了写好这篇小说,谌容还特意到医院去体验生活,并请医生为作品定稿把关。

《人到中年》细节生动丰满,语言优美简练,主人公陆文婷曾被评论界认定是"社会主义新人形象"。值得一提的是,小说中的配角秦波,着墨不多,却刻画得惟妙惟肖、入木三分,坚忍、内敛、温和而又积极进取、无私奉献的陆文婷，与满嘴官腔、自私自利、自诩坚持马列主义的老太太形成鲜明对比，这两个典型的人物形象，各具特色，让人难以忘记。

《人到中年》是谌容的代表作，它是一曲动人的咏叹调，有时凄凉，有时欢快，有时低沉，有时高昂，不经意间拨动了读者的心弦，余音袅袅，回味悠长。

谌容曾表示她要"把人间的悲喜剧放在一定的历史范畴，探索决定人物命运的历史渊源，写出更深刻、更本质地反映历史面貌的作品"，她的确做到了。

2018年9月，《人到中年》入选中国改革开放四十周年最有影响力小说。

时代在进步，尊重知识、尊重人才已蔚然成风，如果谌容再来书写新时代版的《人到中年》，它应该是一首欢乐激昂的歌。

（高求忠）

谌容

女，原名德容，1936年出生于湖北汉口，作家、编剧。曾任中国作家协会第五届全委会委员及第六、七届名誉委员。其代表作有长篇小说《万年青》《光明与黑暗》，小说集《谌容小说集》《谌容中篇小说集》等。

《人到中年》获得第一届全国优秀中篇小说一等奖，2018年9月，《人到中年》入选中国改革开放四十周年最有影响力小说。

12. 军旅文学之"高山"
——李存葆《高山下的花环》

北京出版社出版的该书封面

《高山下的花环》

发表于《十月》1982年第6期的中篇小说。

1982

2018年9月,《高山下的花环》被评为中国改革开放四十周年最有影响力小说之一。《高山下的花环》是由李存葆创作于1982年的一部中篇小说,首发于《十月》杂志1982年第6期。

小说通过描写云南边防部队一支尖刀连队的战士们在对越自卫反击战的战前、战中、战后的生活,塑造了九连连长梁三喜、炮排排长靳开来、指导员赵蒙生、外号"小北京"的战士薛凯华等一系列有着崇高情操、有血有肉、个性鲜明的当代军人英雄形象,同时深刻地揭示了军队的现实矛盾和历史伤痛。

生于1946年的李存葆,初中毕业后参军。1979年春,李存葆以作家身份去到云南前线作战部队和广西参战部队采访。在那里,他与前线官兵一起生活了4个月,同吃同住,听到并目睹了很多悲壮动人的故事。在前线,李存葆边采访边写作,发表了10多万字的报告文学和散文。但是,他的心里一直酝酿着一部刻画和表现部队英雄人物内心世界的作品。

在采访期间,有一个故事深深地触动了李存葆:一个从农村入伍的连队干部,他的家乡属贫困地区。为了生活,他家里欠了一笔数目不小的账。他与年轻的妻子感情极深,上战场前,在写给妻子的信中,他真诚地叮嘱,如果自己战死了,她要坚强地活下去,希望妻子和家人要多想想国家的难处,不要向组织伸手,家里欠的账可用抚恤金来还……当时,部队的同志还没讲完,李存葆就已泪流满面。这个真实的故事就是后来《高山下的花环》中梁三喜一家的原型。

小说还成功展现了指导员赵蒙生的成长过程。赵蒙生是因为"曲线调动"而来到九连的。最开始,他消极工作,生活懒散,一心只想配合母亲,早日从条件艰苦的边疆调到机关坐办公室。在一同工作中,性格各异但又极其团结的战友们感染了他,激发了他的热血、自尊心和爱国心,他积极投入前线的战斗,并荣立一等功,最后,他还把自己的一等军功章送给了牺牲战友的妻子……

在作品诞生的那个年代,这样的人物在军事文学中几乎是前所未见的,"十七年文学"中的军事小说往往忽略军队生活与整个社会千丝万缕的联系,视野狭窄,甚至形成了"无冲突"的禁锢,近乎成了一种孤立的"军营文学"。而《高山下的花环》将带有各种社会因素的人集中于战场,将军营与社会、军队与人民、现实与历史广泛联系起来,正视并深刻反映现实生活的矛盾冲突,挖掘出深刻而广泛的社会内涵。在揭露不正之风的同时,李存葆通过描写那些军队生活中的矛盾,透视出军人的人生观、是非观,展现了中国军人独有的"位卑未敢忘忧国"的坚忍顽强、英勇崇高的内在力量。《高山下的花环》在20世纪80年代开了以悲剧形式反映战争和军营生活的创作先例,是军旅小说的一个决定性突破,为"文革"后的军旅文学赢得了巨大的声誉。

小说在《十月》发表后,马上引起了极大反响,中央及各省市报纸争相转载,中央人民广播电台随即连播。《上海青年报》刊出特刊,一次印了百万份。50多家剧团改编这出剧目上演,小说还被翻译成日、俄、英、法等十几种语言。

《高山下的花环》还获得了一项前所未有的殊荣:时任中共中央总书记的胡

耀邦自费购买了 2000 册，赠送给南疆前线的将士。这在部队和社会上刮起了一阵强劲的"花环"旋风。

1984 年，根据小说改编、由谢晋导演的同名故事片上映，一时间风靡大江南北，感动了亿万观众。

在新中国成立 35 周年的大阅兵上，以《高山下的花环》书籍和人物为造型的彩车作为全国文艺界的唯一代表，驶过天安门广场。

李存葆最敬重的老师、著名评论家冯牧曾说："《高山下的花环》是一部好作品，一部充溢着崇高的革命情愫、能够提高和净化人们思想境界的作品！"

（李琼）

李存葆

1946 年出生于山东日照，作家、编剧。其代表作有《高山下的花环》《山中，那十九座坟茔》《大河遗梦》，报告文学《沂蒙九章》等。

曾荣获第二届全国优秀中篇小说奖，第三届全国优秀中篇小说奖，第三届鲁迅文学奖全国优秀散文、杂文奖等。

13. 为一代知青树一块碑
——梁晓声《今夜有暴风雪》

陕西旅游出版社出版的梁晓声知青小说选《今夜有暴风雪》封面，该书收录了《今夜有暴风雪》

《今夜有暴风雪》

发表在《青春》1983年第1期的中篇小说。

1983

20世纪80年代，梁晓声和他的知青小说成为社会热点。1982年，梁晓声创作的《这是一片神奇的土地》获得全国最佳短篇小说奖。1984年，他创作的《今夜有暴风雪》获得全国最佳中篇小说奖。同年，由小说改编的电影《今夜有暴风雪》上映。之后，《今夜有暴风雪》《雪城》还被改编成电视剧，前者被评为第三届大众电视金鹰奖优秀连续剧，梁晓声的名字随之家喻户晓，还形成了"梁晓声效应"。一提到梁晓声，人们首先想到的就是知青小说。

梁晓声以北大荒为背景，谱写了一曲曲知青英雄主义的乐章，《今夜有暴风雪》是其中特别有代表性的一部。

《今夜有暴风雪》初载于《青春》1983年第1期。它以1979年初北大荒40万知青大返城这一历史事件为背景，描写了一个惊心动魄的暴风雪之夜。小说以兵团知青返城引发的一场骚乱为中心事件展开故事情节，又以倒叙、插叙等手法，穿插了青年人的理想与爱情、生活与劳动、迷茫和奋斗。小说在批判极左路线的同时，着力歌颂知青对北大荒的奉献与牺牲，赞扬他们的英雄主义精神和责任感。

《今夜有暴风雪》塑造了性格鲜明的北大荒知

青群像：勇于开拓、正直善良又热心助人的曹铁强，鲁莽重情义、后来壮烈牺牲的刘迈克，温柔纯洁又有些自卑、以身殉职的裴晓芸……梁晓声笔下的这些知青形象，有血有肉，丰满立体，给人留下了深刻的印象。这是第一篇正面描绘知青大返城的小说，整部作品中关于知青历史和返城现实、团部暴风雪般的冲突场面和站岗的裴晓芸的温馨回忆，错落交织、有张有弛、情节紧凑、引人入胜。

小说真实地反映了几十万北大荒知青的生活，气势磅礴，风格沉郁，充满理想主义的激情，感动了无数读者，被誉为"英勇悲壮的'知青'纪念碑"。《今夜有暴风雪》发表以后，社会反响强烈，成为知青小说里程碑式的作品。

梁晓声曾是黑龙江生产建设兵团的一名知青，他笔下的知青小说，大多写的是自己曾经的同伴，当年又叫"兵团战士"。军队编制，半军营化的集体生活方式以及管理方式，还有老战士们对知青们各方面的影响，使得兵团知青既有广大知青的共性，又有自身的独特性。作为亲历者，梁晓声认为，北大荒知青身上，既有那个特定的历史时期鲜明、可悲的时代烙印，也具有闪光的、可贵的、应充分予以肯定的一面。仅仅用同情的眼光将付出了青春和热情乃至生命的整整一代人视为可悲的一代，这才是最大的可悲，也是不公正的。梁晓声笔下的许多知青人物寄托了他对人性、人品、人格的理想，他创作《今夜有暴风雪》，就是"为了歌颂一代知青"，给他们"树一块碑""加一块砖"。

梁晓声说："在那个年代里，有着一大批单纯的年轻人，怀着一种理想化的信念在生活、思考。""作家是时代的书记员，我感觉到我经历的时代有些事值得我记录下来。"梁晓声站在新的历史高度，反思知青的坎坷命运，用手中的笔，为人们展示了知青生活的全景，为那一代人雕塑了栩栩如生的群像：他们一条腿屹立在大地上，另一条腿长跪不起；一只手托着改天换地的豪情高举过头顶，另一只手攥着脱胎换骨的虔诚扪于胸前。

历史不会忘记那一代人，人们也没有忘记《今夜有暴风雪》。2018年9月，小说《今夜有暴风雪》入选中国改革开放四十周年最有影响力小说。

（高求忠）

梁晓声

原名梁绍生，生于1949年，祖籍山东荣成，生于哈尔滨。中国作家协会第五、六、七届全委会委员。其代表作有长篇小说《一个红卫兵的自白》《从复旦到北影》《雪城》，中篇小说集《人间烟火》，短篇小说集《天若有情》《白桦树皮灯罩》《死神》等。

《这是一片神奇的土地》获1982年全国短篇小说奖，《今夜有暴风雪》和《父亲》分别获得1984年全国中篇、短篇小说奖。

14. 人性之美，劳动之美

——张贤亮《绿化树》

刊载《绿化树》的《十月》1984年第2期的封面

《绿化树》

发表于《十月》1984年第2期的中篇小说。

1984

1993年，在邓小平南方谈话的第二年，全国掀起了一股经商热潮。贺兰山下，名叫镇北堡的明代古堡里，一座影视城开业了。在这座后来被誉为"东方好莱坞"的影视城里，诞生了一大批优秀的影视作品。而这座影视城的创办者，是当时已经在国际上有一定影响力的作家——张贤亮。

张贤亮喜欢将镇北堡西部影视城称为他的立体文学作品，这部作品的确占据了他后半生绝大部分的创作时间和精力。但其实早在影视城开业的9年前，它就已经出现在张贤亮的小说《绿化树》中。

在这篇以自我为原型的小说中，张贤亮多次提到的"镇南堡"，实际上就是"镇北堡"。不过在小说中它并不是一座享誉盛名的影视城，而是劳改农场的犯人们寄信、获取信息和采买物品的去处。虽然对比劳改农场它显得十分繁华，但终究不过是一个普通得不能再普通的镇子。我们很难揣测张贤亮在描写这个朴素小镇时是否勾勒过它的未来，但仔细观察小说中的主人公章永璘，恐怕就不会对张贤亮在后半生下海经商，最终创作出了镇北堡西部影视城这样一部宏大的作品感到意外。

章永璘是张贤亮计划创作的"唯物论者启示

录"系列小说的主人公，出现在短篇小说《初恋》、中篇小说《绿化树》、长篇小说《男人的一半是女人》等多部小说中。章永璘的人生轨迹与张贤亮大体相同。1957年，张贤亮在反右运动中因发表诗歌《大风歌》而被划为右派分子，押送农场"劳动改造"长达22年。在劳改农场的岁月像是一场噩梦，此后，关于"饥饿"和"性压抑"的记忆成了张贤亮小说中最重要的主题。

在《绿化树》里，章永璘也备受饥饿折磨，因为食欲得不到满足，他将自己作为人的尊严统统抛弃，将知识分子的全部智慧都用在了怎样更多获取食物上。而马缨花的出现拯救了章永璘，她用从倾慕于她的男性那里得到的食物喂养章永璘，解决了章永璘的饥饿问题，并且用女性的温柔善良呵护着章永璘，使其恢复了人的尊严。

在劳改农场里的章永璘是备受折磨的，但也是积极进取的。虽然条件艰苦，但章永璘一直坚持读马克思的经典著作，《资本论》在小说中就多次被提及。尽管处于社会边缘，章永璘却一直在想办法获取最新的时事消息，并运用马克思主义原理分析大局。始终保持敏锐的时代观察力是章永璘的一个特点，也是张贤亮的一个特点，在邓小平南方谈话的第二年，张贤亮立马顺应时势，投身商海，凭借多年阅读《资本论》的理论基础，将荒凉的戈壁建设成了享有盛名的影视城。

张贤亮将后半生都投身于镇北堡西部影视城这部实体文学作品创作中，而很少有传统的文学作品发表。2014年，随着这位一生传奇的作家离世，原计划创作的九卷本系列小说——"唯物论者启示录"再也没有完成的可能，成为文学史上的一大遗憾。除了之前的那几本，1989年出版的长篇小说《习惯死亡》，也应属九部系列之一，但并未在标题上注明，说明张贤亮其实早已放弃了系列创作计划。

虽然张贤亮本人未留下只言片语，但是普遍认为导致这一结果的原因就在于曾引发争议的"红地毯"描写。在小说《绿化树》的结尾，主人公最终脱离了"劳改农场"的苦海，"走上红地毯"。许多评论家都曾建议张贤亮将"走上红地毯"一段删去，理由是有"俗气"之嫌，破坏了读者的审美情趣。对于这些评论，张贤亮都是置之一笑。与文学批评界一致认为的"俗气""多余"相反，张贤亮认为"走上红地毯"是很重要的一笔，那不仅仅是主人公个人命运的改变，还是中国社会开始全面改变的象征。2018年，张贤亮的《绿化树》入选中国改革开放四十周年最有影响力小说，在某种意义上也肯定了他的这种坚持。

从压抑中走来的章永璘凝聚了一代人关于那个时代的苦难记忆，而作为新时期创业者的张贤亮又是中国腾飞的见证。对于张贤亮，无论是他的小说还是他的人生，都是让我们无法忽视的历史记忆。

（周洪斌）

张贤亮

1936年生于南京，祖籍江苏盱眙。曾任宁夏文联主席兼宁夏作家协会主席、中国作家协会主席团委员、中国人民政治协商会议全国委员会委员等。其代表作有短篇小说《灵与肉》《邢老汉和狗的故事》《初吻》，中篇小说《河的子孙》《青春期》《绿化树》，长篇小说《男人的一半是女人》《习惯死亡》《我的菩提树》及文学性政论随笔《小说中国》等。

曾三次获得全国优秀小说奖，《绿化树》入选中国改革开放四十周年最有影响力小说。

15. 我们的80年代
——刘索拉《你别无选择》

刊载《你别无选择》的《人民文学》1985年第3期封面

中央音乐学院1977级作曲班是校史上的一个传奇，不仅因为这个班走出了谭盾、瞿小松、郭文景、叶小钢和刘索拉等世界级的音乐大师，更因为小说《你别无选择》的流行。这部刘索拉以她自己的校园生活为原型创作的中篇小说，讲述了音乐学院里一群不务正业的奇才杀死青春的故事。作曲班学生的校园生活因此引来了众多北京大学生的围观，最惊人的是后来连他们班开音乐会的时候，市场上都出现了黑市票。

《你别无选择》最早刊于《人民文学》1985年第3期。小说发表之后引发巨大轰动，全国刮起"刘索拉旋风"。小说获得全国中篇小说奖，被列为我国新时期"先锋派小说"的首批作品。仅凭这一部中篇小说，刘索拉就成了中国"现代派"的代表作家。哲学家李泽厚评价说这是中国第一部真正的现代派小说。

小说标题"你别无选择"是指音乐对于刘索拉们来说，是别无选择的宿命。音乐是一种最古老的记述人的感情的方式，可以控制人的情感，可以解放生命，也可以结束生命。1977年恢复高考之后，因"文革"中断学业的大龄学生们重返校园，音乐学院的学生中小的只有十五六岁，大的有二十八九岁。刘索拉入校的这一年23岁，还

《你别无选择》

发表于《人民文学》1985年第3期的中篇小说。

是年纪较小的学生之一。十年"文革"压抑的创作激情得到释放，学院里狂野的气氛正是人性得到解放的时代先声，小说的流行成为必然。当时的大学气氛，照刘索拉们的说法，很像欧洲的文艺复兴时期，几乎人人读哲学，人人谈诗歌。校园诗人是同学们的偶像。20世纪80年代初期的中国，人们刚刚走出"文革"，人人还在为吃穿发愁。小说里这一群年轻人却已经陷入"精神的迷惘"，闹腾着追求个性的解放和生命的意义。刘索拉的小说很应景，她也因此声名大噪。

刘索拉是真实的。她出生在北京，是共和国缔造者的后代，她父亲刘景范是陕甘宁工农红军高级将领刘志丹的亲弟弟。母亲李建彤年轻时候上的是上海专门培养贵夫人的学校，日本侵略改变了她的人生轨迹，她离开上海奔赴延安投身革命，曾在鲁迅艺术学院学习音乐。她给自己的3个孩子分别起名"索拉""米拉""多多"，这3个名字连缀起来配上音律就是奇妙的乐曲。母亲把自己未尽的音乐梦寄托在她的孩子们身上。同时，她也是新中国第一代新女性的代表，在丈夫刘景深的宠爱下，她闹女权，追求个性。在革命年代，她穿高跟鞋配中山装，始终是个异类。刘索拉受母亲的影响很深，在3个子女中，她最小也最受宠爱。父亲对孩子们也很宽容，从不用条条框框去限制他们。11岁之前的刘索拉生活优裕，母亲为她们兄妹三人设计了丰富多彩的"日课"，请老师为他们教授古典音乐知识，教他们练习民歌，家里的老唱片都是西方的歌剧。刘索拉跟姐姐学唱京剧、吊嗓子、拉形体。童年时期的刘索拉比同龄人更早接触到艺术，宽松的家庭环境培养了她张扬的个性。

家庭的变故出现在1966年，那一年刘索拉11岁。"革命小将"搬走了她家的钢琴，绑走了她的父母，兄妹三人只能跟着家里的保姆生活。后来她才知道是母亲1962年开始写作的革命人物小说《刘志丹》引发了巨大政治风波，父母两人相继被查。1968年，身居高位的父亲以"现行反革命罪"被逮捕入狱，母亲遭关押。父母平反已经是十年后的1978年。十年间，刘索拉从温室里的花变成了街上的草，她和一群父母被抓走的小伙伴整天在街上游荡，在公园里唱歌、画画，爬城墙撒野。警察也注意到了这群穿喇叭裤、花衬衣，留着齐耳短发的小女孩们。"文革"年代的北京只有8个样板戏，女孩们的音乐对于警察来说也是非常新鲜的，警察成了她们的听众。这群反叛的孩子就这样度过了自己没有爹妈管束的好日子。

成年后的刘索拉始终是反叛的，她在人生路上还是怎么难怎么走。她1988年旅居英国，1993年移居纽约。20世纪80年代末她开始淡出文坛，专注于音乐。如今的刘索拉是享誉世界的著名作曲家、作家和人声表演艺术家，是中国文化精英的代表，她的名字常常与阿城、北岛一起被提及。2018年9月，刘索拉最具代表性的作品《你别无选择》入选中国改革开放四十周年最具影响力小说。

（朱思衡）

刘索拉

女，1955年生，音乐家、作曲家。著有小说《你别无选择》《蓝天绿海》《寻找歌王》《混沌加哩格楞》等，散文《蓝调之缘》，对话散文集《行走中的刘索拉》《曼哈顿随笔》等。

16. 英雄血，民族魂
——莫言《红高粱》

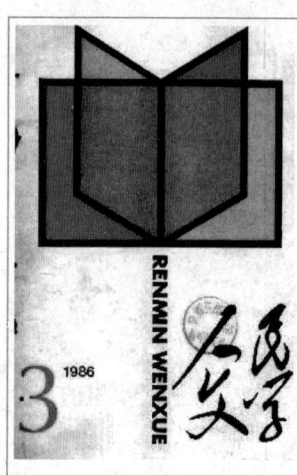

刊载《红高粱》的《人民文学》1986年第3期封面

《红高粱》

首发于《人民文学》1986年第3期的中篇小说。

1986

1987年，电影《红高粱》的插曲《妹妹你大胆地往前走》在我国大江南北广为传唱。这部由张艺谋执导，姜文、巩俐主演的电影，改编自莫言的同名小说。影片中敢爱敢恨的"我奶奶""我爷爷"以及罗汉大叔等一众中国北方老百姓的角色，以及他们不惧生死、保家卫国的民族精神，一直为大家津津乐道。

作者莫言参与了电影的编剧工作。当时，为了还原小说中连莫言都没有见过、只在"爷爷"年轻时才存在的繁茂高粱地，剧组特地联系高密县政府，新种植了两块高粱田。

当莫言看到样片时，他感到一种震撼：电影完全给人一种崭新的视觉形象。他甚至觉得：在视觉和色彩运用上，营造出这么强烈氛围的电影，在新中国电影史上是空前的。

而作为首位获得诺贝尔文学奖的中国籍作家，莫言因在文学创作上通过幻觉现实主义将民间故事、历史与当代社会融合在一起而获奖，他的中篇小说《红高粱》就是对这句授奖词最好的诠释。

《红高粱》以20世纪三四十年代高密东北乡的民间生活为背景，主要描述了"我"的爷爷余占鳌、奶奶戴凤莲在年轻的时候，从相识、相爱到一起投身于民族革命战争，以勇气和智慧带领乡民共同抗日、保家卫国的故事。小说通过人物塑造和情节设计，展现了强烈的生命意识：对原始野性、质朴强悍的生命力的赞美，对自由奔放的生命形式的渴望。正是这样的内核，让小说有了震撼人心的力量。

莫言原名管谟业，出生于山东高密。1976年莫言参军，在部队期间，他积极创作，1981年开始发表作品《春夜雨霏霏》，1984年因《透明的红萝卜》而一举成名。

《红高粱》的创作灵感来自一次文学创作讨论会上，一些老作家提出：年轻一代的作家没有亲身经历过战争，该怎样通过文学来更好地反映战争、反映历史呢？

莫言当时站起来说，小说家的创作不是要复制历史，那是历史学家的任务。小说家写战争——人类历史进程中这一愚昧现象，他所要表现的是战争对人的灵魂扭曲或者人性在战争中的变异。从这个意义上讲，即便没有经历过战争的人，也可以写战争。他的发言引起一片哗然，当场就有人嗤之以鼻，认为他狂妄无知。

为了证明自己的观点，倔强的莫言决定马上动笔写一部战争小说。他深信，衡量小说成功与否的标准不是逼真再现战争过程，"战争"是作家写作时借用的一个环境，利用这个环境来表现人在特定条件下感情所发生的变化。

莫言选择写自己的家乡和曾经发生在这片土地上的抗日战争。受环境和气候的影响，高密只适合种高粱，莫言决定以高粱地为舞台，让爱情故事和战争故事在此上演。确定框架后，莫言便利用工作之余投入创作。那时候他是部队的报务员，有一些训练用的本子，但纸张的质量很差，他就拿这样的本子，先是用圆珠笔快速写，然后又找来比较标准的方格纸，一边抄一边写。那是1984年的冬天，他每天坐在火炉边写作，一天可以写14000字甚至17000字。仅用了一个星期，莫言就完成了这部在新时期文坛产生重要影响的作品初稿。

　　1986年，《红高粱》发表于《人民文学》第3期，随即在文坛引起了巨大轰动。有老军人看了《红高粱》后说写得很好，问并未经历过战争的莫言："怎么知道杀人是这样的？"莫言回答："因为杀鸡就是这样的。"莫言曾在家附近的屠宰场看过杀猪，自己也在家杀过鸡，这些屠杀的血腥场景成了《红高粱》中杀人、砍头情节的灵感来源。就像他深信的，没有经历过战争，未必写不出好的战争文学。

　　2012年，莫言获得诺贝尔文学奖。他在演讲中说，如果没有多年来中国社会的巨大发展与进步，如果没有改革开放，也不会有他这样一个作家。而时任中共中央政治局常委的李长春也发贺电表示：莫言获得诺贝尔文学奖，既是中国文学繁荣进步的体现，也是我国综合国力和国际影响力不断提升的体现。

（李琼）

莫言

　　原名管谟业，1955年出生在山东高密，作家。现为中国作家协会副主席。其代表作有《红高粱》《丰乳肥臀》《生死疲劳》《蛙》等。

　　2011年凭借小说《蛙》获得茅盾文学奖。2012年诺贝尔文学奖获得者，也是第一个获得诺贝尔文学奖的中国籍作家。

17. 棉花的温暖

——铁凝《棉花垛》

刊载《棉花垛》的《人民文学》1989年第2期封面

《棉花垛》

最早刊发于《人民文学》1989年第2期的中篇小说。

1989

"摘花呀，摘花呀！"

这一回荡在冀中大平原上的声响一直萦绕在铁凝的记忆深处。多年后铁凝自己也未曾想到，4年的知青生活会令她如痴地追忆着那段在大平原与棉花相伴的日子，思考着那片土地上的女人们在不同时境下的命运。铁凝对棉花的情愫，丰富了她在创作初期的篇章，成就了她的《棉花垛》。不仅如此，铁凝创作《棉花垛》的心路历程，还让人们看到那个年代的女作家是如何在面临西方思潮的冲击时，跟随自己内心的记忆在中国的热土上寻求精神创作源泉而砥砺前行的。

《棉花垛》是铁凝在回归城市、面对新的时代背景而创作的"三部曲"中的第二部，被誉为她小说转型时期的成熟之作。20世纪80年代正值思想解放，人们刚从"文化大革命"的政治氛围中走出来，中国文坛五彩缤纷，很多优秀的作家都做了很多前卫的实践。面对五花八门的时尚潮流，铁凝觉得自己有点跟不上形势，害怕自己落后。在这样焦虑的心态下，铁凝开始探索新的风格，尝试了"三部曲"中的第一部《麦秸垛》。

《麦秸垛》的问世确实让人们眼前一亮，其冷峻、沉重、神秘的风格已不同于铁凝以往的单纯明丽。评论家纷纷称道："呈现在我们面前的现在这个铁凝,是一个我们已略感陌生且有些神秘的铁凝。"但是铁凝的这种转型在收获好评的同时,也饱受着不够成熟、略显青涩的争议。连铁凝自己也坦然承认在《麦秸垛》中弥漫着处处寻变的急迫,语言描写上也有失自然。

在文坛急促的转型中,铁凝曾一度迷失掉方向,丢失了原先写作的态度。正是在这个时候,铁凝萌生了创作《棉花垛》的想法。但是,铁凝并没有立马下笔进行创作。相反,在面对社会的各种评论、经过各种反思后,铁凝又将情怀追溯到那段在冀中平原的时光:那段她在土地上下种、间苗、掐花尖、打花杈、采摘棉花的岁月;那段她一心想和贫下中农打成一片,为把自己"晒"成他们的容貌,在八月的正午坐在棉花垄里晒太阳,脸颊疼痛难忍,层层爆皮也怡然自得的日子。在回想那段让她备感温暖的日子中,铁凝开始抛开杂念,进入了比较自如的创作心境。

因此,与创作《麦秸垛》一心求变的焦虑不同,铁凝在创作《棉花垛》时内心是愉悦的。她说,写作《棉花垛》时内心有一种愉悦,就是开始比较自觉地放弃一些东西,放弃这会使她看起来怎样的念头。就这样,铁凝潜心创作,将她在知青生活中偏爱棉花的回忆设置为小说的环境,用女性独有的感觉去感悟生活。在《麦秸垛》发表之后的第三个年头,读者在《人民文学》上看到了铁凝的《棉花垛》。《棉花垛》和《麦秸垛》的主题一脉相承,但是与《麦秸垛》还带有转型的青涩不同,《棉花垛》显然更加成熟。在《棉花垛》中,人们宛然看到了一个在新时期独立、成熟的铁凝。在《棉花垛》创作期间,铁凝又心生了创作《青草垛》的想法。虽然在那个时期,作家们都喜爱创作系列小说,盛产"三部曲",但是,完成《棉花垛》以后,铁凝不再刻意地追求文坛的"时髦"。她说,她并不想轻率地迁就这个"三"字,她不准备为了尽快凑成"三垛"便扔给读者一个潦草的故事。她希望读者能从这篇小说里看出她对文学一如从前的认真。

《棉花垛》不仅是铁凝转型的成熟之作，还是她创作心态成熟的标志。每当铁凝回顾自己的创作生涯时，她追忆道，她记住的还是棉花本身，她觉得只有棉花释放出的温暖才最真实。

在我国社会发生急剧变化的时代节点上，铁凝回归冀中大平原，在棉花给予的殷实温暖中，以新时期女性独有的风姿，迎接着改革开放的大潮。

（杨颖）

铁凝

女，1957年生，河北赵县人，作家。现任中国文联主席、中国作家协会主席。其代表作有《玫瑰门》《无雨之城》《大浴女》《麦秸垛》《哦，香雪》《孕妇和牛》等。

曾获第一、二届鲁迅文学奖，首届老舍文学奖，第二届冰心散文奖等。

18. 乡村教师的赞歌
——刘醒龙《凤凰琴》

武汉出版社出版的刘醒龙作品集《凤凰琴》封面,该书收录了《凤凰琴》

《凤凰琴》

发表在《青年文学》1992年第5期,后收入中国青年出版社1993年出版的同名小说集里的中篇小说。

1994年9月29日,由著名影星李保田、王学圻、剧雪和修宗迪等人参演的反映偏远山区民办教师生活的电影《凤凰琴》热播,一时间感动了无数观众,好评如潮。影片使人们了解到了乡村教师这一群体的艰辛不易。影片获得了包括金鸡奖、华表奖在内的5个国内大奖,可谓实至名归。

这部影片改编自湖北作家刘醒龙的中篇小说《凤凰琴》。说起为什么会写这样一部小说,这背后还有一个故事。

20世纪80年代,刘醒龙在英山县文化部门工作时,经常看见一个瘦弱的男人挑着箩筐在街上捡拾垃圾。这个男人身上的衣服虽然破旧,却被穿得周周正正。他头上戴的草帽总是压得很低,看不见他的脸。这让刘醒龙感到很奇怪,后来他才弄清楚这个男人原来是邻村的小学民办教师。因为政策原因,他被清退了。他教了20多年书,身体单薄,根本干不了体力活,但是一家老小都要指望他养活,他实在没有办法可想,最后只能上街去捡破烂。他又还有点自尊心,生怕被自己的学生遇见,于是就用草帽遮住自己的脸。这个民办教师的故事在刘醒龙的心里生根了,压在他心上很多年,甚至让他憋得难受。最后他决定要写点什么,这就是《凤凰琴》写作的来由。

小说《凤凰琴》主要是围绕一个名叫张英才的代课老师的所见所闻而展开的。张英才高考预选失败后，由在乡文教站当站长的舅舅推荐到大山深处偏僻的界岭小学，当了一名代课教师。那里还有四名教师，包括余校长、副校长邓有梅、教导主任孙四海和余校长长期卧病在床的爱人明爱芬老师。

　　故事就在这几个人之间展开。张英才在学校安排给自己住的房间里发现了一把凤凰琴，这是全篇的一条隐藏起来的线索。张英才由于向舅舅和上级举报学校弄虚作假、应付县里组织的贯彻义务教育法大检查的事情，使得学校被上级取消了先进单位称号，由此没法得到800元奖金。学校破败的校舍因此也就没有办法得到修缮，村里一直拖欠的老师们的工资也一时没有办法补发。

　　张英才于是就成了众矢之的，他也十分后悔。这时，事情出现了转机。在受到冷落的时候，他写了一篇叫作《大山·小学·国旗》的文章，投给省报。省报的记者来到学校采访并拍了照，连同文章一起发表，引起了轰动。这使得学校得到了外界的关注和资助，并且上级还给了一个转正指标，点名要给张英才。但是张英才将指标让给了明爱芬老师。第二天，明老师却与世长辞，凤凰琴的故事才终于水落石出。原来多年前，张英才的舅舅万主任也在界岭教书，为了转正，他不惜动用关系夺走了明爱芬老师的转正指标，致使明老师在产后涉水落下了病根。万主任事后很愧疚，就赠送了明老师一把凤凰琴以表达自己的歉疚。张英才最终在雪花飘飘的时候离开了界岭小学，带上了那把凤凰琴……

　　1992年小说发表在《青年文学》第5期后，引起了广泛的关注，很多读者提出要求，希望刘醒龙能够再写续集。

　　小说的背景，设定在20世纪后半叶。那个时候在急需人文教育的中国乡村中，大部分教鞭都执掌在民办教师手里。这些民办教师也许知识有限，但是正是这些知识有限的民办教师的存在和坚守，才使得那些生活在乡村的孩子们心灵不致荒漠化。

"1992年，我写完中篇小说《凤凰琴》，只是因为心存感动。"刘醒龙这样说。但时隔11年后，他以《凤凰琴》的题材，丰富发展之后，完成了长篇小说《天行者》。这也可以看作是对读者要求他写《凤凰琴》续集的回应。刘醒龙不无感慨地谈道："11年前，我还年轻，很自然地选择了表现一颗躁动不安的心，如何与天荒地老的乡村发生契合。"

《凤凰琴》获得了第五届《小说月报》百花奖、第三届湖北省屈原文艺奖等奖项，它是奠定刘醒龙文学地位的一部代表作。

（苏大平）

刘醒龙

1956年出生，湖北黄州人，作家。现任湖北省文学艺术界联合会主席，《芳草》文学杂志主编，中国作家协会第九届全委会委员，中国作家协会小说委员会副主任。其代表作有《凤凰琴》《秋风醉了》《分享艰难》《爱到永远》《天行者》《威风凛凛》《生命是劳动与仁慈》《痛失》等。

1998年2月，《挑担茶叶上北京》获第一届鲁迅文学奖。2011年8月，《天行者》获第八届茅盾文学奖。

19. 在孤独中坚守理想
——田耳《一个人张灯结彩》

刊载《一个人张灯结彩》的《人民文学》2006年第12期封面

《一个人张灯结彩》

发表于《人民文学》2006年第12期的中篇小说。

2006

王国维曾在《宋元戏曲考》中提出"一代有一代之文学"的观点。时代是不断变化发展的,与时代有密切关系的文学创作,尤其是深刻反映时代特点的现实主义文学创作,往往会随着时代变化,在不同时期呈现出不同的特质。

从新中国成立初期强调为政治服务的"十七年文学",到新时期文学的重建和探索,而后,历史的重任将交到更年轻的一代作家手里,这一代作家将书写什么样的历史?又将怎样书写历史呢?对于这两个问题,以田耳为代表的一批"70后"作家正在用他们的作品给出答案。

田耳于1976年出生在湖南凤凰,1999年开始写作。2007年,田耳创作的中篇小说《一个人张灯结彩》获得第四届鲁迅文学奖,他是第一个获得这个奖项的湖南籍作家,也是史上最年轻的鲁迅文学奖得主。鲁迅文学奖给《一个人张灯结彩》的授奖词是:"各色底层人物的艰辛生活在老警察的尽职尽责中一一展现,理想的持守在心灵的寂寞中散发着人性的温情。"

这篇小说缘起于田耳的亲身经历。在创作小说的半年前,田耳去到黔西看望一些从未谋面的亲戚,认识了一个比他大不了几岁但按辈分是他叔叔的聋哑亲戚。这位聋哑叔叔长得高大帅气,离了婚，在山上开理发店。叔叔并不富裕，却表现出简直让人难以承受的热情。田耳在的那段时间，叔叔总是关门不做生意，带着他把城市逛遍。但叔叔有个不太正道的爱好——赌，一到晚上就带着田耳到赌场赌钱。他想赢几手大的，好带这个外来的亲戚去城里进行高消费，奈何手气不佳。田耳不赌，就在旁边看着他一次次输钱。

田耳和这个聋哑叔叔相处了半个月，还没有等到叔叔转运，他已经准备动身离开了。但就在这短短的半个月里，聋哑叔叔对田耳已经是依依不舍，以至于到了真要离开的那一天，田耳都不敢告诉聋哑叔叔。这件事让田耳有了很多想法，让他对底层人民的生活有了更深的理解，对人心灵深处的孤独有了更深的体会。

这段生活经历给田耳提供了创作灵感，聋哑叔叔的形象也一直盘桓在他的脑海中。半年后田耳创作完成了中篇小说《一个人张灯结彩》。

小说的主人公老黄是一名很有经验的刑警，却碰上了一个颇为棘手的案件。由于案件的受害人于新亮和凶手钢渣，以及既是受害人妹妹又是凶手情人的聋哑理发师小于之间的复杂关系，案情中多了许多误导因素，使得破案进程屡屡受阻。随着案情一步步推进，真相渐渐浮出水面，同时三个孤苦的灵魂也慢慢清晰。小说结尾，小于一个人在理发店里挂满灯笼，等着她已经伏法的情人。

聋哑叔叔的形象在这篇小说中被田耳拆分了：理发师小于的原型无疑是他，小于的情人钢渣也是他。田耳曾谈到，自己在小说里把聋哑叔叔"写成一个女哑巴，同时也是深爱着女哑巴的一个流氓"，他自己也搞不清楚这里面究竟有什么样的变形过程。田耳的创作过程人们已经很难还原，但分析小于和钢渣这两个人物形象，我们可以找到其中的共性——底层和孤独。

底层是他们的身份标识，孤独是他们的心理特质。底层的小人物是社会的大多数，他们代表一个国家的底色。关心小人物的命运、关怀社会底层是在新世纪作家们回归现实做出的自觉选择。而孤独则是现代人的普遍特质，自身价值的失落和终极关怀的迷惘，造就了现代人这一特质，田耳敏锐地捕捉到了这一点并将它用平静的文字表达出来。

面向底层、书写孤独，是田耳对当今社会的观察与思考，虽不能说他就此把握住了时代的本质——时代的本质更为复杂，但的确抓住了关键的两个特质，让处于这个社会中孤独的大多数读者都在小说里找到了共鸣。

（周洪斌）

田耳

1976年出生，湖南凤凰人。其代表作有中、短篇小说《衣钵》《重叠影像》《姓田的树们》《一个人张灯结彩》，长篇小说《夏天糖》《风蚀地带》《天体悬浮》等。

曾获第四届鲁迅文学奖中篇小说奖、2007年度人民文学奖等。

20. 中国的保尔·柯察金
——吴运铎《把一切献给党》

工人出版社出版的该书封面

《把一切献给党》

长篇小说，工人出版社于1953年首次出版。

1943年，一个人正专注地阅读着奥斯特洛夫斯基的《钢铁是怎样炼成的》。这个人的一生可不一般，在他的履历上，有着这样的记录——新四军司令部修械所车间主任，淮南根据地子弹厂厂长、军工部副部长，华中军工处炮弹厂厂长……他就是用血肉之躯与钢铁搏斗，被称为我国军工事业开拓者的吴运铎。他的一生充满了传奇，最重要的是，他和我们今天都非常熟悉的两个人有着非同一般的关系。而这两个人，一个就是他正在阅读的书中的主人公——苏联鼎鼎有名的文学人物保尔·柯察金；另一个，就是我们的同胞，他的名字叫作雷锋。

先说说吴运铎和保尔·柯察金的关系。

1917年，吴运铎出生在江西安源。他自幼就对机械非常感兴趣，而且通过自学和刻苦钻研，他掌握了很多机械知识。之所以后来他成了我国军工事业的开拓者，也与这个时期打下的基本功有直接联系。

在艰苦卓绝的战争岁月里，他带领7个徒弟，每年为前线生产出60万发子弹。为了研发枪弹，他浑身100多处受伤，4根手指和一条腿被炸断，左眼被炸瞎。1949年12月，吴运铎被送到苏联治疗。也就是在这个时候，这位"中国的保尔"

的事迹打动了《钢铁是怎样炼成的》作者奥斯特洛夫斯基的夫人,她特意到医院去看望吴运铎。吴运铎的英雄事迹还感动了苏联人民,以至于他们为了表达对他的崇高敬意,还为吴运铎在莫斯科高尔基大街14号建立了"中国保尔纪念馆"。1950年,苏联最高领导人斯大林还接见了吴运铎。同年回国后,吴运铎继续着兵工厂的工作。

1951年10月1日,吴运铎参加了国庆典礼,毛泽东主席在天安门城楼上亲切接见了他。中央人民政府政务院和全国总工会还授予吴运铎特邀全国劳动模范称号,并将他誉为中国的"保尔·柯察金"。10月5日,《人民日报》发表专题报道《钢铁是这样炼成的——介绍中国的保尔·柯察金兵工功臣吴运铎》,把他和保尔·柯察金这个坚忍不拔的革命英雄形象紧密联系在一起。

吴运铎熟悉保尔·柯察金,他希望自己也像保尔·柯察金一样活着。那句名言时时激励着他:"人最宝贵的东西是生命。生命对于我们只有一次。一个人的生命应当这样度过:当他回首往事的时候,他不因虚度年华而悔恨,也不因碌碌无为而羞愧。"

1953年,吴运铎在学习的间隙,以伤残之躯勤奋地创作,写下了10多万字的自传体小说《把一切献给党》。这部小说实际上可以看作是吴运铎自己的人生传记,它讲述了吴运铎革命的一生,反映的不仅仅只是一个共和国战士的成长史,更是一个共产党员的思想发展史。

《把一切献给党》出版发行后,在全国引起了巨大的反响,总共印刷了500多万册,还被译成俄文、乌克兰文、蒙古文、朝鲜文、日文、英文等,在许多国家发行。

这部小说在中国掀起热潮,就像《钢铁是怎样炼成的》在苏联一样,许多的人都被吴运铎的经历所鼓舞,他成了人们崇敬的偶像,成了人们积极进取的动力。

1957年，一个小学生在仔细阅读《把一切献给党》后，激动地写下了这样的读后感："吴运铎是我的学习榜样，我要像他一样长大后努力工作，把一切献给党。"这个小学生就是后来践行了自己诺言的雷锋。

吴运铎一直热心弘扬雷锋精神，他还支持在北京建立了一座"雷锋纪念馆"。在吴运铎逝世后，人们把他的生平事迹也陈列在其中，这个纪念馆如今已经更名为"吴运铎、雷锋纪念馆"。

是"把一切献给党"的精神，让吴运铎和雷锋两个人成为时代的楷模，成为时代精神的象征。发生在他们之间的故事，正是崇高的无私奉献精神的传承和接力！

（苏大平）

吴运铎

1917年生于江西安源，祖籍湖北武汉市。著有传记文学《把一切献给党》《谈青少年道德修养》《人生絮语》《十老叮咛》等。曾任中南兵工局副局长、机械科学研究院副总工程师、五机部科学研究院副院长等职。吴运铎是新四军兵工事业的创建者和新中国兵器工业的开拓者，新中国第一代工人作家，被誉为中国的"保尔·柯察金"。

21. 山药蛋派的农村故事
——赵树理《三里湾》

刊载《三里湾》的《人民文学》1955年第1期封面

在山西沁水一个叫作尉迟村的小村庄里，有个年轻人打开了一本书，兴趣盎然地对着一个老人开始朗读起《阿Q正传》。说起这部小说，那可是鲁迅先生的代表作，也是五四运动以来被许多人交口称赞的作品。但是，在这个偏远的农村，情况有点出人意料。不一会儿，老人就对年轻人热情朗读的这部小说完全失去了兴趣——这可能并不符合他对于小说这种文学艺术的固有观念，当然也并不符合他的欣赏习惯，他自然就没法再听下去了。这令年轻人很受打击，他有一种说不出来的失望。他同时也陷入了沉思：究竟什么样的小说才是老百姓喜闻乐见的小说呢？在我国传统的文学形式里，是不是讲故事的经验方法才能被普遍地接受呢？年轻人似乎从这里发现了一个重要的秘密。他决定将来要摸索和践行这一条途径，用中国传统文学里好的经验方法，讲好中国故事，来为哪怕是一个普通的农民读者服务。

这个年轻人就是赵树理。他在与父亲的交流里，通过朗读新文学作品失败这一小小的事情，认识到要想通过文学来真正改变普通老百姓的观念，必须要讲求方法，那就是必须与老百姓的生活息息相关——你必须要讲他们关心的、喜欢的东西，而且得讲究表达的方法，才能让他们理解、

《三里湾》

《人民文学》1955年第1期开始连载的长篇小说。

1955

接受。经过不断的努力实践，赵树理终于开辟出中国文学一个全新的境界，开创了一个在新中国成立后曾经雄踞中国文坛的"山药蛋派"。

赵树理以小说《小二黑结婚》《李有才板话》声名鹊起。《在延安文艺座谈会上的讲话》中，毛泽东阐明了革命文艺要为工农兵服务的根本方向，那时赵树理的作品几乎就是这个讲话里谈及的文艺作品的某种具体可供参照与学习的标准。事实上，赵树理的作品确实也风行一时，在群众中有着非常大的影响。

赵树理一直认为文艺应该与政治紧密结合，反映和解决社会所面临的种种问题。他一直希望能够撰写一部长篇小说，来反映新中国成立后农村发生翻天覆地的变化以及丰富多彩的生活图卷。赵树理觉得这是他义不容辞的责任。1951年，赵树理被派到老家晋东南地区参加建立农业生产合作社工作，积累了很多的素材。1953年，他正式开始创作《三里湾》。经过近两年的时间，1955年《人民文学》开始连载这部作品，并由通俗读物出版社出版。

《三里湾》是我国第一部表现农业合作化题材的长篇小说，它集中展示了"山药蛋派"的特色，围绕着三里湾农业合作社秋收、扩社、整党、开渠四项工作，描写了马多寿、范登高、袁天成、王宝全四户人家错综复杂的矛盾和纠葛，反映出农村中先进与落后力量的冲突，展现了处于社会大变革时期农村生活的风貌。

现代文艺理论家周扬曾评价说："作者成功地创造了'糊涂涂''常有理'等几个老中农典型形象，同时描写了农民中的新人物。我们在《李有才板话》中见过的那些小字号的人物已经随着时代大大地成长了，他们已经成为农村中实现社会主义改革和建设社会主义的战士。"

《三里湾》出版后，获得了如潮的好评。但也正是这样一部小说，为赵树理日后的悲惨命运埋下了伏笔。他描写的农村的某种真实的落后甚至反动人物的存在，在"文革"中被认为是他的"罪证"。

赵树理曾说过："我写的东西，大部分是想写给农村中的识字人读，并且想通过他们介绍给不识字人听的，所以在写法上对传统的那一套照顾得多一些。"他就是想讲好中国故事。因为有着这种理想，他又努力追求不懈，最终取得了极大的成功。历史终究还给了这位为老百姓写作的作家一个迟到的公道。他所开创的文学事业和文学流派，高高地矗立在新中国文学史上，其影响一直延续到今天。

（苏大平）

赵树理

原名赵树礼，1906年出生，山西沁水人，小说家，文学流派"山药蛋派"创始人。其代表作有《小二黑结婚》《李有才板话》《李家庄的变迁》《福贵》《锻炼锻炼》《求雨》《三里湾》等。

22. 笔拓江湖

——金庸《射雕英雄传》

广州出版社出版的该书封面

《射雕英雄传》
最初连载于1957年至1959年的《香港商报》的长篇小说，后被收入《金庸作品集》中。

1957

2018年10月30日，作家金庸病逝，多家华语媒体不约而同地用"一个时代的结束"来表达痛失武侠大师的遗憾。

"有华人的地方就有金庸"，对于20世纪中后期的华语圈，这句话毫不为过，当时，"武侠文化"成为华人一张响亮的名片。古龙、梁羽生和金庸，三位作者，三种截然不同的风格，开创了鼎盛的武侠时代。

金庸原名查良镛，1955年，31岁的他是香港《新晚报》的编辑，受香港大环境的影响和同事梁羽生的鼓励，开始了武侠小说的创作，并以笔名"金庸"完成了第一部武侠小说《书剑恩仇录》。由此直至1972年正式封笔，金庸的武侠创作之路历时17年。"飞雪连天射白鹿，笑书神侠倚碧鸳"，金庸将自己的14部作品连成一副对联，加上《越女剑》，他一共创作了15部脍炙人口的武侠小说。

《射雕英雄传》是金庸创作的第三部长篇武侠小说，也是影响最大、读者最喜爱的作品之一。作家陈墨曾说，《射雕英雄传》成了一部经典性的作品。它不仅是武侠故事的经典，也是小说艺术的经典，因为它开创了一种新的叙事方法及结构形式。《射雕英雄传》当然也成了金庸小说创作的一个新的起点，一个分界线。

《射雕英雄传》最初连载于1957—1959年的《香港商报》，后被收入《金庸作品集》中，连同后来的《神雕侠侣》和《倚天屠龙记》，被称为"射雕三部曲"。

《射雕英雄传》讲述了宋宁宗庆元五年（1199年）至成吉思汗逝世（1227年）期间，在南宋抵抗金国与蒙古国两大强敌的历史背景下，以郭靖为主角的一群乱世豪杰闯荡江湖、历经世事，成长为为国为民的大英雄的故事。小说反映了战乱及暴政带给人民的灾难和痛苦，饱含爱国主义情愫。其基于真实历史背景的创作与忧国忧民的情怀，是明显有别于同时期其他武侠小说的。

小说由一位说书人开场，一段"叶三姐节烈记"的故事，把北方人民被金兵欺侮的苦难生活与南方君臣"暖风熏得游人醉，直把杭州作汴州"的奢靡生活相对照，引起了杨铁心、郭啸天等众人的激愤。作为武侠小说的开场，这是新颖而大气的，既交代了鲜明的时代背景，又制造出充满使命感的氛围。

在《射雕英雄传》中，金庸打破了传统武侠小说以传奇为主线，人物附庸于情节的模式。他着意挖掘人物的内心世界，先将人物形象个性化，然后把故事的发展"交给"人物来统率，让人物的性格引领情节的设计，这才成就了如郭靖这般血肉丰满的人物形象。金庸着重突出郭靖"知其不可为而为之"乃至鞠躬尽瘁、死而后已的宝贵精神以及"为国为民，侠之大者"的崇高品格，这也让郭靖成为金庸武侠小说中富有人格魅力的经典人物形象。

在创作《射雕英雄传》期间，金庸不仅要兼顾他的编辑工作，同时还在长城电影公司做编剧和导演。那个时期他大量接触西洋的戏剧和戏剧理论，所以在武侠小说的情节处理方面，金庸也有所借鉴，尤其是郭靖与黄蓉在牛家村密室疗伤的那一大段，戏剧风格明显，场面和人物调度有明显的舞台剧特色。

《射雕英雄传》出版成册后，拥有各阶层的众多读者，其中大学生、中学生最为忠实和痴迷，打着手电筒在被窝里彻夜阅读，成了"武侠迷"的共同回忆。

1983年,香港无线电视台将《射雕英雄传》改编成59集的电视剧。1985年中国内地引进播出,引起极大的轰动。这部剧成为内地众多"70后""80后"的集体回忆,甚至影响了中国内地两代人的价值观和择偶观,它从一部武侠剧延伸成为涵盖青春、爱情、理想等多方面的记忆。

　　《射雕英雄传》被公认是开创了武侠小说的新模式、新格局、新时代的一部作品,它的发表彻底打响了金庸的名头,确立了金庸"武林至尊"的地位,其"侠义"精神也振奋了几代中国人。

　　金庸曾说:"武侠精神在于侠,而不是武,侠就是牺牲自己利益去帮助人家主持正义,这种精神在社会上是永远存在的,只要人与人有关系,这种侠的精神永远存在。"这是金庸武侠小说的精髓,也是他的小说最吸引人、最感人的地方。

(李琼)

金庸

　　1924年生于浙江海宁,当代武侠小说作家、新闻学家、企业家、政治评论家、社会活动家。其代表作有《射雕英雄传》《神雕侠侣》《倚天屠龙记》《天龙八部》《笑傲江湖》等。

　　金庸曾荣获2000年大紫荆勋章、2004年法国文化部法国艺术及文学司令勋衔等。

23. 新中国工商业发展的曙光
——周而复《上海的早晨》

人民文学出版社出版的该书第一部封面

长篇小说《上海的早晨》，以新中国成立初期资本主义工商业的社会主义改造为题材，塑造了形象鲜明的各类资本家形象，从独特的视角向读者展现了上海资本主义工商业经历社会主义改造的整个过程。

小说从1949年上海刚解放时说起，以沪江纱厂总经理徐义德为代表的资本家感到惶恐不安，他们早早地想好了去香港乃至纽约的退路；然而当看到共产党对资本家施行宽大、温和政策后，他们认为可大捞一把，于是大部分都留了下来，但他们唯利是图、虚伪奸恶的秉性却难改，他们对共产党和人民政权的敌视态度十分顽固，做尽了扰乱市场、收买国民党潜伏特务、窃取国家经济情报、牟取暴利等大发不法之财、破坏社会主义建设的事情。小说构思严谨，将中国的那段历史以及社会、人文环境生动地展现在读者眼前。

《上海的早晨》是周而复的作品，他1914年出生于南京，从上海光华大学英文系毕业后，在延安、重庆等地从事文艺、编辑工作。20世纪30年代，周而复积极参加左翼文化活动，参与创办了《文学丛报》。1946年，他作为新华社特派员赴

《上海的早晨》

第一部于1958年在《收获》发表的长篇小说，同年由人民文学出版社出版。

华北、东北等地采访。

中华人民共和国成立后，周而复被任命为上海市委统战部副部长。工作上，他需要与上海各阶层人士打交道，了解情况，研究和解决问题。他接触最多的是民族资产阶级和各民主党派上海地方负责人以及各界爱国人士。很快，他就意识到，新中国成立初期，我国社会的主要矛盾是工人阶级与资产阶级之间的矛盾。而在取得政权后，国家如何对待资本主义工商业，也就是说如何改变资产阶级私有制，这是一个国际性的问题。毛泽东根据中国的具体情况，采取列宁曾想实行而没有能够实行的赎买政策，用和平的方式对资本主义工商业进行社会主义改造。

1952年春，周而复开始构思反映这一基本矛盾的长篇小说《上海的早晨》。他以统战工作中所接触到的人和事为素材开始创作，原计划写六部，后来规划为四部曲。同年夏开始动笔，1954年3月完成了第一部。因工作繁忙，他主要利用业余时间创作，每天早上四五点起床，写到上班时间才停笔，所有的节假日和休闲时间都在闭门写作。写完一部，周而复也不急于发表，反而采取"冷处理"的办法，把作品放一段时间。他认为，在感情激动的情况下写完的作品，自己当时是尽了最大的努力，以为大概不错的，但隔一段时间再看，就会发现很多问题：或许人物的塑造有待加工、情节的发展还要补充、漏洞和粗疏的地方不少、文字上需要推敲的更多。这时候比较冷静，就可以看出需要修改的地方，他也会请少数知己看看，听听别人的意见，然后再慢慢修改。修改一部作品所花的时间并不比写一部作品的时间少，甚至超出写一部的时间。第一部于1958年在《收获》发表，同年出版。

在他的第三部刚写完还没来得及修改时，"文化大革命"开始了。《上海的早晨》被认为是"毒草"，遭到批判，周而复本人也受到身心的摧残。直到1976

年,党中央领导全国人民粉碎"四人帮",结束了"万马齐喑"的局面,迎来了文艺的春天。

"文革"结束后,周而复又拿起笔继续创作,《上海的早晨》又能与读者见面了。这部小说从构思执笔,到写完、改好第四部的最后一行,经历了27个春秋。当全部完成后,周而复感到了"经过漫长征途到达终点的愉快"。

《上海的早晨》四部曲紧扣时代脉搏,弘扬主旋律,并以高超的艺术水平,真实反映了典型环境、典型人物,受到国内外文艺界的高度赞赏,在现代文学史上占有不可替代的重要位置。小说先后出版过多种外文译本,被拍摄成电影和电视连续剧,在当时几乎家喻户晓。

(李琼)

周而复

1914年出生于江苏南京,著名作家。曾任文化部副部长,中国作家协会名誉委员,中国书法家协会顾问。其代表作有《上海的早晨》《航行在大西洋上》《伟人周恩来》等。

作家出版社出版的该书封面

《山乡巨变》

长篇小说，1958年由作家出版社首次出版。

24. "山乡"的画师，"巨变"的妙手
——周立波《山乡巨变》

洞庭湖畔，有一个"说是清溪没有溪，田塍道上草萋萋"的小山村——清溪村，湖南作家周立波就出生在这里。成年后的周立波以笔为犁，用真诚的笔调记录着时代发展的历史画卷。他与同时代的山西作家赵树理被并称为"南周北赵"。

1954年的夏天，周立波响应"干部下乡"的号召，毅然带着妻子、爱女回到开满茶子花的小山村安营扎寨，开始了他的《山乡巨变》之旅。在体验农村百态、与农民打成一片的过程中，一部关于中国农业合作化运动的长篇小说在这位"山乡"的画师、"巨变"的妙手心中逐渐孕育。

刚刚回到自己熟悉的乡亲们中间，每当看着山坡上长满的松树、南竹、茶子树，还有一大片一大片肥沃的田垄，听着山野鸡鸣狗吠、田里牛哞雀欢，这些熟悉的农村景象都让周立波从心底感到高兴，周立波有了强烈的创作欲望。但是，创作《山乡巨变》的路并不平坦，它需要周立波重新拾起锄头、挽起裤腿，上山放牛、砍柴，下田插秧、割稻，成为一个真正的乡里"凤蛮子"。

为了更好地收集小说素材，了解农村生活的真实面貌，周立波深入到农民中，留意他们的喜怒哀乐，与干部、群众同吃同住同劳动。周立波与农民朝夕相处，频繁接触他们，倾听他们的心里话，这使得周立波得以近距离地仔细观察农民的感情、心理、习惯、脾气等特性。日子久了，周立波真正了解了农村干部和农民们的性格和思想，《山乡巨变》在这样的环境里有了雏形。

《山乡巨变》里的经典形象——亭面胡，就是与周立波朝夕相处的一个山里老倌子。王菊生的原型是周立波的堂弟。有趣的是，周立波为了观察农村的日常生活，利用自己居住的楼下是农业社的便利条件，特意准备了扑克牌供这些人闲暇时解乏。其实周立波提供扑克牌是"醉翁之意不在酒"，他是在为自己创作小说做准备。在《山乡巨变》的《当夜》这一章里就有刘雨生、邓秀梅等人打牌，李月辉观战的场景描写，谁又能想到这个场面居然是周立波早早就"预谋"好的呢！还有关于小说中邓秀梅入乡观察土地庙的场景，也是周立波从当地许多老人那里不厌其烦地打听来的。

小说《山乡巨变》的创作历时一年半，1956年6月动笔，1957年12月完成，1958年7月由作家出版社出版。关于小说标题的拟定，也有它背后的小故事。周立波一开始为小说取的标题是《茶子花开的时候》，这个标题很文艺也很含蓄，但与当时王家乙导演的电影《葡萄熟了的时候》有些雷同。最后，周立波听取了原中共湖南省委第一书记周小舟的建议，将小说改名为《山乡巨变》。

60多年前，周立波这个山里伢子在湖南益阳写下鸿篇巨制《山乡巨变》，以此再现清溪村在农业合作化运动影响下发生的巨变。而在21世纪的当下，小说《山乡巨变》在社会主义新农村建设中依然有着示范和引领的作用。湖南益阳的清溪村在新农村建设中再次发生巨变，并赢得了"山乡巨变第一村"的美誉。这个以周立波的故居为载体，以中国现代乡土文学和中国农村巨变为主题，以农业合作化和传统农业为背景的小村庄，再现了新时代下传统农业向现代农业转变的伟大历程。

小说《山乡巨变》在紧锣密鼓之间,以轻松愉快的笔调写一二小事。它的问世,让我们看到了李月辉、刘雨生这些实实在在为民做事的基层农村干部的光辉形象,还有亭面胡这样在时代巨变中真实的农民形象。在中国特色社会主义建设的新时代,《山乡巨变》仍然在现代化农村变革的浪潮中发挥着自己特有的作用。

(杨景交)

周立波

出生于1908年,籍贯湖南益阳,作家、翻译家。曾任东北文协《文学战线》主编、《人民文学》编委、《湖南文学》主编、全国文联和全国文协委员、中国作家协会理事。其代表作品有《暴风骤雨》《山乡巨变》《铁水奔流》《湘江一夜》等。1951年,《暴风骤雨》获斯大林文学奖。

25. 创业路上的经典史诗
——柳青《创业史》

刊载《创业史》的《延河》1959年第4期封面

60多年前,柳青孤身一人来到陕西长安的皇甫村,在这里扎根十余载,以"卧薪尝胆"的韧劲,写下了影响当代文坛半个多世纪的皇皇巨著《创业史》。

时光如白驹过隙,这个憨直而坚忍的文学巨匠已经离开我们近半个世纪,他和他的"蛤蟆滩"却依然熠熠生辉,为我们的新时代造就了许许多多的"梁生宝",更为人们展现了一幅合作化运动期间农村社会各式人物活动全貌的画卷。

柳青创作《创业史》的过程,曲折而艰辛。小说从酝酿到成书,用了30余年时间。1952年,柳青带着满腔热血告别首都的闲适生活,主动前往陕西长安的一个村庄。他在村里的破庙"中宫寺"里,开始了《创业史》创作的万里征程。柳青在写《创业史》之前,已经有创作长篇小说《种谷记》《铜墙铁壁》的经验,但他是一个非常重视生活体验的作家,为了写作《创业史》,他进行了一段漫长又艰辛的农村生活体验。他仔细观察农民们在农村互助合作化运动中各种复杂的心理和情感变化,经常和农民们打得热火朝天,帮他们出主意。村里的婚丧嫁娶,甚至是哪家盖房子,柳青一样都不落下。柳青是"深入生活、扎根人民"的典范。习近平总书记在文艺工作座谈会上,

《创业史》

第一部连载于1959年《延河》杂志4—11期,1960年由中国青年出版社首次出版。《创业史·第二部上卷》1977年由中国青年出版社首次出版;《创业史·第二部下卷》1979年由中国青年出版社首次出版。

曾对柳青的这种创作态度给予高度评价，他说："柳青熟知乡亲们的喜怒哀乐，中央出台一项涉及农村农民的政策，他脑子里立即就能想象出农民群众是高兴还是不高兴。"

1959年10月3日，柳青在皇甫村的破庙里顺利完成《创业史》第一部。这为柳青赢得名与利。不过，柳青在那时给自己定下了三条原则：不谈创作经验，不登报，不拍照。他把所得的16065元稿费，一分不取地捐给王曲公社作为工业基建费用，自己依然过着紧巴巴的生活。

而《创业史》第二部的孵化成型则比第一部要曲折得多。柳青在写作《创业史》第二部时正好遇上"文化大革命"，因此被中断了近十年。"文革"结束后，柳青重获创作的自由，可他却已经疾病缠身。令人感动的是，他顽强地与病魔做斗争，拖着病体继续创作《创业史》第二部。1976年柳青在病床上修改《创业史》第二部上卷时，已意识到自己可能完不成原定四部的计划，决定对第二部的结构、人物、情节做较大的改动和补充，把后两部的重要思想，争取在第二部下卷中表现出来。

遗憾的是他的这个计划也未能完成。1978年6月13日，柳青与世长辞，第二部下卷仅完成11章，《创业史》终成一部未完成之作，可《创业史》却是我们观察我国农村社会主义革命的一面镜子。20世纪50年代的农业合作化运动是中国共产党解决农村土地问题的制度创新，有助于巩固新中国的政权。柳青在计划创作《创业史》时，正值新中国大规模实行农业合作化之时。在小说《创业史》中，柳青向读者回答了中国农村为什么会发生社会主义革命以及这个革命是怎样进行的这一问题。

《创业史》是那个时代一部非常了不起的小说，它超越了同时代所有农村题材的作品。柳青在作品中塑造了一批真实、可信的农民形象，他对乡村生活的理解也达到了一个前所未有的高度。同时，柳青和他的《创业史》对中国当代文学的发展也产生了深远而持久的影响，《创业史》将传统的现实主义精神和创作方法发展到又一个高度，后来的陕西作家群深受柳青和《创业史》的影响，路遥、陈忠实、贾平凹等人的文学创作都可以看到柳青的影子。

《创业史》深刻地反映了我国农村社会主义革命的伟大征程，柳青把农业合作化运动过程中遇到的矛盾和问题，凝聚在这"一幅说明大问题的小图画"里面。它不仅是农村社会主义革命的一面镜子，也是柳青人生的一面大镜子。透过它，我们仿佛看到了那个在"中宫寺"里佝偻着身躯，以"卧薪尝胆"的精神写下自己一生"创业史"的奋斗者柳青。

（杨景交）

柳青

出生于1916年，籍贯陕西吴堡，作家。曾任《中国青年报》副刊主编。其代表作有《地雷》《创业史》《种谷记》《铜墙铁壁》等。

26. 春天的布谷声
——周克芹《许茂和他的女儿们》

刊载《许茂和他的女儿们》的《红岩》1979年第2期封面

《许茂和他的女儿们》

发表于《红岩》1979年第2期的长篇小说。

《许茂和他的女儿们》是农民作家周克芹所著的长篇小说，发表于《红岩》1979年第2期。

小说以1975年冬工作组来到四川农村开展整顿工作为背景，描写老农许茂和他的几个女儿悲欢离合的故事，反映了十年动乱给农民带来的灾难及农民的抗争和追求。原是农村积极分子的许茂在是非颠倒的年代里变得孤僻自私，暴躁不安。他的四女儿许秀云的遭遇最为不幸。小说从秀云的婚姻波折中透视这个偏僻山村所发生的政治风暴，反映出深广的时代内容。

周克芹的《许茂和他的女儿们》一发表就广受关注，多家出版社争相出版，同时被两家电影制片厂看中改编上映。那时，《许茂和他的女儿们》风光无限，周克芹声名鹊起，一时间形成一股"许茂热"。1982年，《许茂和他的女儿们》在众多作品中脱颖而出，荣获首届茅盾文学奖。

其实，《许茂和他的女儿们》的成书并不容易，周克芹经过数次的构思与反复的推倒重来，它才得以成型。1976年，周克芹刚参加完温江文学创作座谈会，准备创作长篇小说《天府之国》的首卷《岭上人家》，他突然被现实生活的题材所吸引，认为只需要把他最熟悉的几个生产队的百户人家稍加概括，即可以完成一个中篇或长篇。周克芹深深陷入这个写作想法的亢奋中。于是,他改动了写作计划,决定先写《许茂和他的女儿们》,并开始设计一个个人物形象,为人物形象写传记,思考他们的悲喜命运。

1978年,历经两年构思的周克芹强烈意识到应该动手写作了。但是当他真正下笔时,他又陷入新的思绪:现在着手的是一部中长篇小说,人物和场面多,细节和情节纷繁,不写详细提纲,不知能否驾驭。他设计了一个又一个方案,但是都陷入编故事的泥沼。最后,周克芹只能跟从本心,无情地推翻这些草拟提纲,决定从人物的性格出发,一章章、一节节地构思,感受在那个特定历史环境下农民们的悲喜交加。就这样,周克芹白天在生产队埋头工作,晚上守着一盏煤油灯写到纸窗泛白。

《许茂和他的女儿们》的开篇并不顺利,经过整整一个春天,周克芹才写出了第一章。令他失落的是,这部作品的创作不是旗开得胜,而是首战失败。为此,他决定暂时搁笔使自己的头脑冷静下来。就这样从布谷声声的春天到了苞米初成的夏天,生产队的水稻已栽插完毕,周克芹也有了较多的业余时间。为了写好第一章,他重读了十多本中外名著,一部部地列出它们的结构和提纲,一遍遍地思考它们为什么要这样写而不是那样写。在经过深思熟虑后,在又一次的推倒后,周克芹重新提笔创作《许茂和他的女儿们》的第一章第一节。这次,他写得很顺利,也写得很从容。

1979年夏天,周克芹一手执扇,一手写作,在驱蚊的烟熏中完成了《许茂和他的女儿们》后九章。放下笔,他长叹道:"两年的写作过程,遍尝了当'作家'的甘苦!"对周克芹而言,《许茂和他的女儿们》既是一场酣畅淋漓的体验,又是一次艰苦的长途跋涉。

说起《许茂和他的女儿们》之所以成为一代人的经典回忆,其实还有一段趣事。那时,《许茂和他的女儿们》刚在《红岩》上发表,就被八一电影制片厂看中。差不多同时,周克芹接到了北京电影制片厂的电话,希望将他的小说改编成电影。两家电影制片厂互不相让,各自拍片,并在全国同时上映。两部影片一上映,都场场爆满,引起巨大的反响。那个时候,到底是哪一家制片厂拍的电影强,成为街头巷尾热议的话题。

关于《许茂和他的女儿们》,周克芹还有一件憾事。小说写完后,周克芹曾想将它作为上卷,继续写中卷。但是由于投入大量时间和精力改编电影剧本,他不得不停止续写的打算。而这一停止,就很难再次燃烧起创作的热情。

《许茂和他的女儿们》使我们看到了"十年浩劫"给国家和人民带来的灾难,以及对人民思想上、精神上、生活上和肉体上等各方面所造成的影响和损害,同时也使人看到了我国人民对社会主义的坚强信念。它的横空出世,像春天的布谷声疗愈了千疮百孔的大地和人民。

(杨颖)

周克芹

1936年出生,四川简阳人,作家,编剧。其代表作有《许茂和他的女儿们》《山月不知心里事》《勿忘草》等。

曾荣获首届茅盾文学奖、1980年及1981年全国优秀短篇小说奖等。

27. 将军一梦醒其时
——莫应丰《将军吟》

人民文学出版社出版的该书封面

含辛茹苦愤无私,
百万雄兵纸上驰。
泪雨濯清千里目,
将军一梦醒其时。

1976年6月的一天,在文家市公社院内的小楼上,一位终于结束埋头奋笔疾书的作家,写下这首诗歌以表达自己完成作品后悲喜交集的心情。这位作家就是正当盛年的莫应丰。几个月了,他之所以"隐居"到这里来,就是为了进行他所期望的创作。他要用笔告诉世人,热血丹心的作家,他们的职责到底是什么。"作家对于时代,应该是一面镜子;作家对于读者,应该是一个良友;作家对于妖孽,应该是一把尖刀;作家对于明天,应该是一只雄鸡。"

也正是在这个时候,中国的政治发生着剧烈动荡,许多人都不知道明天究竟会变成什么样子。莫应丰也深深明白,他所写下的这部作品,需要等待未来的春天。在当时的社会环境下,如果他贸然把这部作品拿出来,几乎就是出示了自己对自己的死亡判决书!正是为了避免发生这种意外,莫应丰小心翼翼地把刚刚完成的文稿用坚固的木板做封面装订好,再包上一层厚厚的油纸。为了保险起见,他还在油纸外面套上塑料袋,这才谨

《将军吟》

长篇小说,1980年由人民文学出版社首次出版。

1980

079

慎地埋在地下。他知道这本书一定会有"重见天日"的一天，而且这一天应该不会太远了，他有这个信心——他要做明天报晓的"雄鸡"！

那么，这究竟是一部怎样的作品，为何引得他如此大费周折，也要冒这么大的风险呢？这部作品就是获得第一届茅盾文学奖的长篇小说《将军吟》。

《将军吟》这部书在莫应丰的头脑里已经构思了很久，在完成《小兵闯大山》的出版后，他立即全身心地投入到《将军吟》的写作中。这部小说以他在广州军区文工团的经历见闻为素材，主要讲述了"文革"初期这一历史背景下错综复杂的政治斗争。《将军吟》描述了以空军第四兵团司令员彭其将军为代表的老一辈革命家，和以兵团宣传部部长江醉章为代表的林彪及"四人帮"势力之间的激烈斗争。江醉章在唆使造反派范子愚冲击政治部大楼以攻击彭其将军不成后，又打击彭其将军的老战友——兵团管理处处长胡连生，结果胡又被保释，在目的未达成的情况下，江醉章居然指使"造反派"绑架彭其将军，欲置其于死地而后快，但是在兵团政委陈镜泉的暗中保护下，彭其将军及其一家虽然遭受了种种迫害，终究相信未来，坚强挺了过来。最后周总理获悉彭其将军的消息后，派飞机把他接到了北京。

《将军吟》全书结构复杂，头绪纷繁，故事精彩不断，高潮迭起。小说围绕主要人物彭其将军和江醉章之间的矛盾，将各色人物和他们的形象都生动地刻画了出来，反映了那个时代惊心动魄的生活，也对人性进行了光明和黑暗两方面的深刻发掘和思考，艺术地讴歌了社会和历史光明前进的力量，鞭挞了丑恶、黑暗、虚伪、阴暗的各种势力。

但是，受制于当时的政治环境，即使"文革"结束后，要出版这样一本书，还是非常困难的。

原来的书名叫《将军梦》。后来莫应丰写信给人民文学出版社社长韦君宜，确定改为《将军吟》。韦君宜读后，觉得这是一部非常有分量的力作，她力主发表。只是鉴于当时审稿的严格，出版社邀请莫应丰到京修改手稿。但是据说直到莫应丰离开北京，他都没有接受修改的建议。就这样，韦君宜再次勇敢地担起责任，将书稿原封不动地出版，这一年，是1980年。两年后，《将军吟》获得首届茅盾文学奖。

谈到莫应丰对改稿不愿意的事情时，韦君宜说："文学创新难，作家坚守文学的道义更难，莫应丰坚决不同意修改《将军吟》，是需要一种精神支撑的，正是他对自己作品灵魂捍卫的精神，深深地打动我，我才有勇气坚持了自己的决定。想起来，我还得感谢莫应丰呢。"

《将军吟》有一处特殊的处理，书最后的署名——一九七六年三月四日至六月二十六日冒死写于文家市。在那个年代，这样的一句话，感动了万千人。莫应丰用自己的铁血顶起了这个民族，用自己的笔兑现了一个热血丹心的作家对于时代的职责。

（苏大平）

莫应丰

出生于1938年，湖南桃江人，当代著名作家。其在1956年入湖北艺术学院音乐系学习，1961年参军，在广州军区空军文工团从事音乐和剧本创作。他的代表作有《将军吟》等。

28. 南国乡村的生活色彩
——古华《芙蓉镇》

刊载《芙蓉镇》的《当代》1981年第1期封面

《芙蓉镇》

发表于《当代》1981年第1期的长篇小说。

1982年12月5日,首届茅盾文学奖授奖仪式在人民大会堂举行,湖南籍作家古华的作品《芙蓉镇》在众多优秀的长篇小说中脱颖而出,一举荣获茅盾文学奖。《芙蓉镇》跻身当代长篇小说的经典之列,经历了怎样的过程?

1978年秋,古华在一个山区大县采访,那时正值平反冤假错案之际,他听说了一件冤案:一个死了两任丈夫的寡妇,对于自己的悲惨身世,她归结为命该如此,认为自己"命大""克夫",两任丈夫都是被自己"克"死的,而丝毫没有想过当时的客观政治环境。古华为这名妇女的悲惨身世所动容,但他觉得"就料下锅,意思不大"。直到党的十一届三中全会后,古华通过对中央路线、方针的学习,有了重新认识、剖析自己所熟悉的湘南乡镇生活的勇气和胆魄。"我就像上升到了一处山坡上,朝下俯视清楚了湘南乡镇上二三十年来的风云际会,山川流走,民情变异……"于是在1980年的酷暑,古华躲进五岭山脉腹地的林场里,开始了《芙蓉镇》初稿的创作。

写作过程中,这个年轻人每日"含泪而作,嬉笑怒骂,激动不已",将自己三十几年的人生和社会经验都浓缩进了这部十五六万字的小说中。于是,他的笔下徐徐展开了一幅生动的风俗人情画卷：古老的青石板街，令人眷恋的乡音乡情，美味的地方小吃……

原来的寡妇形象也在风俗人情的衬托下变得生动起来、"活"起来，她没有寡妇的"宿命论"思想，增添了湖湘女子的蛮劲、爽快劲，所以在《芙蓉镇》中，读者看到了一个爽性活泼又温柔机敏的"芙蓉姐子"——胡玉音。在遭遇李国香和王秋赦一伙人的蓄意打击时，她不把一切都归咎于命运，而是维持着自己生命的活力，在最绝望的时候也不曾放弃。扫大街的惩罚她坚持了多年，当最后被告知不用再扫时，她仍坚持每天早起扫大街，用这一行为向乡邻证明自己存在的意义和价值。这种生命的韧劲就来源于她心中燃烧的那一把生命之火。

胡玉音的生命之火是那个年代对于生的渴望，对于人性尊严的渴望。古华也曾在"文革"中遭受过打击，他出生在湘南农村，"劳动，求知，求食，并身不由己地被卷进各种各样的运动洪流里"，甚至在"文革"中有过轻生的打算，但正如他笔下的人物一样，他也有着一股生命的韧劲，并将这种韧劲灌注到他日后的创作中。

1981年，《芙蓉镇》刚一发表，便受到广大读者的喜爱与关注，获得了巨大成功。有读者评价这部作品是"寓政治风云于风俗民情图画，借人物命运演乡镇生活变迁"，足以见出对这部作品的喜爱之情。

1986年，被称为"中国电影最后一位大师"的谢晋着手拍摄电影《芙蓉镇》。

电影和小说的最大区别，便是小说是叙述语言，而电影是视听语言，这也成为小说影视化的难点，所以情节的选取对于电影至关重要。谢晋将镜头对准了胡玉音在政治风云中的命运变迁，以米豆腐店的开张、倒闭、再开张为标志，象征胡玉音生命中的三次大起大落，以传统的"善有善报，恶有恶报"的结局来宣扬正义的力量。电影中那句经典台词"活下去，像牲口一样的活下去，一定要活下去"更是震撼了千千万万观众的心灵，在银幕上呈现了一个敢爱敢恨的"芙蓉姐子"和重情重义的秦书田形象。电影《芙蓉镇》一举拿下了当年金鸡奖的五项大奖,后又陆续获得百花奖和华表奖,表现了专家和观众对于电影改编的认可。

电影《芙蓉镇》的拍摄地在湘西一个叫王村镇的偏远乡镇。电影上映后,"芙蓉镇"这个名字广为流传,昔日的王村镇便成了今日的芙蓉镇,这个文学作品中虚拟的三省交界地带,因为影视作品的成功,在现实生活中被具象化了。今日的芙蓉镇已靠旅游业的发展摆脱了贫困,电影中的米豆腐坊也成了小镇一景,成为书迷和影迷心中的朝圣地。从经典文学作品到电影,从电影中的"芙蓉镇"到现实中的旅游胜地"芙蓉镇",一部小说的魅力从书页延伸至银幕,从银幕再走向普通老百姓的生活,这种强大的影响力,对于那个曾经在偏远山区里奋笔疾书的年轻人来说,大概是很难想象的吧。

(江萍)

古华

原名罗鸿玉,生于1942年,湖南嘉禾人,作家。其代表作有长篇小说《芙蓉镇》《山川呼啸》,短篇小说《爬满青藤的木屋》《金叶木莲》等。

《爬满青藤的木屋》获1981年全国优秀短篇小说奖。1982年12月,《芙蓉镇》获首届茅盾文学奖。

29. 改革前行
——张洁《沉重的翅膀》

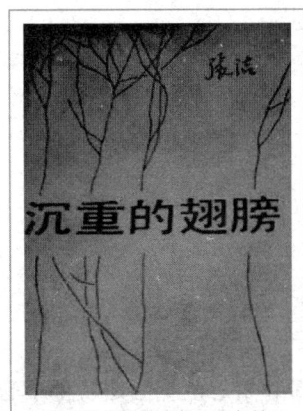

人民文学出版社出版的该书封面

"他低头看看手腕上带日历的夜光表，时间是一九八一年一月一日凌晨三点四十一分"，张洁笔下第一部长篇小说《沉重的翅膀》就这样在沉寂而又苍茫的夜色中收尾。

作为新时期第一部抒写工业改革题材的长篇小说，《沉重的翅膀》着眼于20世纪七八十年代我国高层领导间针对经济管理体制变革而展开的博弈，由上层领导机构到变革的汽车制造厂再到基层组织，张洁自上而下地梳理着各个角色的家庭关系、政治关系，由小及大地表现着每个人物的世界观和人生观。小说着重描绘了郑子云、陈咏明、叶之秋等积极推进工业改革的人物角色，也塑造了田守诚、冯效先、宋克等一些反对改革的守旧势力形象。张洁的笔下既有着人物对于生活的深沉思索，也有着改革与守旧两种思想的激烈斗争。《沉重的翅膀》在伟大变革的新时期，及时而又迅速地揭示了当时社会中存在的矛盾，反映出改革中存在的错综复杂的问题，既展现出"四化"建设起步阶段的真实风貌，又预示了改革初期之艰难。在小说中，张洁除了叙述"沉重"，字里行间满含的高昂激情和蓬勃气势，都在暗示着改革发展的乐观前景。

如同其小说名一般，20世纪七八十年代的改

《沉重的翅膀》

最初发表在《十月》1981年第4、5期的长篇小说。

1981

革背负着沉重的翅膀艰难起步，而张洁的创作也在经历着蝉蜕般的痛苦。《沉重的翅膀》初版于 1981 年《十月》杂志的第 4、5 期，随之便迎来了各方的赞赏与认可，但对这部作品的批评和否定也接踵而至。1981 年《文艺报》编辑部举行的讨论会上，有人提出这部作品描写的社会现实过于沉重，描绘的改革阻力过于强大；有人认为其小说颇多繁杂的"议论"，甚至牵涉到"政治错误"。在北京市文联第二次座谈会中，对于这部作品的讨论大体以"否定"为主。这就意味着当时还是预备党员的张洁，其"政治正确性"必须经过小说的修改才能得以保证。

张洁曾说过《沉重的翅膀》的创作初衷在于"对我们的党和我们的国家，还满怀着信心和希望"。张洁是一位信仰马克思主义的理想主义者，尽管遭遇过许多冤屈、误解和困难，她依旧对自己的信仰满怀激情。因此，张洁虚心听取各方意见，反复推敲加工，在保持原文筋骨的同时，有选择性地删改了较为偏激的语句或段落。经历了问世后前热后冷、先肯定后批判的局面，经过了长达三年的漫长修改，《沉重的翅膀》在政治、经济、哲学、文艺学等领域都表现出了作家对于社会生活更加贴切、更加深入的探索和思考，它突破了以往写作的界限，这不仅是作家视野开阔的见证，也是时代心胸开阔的证明。

怀抱着对党和国家的热爱，是张洁创作《沉重的翅膀》的重要因素，但其创作灵感却是来自张洁的私人层面。另一个契机是 1980 年张洁到人民文学出版社拜访其好友韦君宜。在交谈中，韦君宜根据张洁的实际情况鼓励她写改革题材的小说，认为这样的题材是新颖应时的，也是契合张洁所处的生活环境的。作为一位在工业部门工作多年的作家，张洁对于改革不陌生，除了熟悉这方面的生活，她本人还满怀创作的激情，这就为《沉重的翅膀》的诞生打下了良好的基础。

1983年,《沉重的翅膀》被改编为电影搬上荧幕。时至今日,这篇小说依然被人不断提及,这些成就标志着它具有划时代的意义。从描写改革的《沉重的翅膀》到抒发感情的《世界上最疼我的那个人去了》,再到《无字》《爱,是不能忘记的》等作品,张洁的叙事焦点其实一直围绕着"人"这个主题。题材在变,体裁不同,但兜兜转转还是会回到"人"这一层面上来。随着时光迁移,她也不改初衷地在文中洋溢着自己的信仰,畅享自己的情感,为自己构造一个理想的世界。

(徐宁怡)

张洁

女,1937年生,辽宁抚顺人。中国作家协会第四、五、六届全委会委员,第七届名誉委员。著有长篇小说《沉重的翅膀》《只有一个太阳》《无字》,散文集《爱,是不能忘记的》《方舟》,中短篇小说集《祖母绿》等。

《沉重的翅膀》获第二届茅盾文学奖,曾被译成德、英、法等多种文字出版。《无字》获第六届茅盾文学奖。张洁是迄今为止我国唯一荣获两届茅盾文学奖的作家。

30. 民族心史的厚重碑石
——张炜《古船》

人民文学出版社出版的该书封面

《古船》

发表在《当代》1986年第5期的长篇小说，1987年由人民文学出版社出版单行本。

在胶东半岛北部，有一个小城市。这里面向大海，水产丰富，人民富足，民风开放。1956年，当代著名作家张炜就诞生在这里，这位在当代文学史上举足轻重的作家先后写作了《古船》《九月寓言》《你在高原》等多部具有影响力的作品。

在海边出生的张炜的所有作品都弥漫着一种新鲜的海风的气息，就连他本人都表示："我出生的地方古代的时候应该属于东夷，那是一个面向大海、民风开放的地方。相应地，我的文字如果有大海那种虚无缥缈的感觉，有许多幻想与浪漫的色彩，那才是正常的。"张炜的代表作《古船》就是如此。

《古船》于1986年在《当代》杂志上发表。次年，人民文学出版社又出版了《古船》的单行本。这部小说是张炜对《秋天的思索》《秋天的愤怒》等前期作品中思考农村生活问题的进一步深化，以胶东小镇——洼狸镇自土地改革至改革开放的历史作为背景，讲述了隋、赵、李三个家族的兴衰变迁，真实地再现了那个特殊年代里人性的扭曲与异化以及在改革大潮的冲击下那片土地的变迁，并以此折射出整个中国的历史进程，是"民族心史的一块厚重碑石"。

在小说中，张炜以细腻而饱含深情的笔触

勾勒众生，具有"奥勃洛摩夫"性格但又在关键时刻挺身而出的隋抱朴、激情洋溢但又太过功利的隋见素、深谙世道人情但又贪婪残忍的赵炳……这一系列奇特人物形象的塑造是小说取得成功的主要因素之一。其中，隋抱朴给人印象尤为深刻，他既是时代苦难的受害者，又是时代发展的见证人。家族遭受的苦难使他一开始就表现出深沉的忧郁和苦闷，面对生活，他总是退缩和怯懦，以致耽误了两位女性的幸福，也没能阻挡住弟弟见素去拼搏反击。但当家族的象征——粉丝厂濒临倒闭时，他挺身而出，表现出了从未有过的觉醒与勇气。

2018年，张炜的《古船》由人民文学出版社再次出版。和之前有所不同的是，这一次再版的《古船》是作者最初创作的手稿本。同年，《古船》入选中国改革开放四十周年最具影响力小说，这也从一个方面反映了这部小说本身的价值和意义。

不过相较于其他作家的手稿作品，《古船》显得格外整洁，修改的地方也不是特别多，就好像是重新抄写过一遍一样。所以当张炜表示出版的《古船》手稿本就是他最初创作的手稿时，多少让人感到讶异。据张炜所说，这都是源于他多年养成的写作习惯。

张炜是从1973年开始写作的，在那个年代纸张是很珍贵的，而好的稿纸就更加珍贵了。"不要浪费纸"几乎成为他的一种下意识行为，所以张炜养成了下笔慎重的习惯，一笔一画地写，争取一稿而成。张炜这样一笔一画地写，到如今竟然写下了1000多万字。

有的人以为张炜之所以这样勤恳地在稿纸上写作是因为他不会打字，但其实早在1987年他的五笔就打得很好了，他也尝试过用电脑写作，但没写多久就放弃了，"就像我们吃面条都愿意吃手擀面，机制面和手擀面还是不一样"，张炜认为稿纸有不一样的味道，于是还是一笔一画地写下去，就连最新的长篇小说《艾约堡秘史》也是他手写而成的,这在当今社会实属不易。

除开多年养成的习惯,一稿完成《古船》这样一部内容宏大、意义深刻的作品,自然也离不开他的写作能力。《古船》没怎么修改,恰好说明了在写这部作品的时候,张炜早已胸有成竹,往那儿一坐,文字就喷薄而出。

张炜的《古船》通过正面描写改革"巨雷"最初在中国土地上带来的沸动,以惊人雄心回溯此前半个世纪的改革"前史",自问世之初,便被评价为具有史诗品格的集大成之作,也开启了以家族史与地方志透视大时代变革的叙事模式。历史河道中不息的奔流和张炜自身不断扩展的文学版图,都为后来者的解读提供了新的参照系。张炜在创作《古船》时那种"奔涌的热情"与"执拗的勇力",已凝固在时间中,成为中国新时期文学宝贵经验的一部分。

(周洪斌)

张炜

1956年生于山东龙口。1975年开始发表诗歌,1980年发表小说。著有长篇小说《古船》《九月寓言》《外省书》《刺猬歌》《你在高原》等,散文《融入野地》《夜思》《芳心似火》等。

《你在高原》荣获第八届茅盾文学奖,《古船》入选中国改革开放四十周年最具影响力小说。

31. 宝剑锋从磨砺出，
大浪淘沙耀光辉
——路遥《平凡的世界》

中国文联出版公司出版的该书第一部封面

1963 年，陕西省北部延川县延川中学，13 岁的少年王卫国衣着褴褛，贫穷让他只能选择学校里最低档的丙级伙食，强烈的自尊心让他端着清水煮萝卜和黑色的高粱馍远离人群，躲在角落狼吞虎咽，正在长身体的他常常饿得发晕。他就是生于陕北榆林清涧县少年时期的作家路遥。

20 多年后，这一场景被路遥作为长篇小说《平凡的世界》的起笔，从陕北高原双水村的少年孙少平寒酸的午饭开始，生存与奋斗成了这位主人公人生的关键词。

《平凡的世界》是一部全景式地表现中国当代城乡社会生活的长篇小说，全书共三部，100 多万字。作者路遥在中国 20 世纪 70 年代中期到 80 年代中期近十年的广阔背景上，以孙少安和孙少平两兄弟为中心，以整个社会的变迁、思想的转型为大环境，通过复杂的矛盾纠葛，刻画了当时社会各阶层 100 多个人物形象，劳动与爱情、苦难与拼搏、痛苦与欢乐、日常生活与巨大社会冲突纷繁地交织在一起，深刻地展示了普通人在大时代历史进程中所走过的艰难曲折的道路。

选择 20 世纪七八十年代为创作背景，路遥认为这是中国社会的大转型时期，其间密集充满着重大历史事件，而这些事件又环环相扣，互为因

《平凡的世界》

长篇小说，第一部发表于《花城》1986 年第 6 期，并由中国文联出版公司于 1986 年 12 月出版。第二部由中国文联出版公司于 1988 年 4 月出版。第三部发表于《黄河》1988 年第 3 期，并由中国文联出版公司于 1989 年 10 月出版。

果：从"文革"结束，百废待兴，到党的十一届三中全会召开，改革开放，全国文化与经济迅猛发展，路遥希望用历史和艺术的眼光观察在这种社会大背景下人的生存与生活状态。他选择与自己境遇相似的孙少平作为男主人公，让这位物质与精神都极度贫瘠的陕北少年接受现代文化教育，经历漫长而艰苦的求学、求职路，他小小年纪什么脏活累活都干过，甚至下矿井当矿工，与工人们一起挤大通铺，被羞辱、被欺骗、被利用……无论在何种逆境，他都坚持阅读，积极思考人生。

精神上的寻找与跋涉，让孙少平超越了现实生活的苦难与压迫，在充满荆棘的人生路上不断探索，最终获得了内心深层次的幸福。而他那位留在农村的哥哥孙少安，也同样在逆境中打拼与成长，并带领村民们响应国家政策共同致富。

这对生活在中国最底层农村的孙氏兄弟不甘沦为命运的玩偶，在沉重的生活中发掘自身被禁锢的价值，自强不息的命运主旋律，让人感动，也令人唏嘘。路遥的《平凡的世界》因此荣获第三届茅盾文学奖，也被誉为"茅盾文学奖皇冠上的明珠，激励千万青年的不朽经典"。

创作一部长篇小说，一般的作者会构思好故事框架后开始动笔，但路遥却非常谨慎。他严肃认真而扎实地花费了近三年时间来准备，为深入了解故事背景中的那十年，他在几个月之内，看完了那十年间逐日的《人民日报》《光明日报》《参考消息》等5份报纸，并反复阅读《红楼梦》《百年孤独》等长篇小说，分析其构架方式。这种玩命式的阅读，让他的手指被纸张磨得露出了毛细血管，手指搁在纸上，如同搁在刀刃上，后来只好改用手的后掌继续翻阅。此后，路遥回到陕北考察、采访，与各种各样的人打交道，切身实地去挖掘素材，他甚至去煤矿"体验生活"，与矿工们同吃同住，熟悉了煤矿工作、矿工生活习惯，以及矿工常用语言。他认为，要想写好一部作品，最可靠的方法就是获得最真实的素材，他随时记录，积累了两大箱的手写素材。

路遥花了整整6年的时间创作《平凡的世界》，在1988年5月25日完成这部巨著时，想到"6年奔跑终于撞线"，忍不住热泪盈眶，他知道这是谁也不可能理解的幸福。

积劳成疾的路遥，在获得茅盾文学奖的第二年就英年早逝。

在他逝世23年后，《平凡的世界》被改编成56集同名电视剧，一经播出便引起轰动，经历过那段历史的人们被唤起了曾经的回忆，也看到了中国农村和农村青年在那十年间翻天覆地的变化。人们展开了关于"平凡"的探讨，再次掀起阅读原著的热潮，《平凡的世界》这部作品历经时间的洗礼再次绽放出夺目的光彩。

2018年12月18日，"鼓舞亿万农村青年投身改革开放的优秀作家"路遥被授予"改革先锋"荣誉称号。

（李琼）

路遥

1949年生于陕西清涧，中国当代作家。曾任《陕西文艺》（今为《延河》）编辑。其代表作有《平凡的世界》《惊心动魄的一幕》《人生》等。

曾获得第一届全国优秀中篇小说奖、第三届茅盾文学奖等奖项。

32. 在商州寻找文学的根

——贾平凹《商州》

北京十月文艺出版社出版的该书封面

《商州》

长篇小说，1987年由北京十月文艺出版社首次出版。

1987

  1982年，西安笔耕文学评论组召开贾平凹小说研讨会，在会上，大家非常不客气地指出，贾平凹的创作充满"严重的伤感情调"和"虚无色彩"。贾平凹面对大家的批评，心情沮丧到了极点。

  早在1980年，贾平凹就开始怀疑自己的创作出现了问题。他既不愿意跟着当时的同行走，自己又不知道究竟该写些什么。在困境和迷茫中，他忽然想到了自己的故乡——商州。这一年，他到了霍去病墓，看见墓前雄浑古朴的石卧虎，受到很大的震动；后来他在自己的《"卧虎"说》中写道："以中国传统的美的表现方法，真实地表达现代中国人的生活和情绪……"冥冥中这其实早已呼应了20世纪80年代中期曾经如火如荼的一个文学流派：寻根文学。

  从1983年春天起，每隔一段时间，在由西安通往商州的路上，就有一个青年出现，他的身影穿行在商洛七县上百个乡镇之间。走过一条条弯弯曲曲的乡村公路，爬过一道道山梁，经过一个个集市，他这里停停，那里走走，有时又好奇地向人打听些什么，不时拿出纸笔写写画画。总之，看上去他就像个漫无目的游荡的流浪汉。

  1984年5月，一部以商州山水和风土人情为背景的长篇小说《商州》完成了，这部书最终在

1987年由北京十月文艺出版社出版。作者就是那个频繁地出现在商洛地区流浪汉似的年轻人——贾平凹。他最终找到了自己的写作方向，他从自己的故乡得到了他要写的所有东西。自此，贾平凹开始源源不断地描写那片土地和上面发生的故事。他擅长的乡土题材小说与"寻根文学"的理论不谋而合，理所当然成为其代表作品。作为"寻根文学"的一个代表人物，贾平凹取得了引人注目的成绩。

写作《商州》时，贾平凹所面对的社会正处在一个特殊的时期。我国改革开放的大幕已经徐徐开启，沿海城市开始接受开放的洗礼，而农村也必将受到这股浩大时代洪流的冲击，这就是贾平凹写作《商州》这部小说的时代背景。小说中的商州依然保持着一方水土独有的淳朴和宁静，但在闭塞的天地里，已经有了不断涌进的新鲜观念和事物。

而当时在我国的文学界，"伤痕文学"已经日渐式微，从国外涌入的大量新鲜文学理论和作品，为新的文学动向提供了足够的理论支持和准备。

与此同时，一直以来存在的城市和农村的差距，也随着时代的发展而逐渐扩大。两种文明存在的矛盾，在新的历史状况下，也展现出其复杂性。作为通过自己的奋斗由农村转入城市生活的贾平凹，处在这样的位置，将自己对故乡商州复杂沉重的感情，在《商州》中淋漓尽致地表达出来："商州虽好，也不是久留之地了。"

商州者，商鞅封地也。在这片古老而又日渐偏僻的土地上，贾平凹以满含情感的笔调，将其每一个地方的山山水水、风土人情、物产文化一一穿插在故事之中，娓娓道来。贾平凹其实就是在写一部商州文化志，写自己所熟悉的文化之根。而穿插在其间的一个显得凄美的爱情故事，几乎就是商州人文精神的某种象征——在面对外界更加广阔的天地，正在发生着巨大改变的开放的天地，本土的某种精神遇到了前所未有的冲击，这其实也是乡村文明的一曲戛然而止的挽歌。

写作《商州》的时代背景，无疑就是小说的大背景。小说虽然没有过多地对此进行描述，但将改革开放之初，市场开放后小商小贩的活跃、征地拆迁矛盾的激化、乡办企业蓬勃发展等各方面都点染到了，巧妙地贯穿到小说的情景之中，揭示了改革开放后商州城乡的发展与差异。《商州》是贾平凹深刻地剖析中国社会时代发展变化和生活悄然变革的一面镜子，也是"寻根文学"蓬勃发展之时，贾平凹对文学、对社会日益凸显的城乡差别等各个方面思考的结晶。

（苏大平）

贾平凹

1952年生，陕西丹凤人，作家。现为中国作家协会副主席、陕西省作家协会主席、西安市文联主席，《延河》《美文》杂志主编。其代表作有《废都》《秦腔》《古炉》《高兴》《带灯》《老生》等长篇小说，《黑氏》《美穴地》《五魁》等中短篇小说及散文《丑石》《商州三录》《天气》等。

曾获茅盾文学奖、鲁迅文学奖、全国优秀短篇小说奖、全国优秀中篇小说奖、全国优秀散文（集）奖等多个奖项。

33. 毁誉参半的人生历程
——唐浩明《曾国藩》

湖南文艺出版社出版的该书第一部封面

170多年前,一个20岁的青年,来到衡阳一位塾师门下求学。这位塾师名叫汪觉庵,满腹经纶,是衡阳大族唐氏家族专门请来教育子弟的。这位青年因此与唐氏家族结缘。

人生有很多峰回路转,跌宕起伏。后来,这位青年不但科举成名,而且登坛拜将,建立功勋,完成了立德、立功、立言三不朽之伟业,他就是曾国藩。唐氏家族重修族谱时,唐家特意请曾国藩撰文作序。

历史又一次轮回。100多年后,曾国藩的文集由一位唐氏后裔为之整理,他的传奇经历,也由这位唐氏子弟以生花妙笔呈现在读者面前。这位唐氏子弟,就是唐浩明。

唐浩明出身书香门第,其父母都是民国时期的知识分子,父亲唐振楚是蒋介石的机要秘书,母亲王德蕙是衡阳第一个接受师范教育的女子。在唐浩明3岁那年,其父母随国民党政府去了台湾,将年幼的唐浩明留在大陆。唐浩明跟随伯父生活,后来由于政治和生计原因,他被一位工人收养。可以说,他原来的家庭对他并没有实质上的帮助,但是注入他血液中的唐氏家族的文脉,却完全没有因此中断,而是随着时间和命运的转机在他的身上苏醒,并最终闪烁出耀眼的光芒。

《曾国藩》

长篇历史小说,台湾黎明书局于1990年8月率先出版,湖南文艺出版社于1990年11月出版第一部,1991年和1992年,第二部与第三部相继出版。

1990

唐浩明的命运转折点，是1979年他考入华中师范学院研究生院攻读古典文学。1982年硕士毕业后，他在岳麓书社任职，从事中国古典文献和著述的整理出版工作。就是在这时候，他担任了《曾国藩全集》的责任编辑，对曾国藩留下来的文稿进行整理、校正、编辑和出版。在编辑《曾国藩全集》的过程中，唐浩明对包括曾国藩在内的晚清历史人物有了非常全面、深刻而清晰的认知和了解。

于是，唐浩明产生了撰写一部关于曾国藩的历史小说的愿望。

那个因求学而与唐家有着一段缘分的曾国藩，他的一生在血雨腥风和艰难困苦中跋涉，在荣耀与耻辱、振奋与沮丧之间起伏，他成功的背后，隐藏着不为人知的悲凉与无奈。唐浩明想要写出那个已经沉入历史的曾国藩，让人们感受曾国藩复杂的内心里真实的温度；他要剥去贴在曾国藩身上的简单的标签，还原一个勤奋、谨慎，朝着目标努力前行、孜孜不倦、永不言弃、坚持理想并为之奋斗的人。这就是唐浩明创作长篇历史小说《曾国藩》的初衷。在小说的自序中，他写道："我决定以他为主人公写一部书。他所处的时代是那样的风云激荡，他的历史形象是那样的富有争议，他的内心世界是那样的丰富复杂，要写好这个人物，非借助文学元素不可；否则，决不可能生动鲜活、血肉丰满，更不可能走进他的精神与心灵之中。于是穷八年之思，有了这部长篇历史小说《曾国藩》。"

唐浩明精心研究曾国藩近20年，心得独具而厚积薄发，以丰富的史料为基础，以扎实的文学素养著成《曾国藩》。他跳出"三立完人"和"汉奸""卖国贼""刽子手"的传统习见，从对文物历史化的反思入手，探索小说主人公的心路历程，写他的文韬武略，写他的待人处世与生活态度，写他的困厄与成功，也写他的得宠与失意。在对史实的处理上，唐浩明坚持"大事不虚，小事不拘"

的原则,将主人公置于矛盾冲突之中,在时代急流的旋涡上起伏浮沉,从而成功地塑造了一个有着多重人格、集功罪于一身的复杂形象。

小说《曾国藩》共计120万字,分成三部出版。这是唐浩明花了近20年的时间沉浸在曾国藩的世界里最终精心创作出来的成果。他以历史小说的形式重新构建了一个不是"戏说"的晚清中国史。

自晚清以至当下,一般中国人心目中始终存在一种"曾国藩情结",这种情结历经百余年始终不曾消散。而随着唐浩明的小说《曾国藩》的推出,这20多年间,"曾国藩热"再次席卷整个华人文化圈,成为文化市场上的一个热门现象,曾国藩重新成为大众文化的焦点,而唐浩明也因此奠定了当今研究曾国藩第一人的"江湖"地位。

(苏大平)

唐浩明

又名邓云生,1946年生,湖南衡阳人,作家。第十届全国政协委员,中国作家协会第六、七届全委会委员,湖南省作家协会名誉主席。著有长篇历史小说《曾国藩》《彭玉麟》《杨度》《张之洞》等。

曾获得第一届、第二届姚雪垠长篇历史小说奖,国家图书奖,中宣部"五个一工程"奖等奖项。《曾国藩》被香港《亚洲周刊》评为20世纪中文小说百强。

34. "活着"的人生态度
——余华《活着》

作家出版社出版的该书封面

《活着》
发表于《收获》1992年第6期的长篇小说。

1992

我认识的人一个挨着一个死去,我还活着。

这是余华的小说《活着》中主人公徐福贵,在身边最后一位亲人苦根死了之后说的一句话。

这部长篇小说创作于1992年,讲述了从国民党统治后期到解放战争、土地改革、"大跃进"、人民公社化运动、"文化大革命"一直到改革开放初期,巨大的社会变革让本是富家地主少爷的福贵,经历了人生与家庭的各种坎坷和磨难,亲人一个一个地离他而去,最后只剩下年迈的他与一头老牛相依为命的故事。

"人为何而活?"是一个永恒而深刻的主题。作者余华出生于1960年,他从小学到高中的整个青少年时期正赶上"文化大革命",这段经历为他之后的文学创作烙下了深深的历史印记。因大环境等原因,他没有考上大学,被在医院工作的父母安排去当了一名牙医。每天8小时简单而枯燥的工作让他怀疑生命的意义。1983年,没有任何写作基础的余华,找来《人民文学》杂志研究写作方法,随后,他便开始给很多杂志寄自己写的小说。他经常投稿,也经常收到退稿,但余华很有韧性,退了再写、再投。他很勤奋,也的确有天赋。不久,余华的第一部长篇小说《在细雨中呼喊》诞生,并引起了文学界关注。在20世纪80

年代，他和苏童、格非、孙甘露等一批作家的创作形成了一股文学潮流，评论界称之为"先锋文学"。

1992年，余华开始写《活着》，他构思好了故事，然后用第三人称，以一个旁观者的角度写。这与他之前"先锋文学"的叙述方式一样，用比较冷静、抒情且语言优美的方式来写。但写了一万多字后，他发现自己写不下去了。余华思考良久，决定从头再来，他尝试着换一个角度，以第一人称的方式让福贵讲述自己的故事，于是《活着》很顺利地写完了。

多年后，积累了更多写作经验的余华总结道："刚开始我仅仅认为是一个文学技巧的选择，后来我开始感觉到可能更多是一种人生态度的选择。"因为《活着》里福贵的一生，如果从一个旁观者的角度来看，除了苦难就是苦难，再无其他。"如果让一个人来讲述自己的故事时，其实他苦难的人生中，'苦难'是别人的看法，他其实是充满了幸福感的。"以第一人称写作，使得余华笔下的悲剧性的农民，有了"活着"的意义。从而，余华得出了更加深刻的结论："与其说是写作技巧的转变，不如说是人生态度的选择。就是每一个人的生活都是属于自己的感受，不属于别人的看法，别人怎么看不重要，重要的是你是否感受到了，这比什么都重要！"

余华的《活着》开创性地以一个文化程度不高的农民的角度来讲故事，叙事方式写实、语言简单直白。当经历了所有亲人的离世，只剩下一头老牛与老人相伴时，他仍能乐观豁达地活着，将活着的意义身体力行地表现出来，效果是直击人心的。这也是余华对于自己一直追寻的问题"人为何而活"给出的答案。

1992年的初秋，余华将新鲜出炉的《活着》手稿送到上海的《收获》杂志，他有超过四分之三的小说都发表在《收获》上。一方面，《收获》是他最喜爱的文学杂志，另一方面，也是因为题材与叙述方式的原因，很多别的杂志不愿意发表他的小说。那时《收获》的主编是巴金先生，副主编是他的女儿李小林。余华一直以为巴金先生太忙了，不可能知道他以及他写的东西。后来，李小林告诉他，巴金都知道，并且从头到尾都读完了，甚至后来巴金因身体原因已经不能下床，还躺在床上读完了余华的《许三观卖血记》。

余华一直非常感谢他的伯乐——巴金先生和《收获》杂志，他的《活着》在第一时间得到认可，于1992年11月底发表在《收获》第6期上。

很快，《活着》的单行本出版并发行，在之后的20多年间，持续畅销，至今印数已逾600万册，被翻译成多种语言在30多个国家出版，受到多国读者的喜爱，并荣获意大利格林扎纳·卡佛文学奖最高奖项。小说《活着》还被张艺谋导演改编成同名电影，至今仍被很多观众奉为经典。

（李琼）

余华

1960年生于浙江杭州，当代作家。中国作家协会第九届全国委员会委员。其代表作有《活着》《许三观卖血记》《兄弟》《十八岁出门》等。

小说《活着》于1998年获意大利格林扎纳·卡佛文学奖。余华于2005年获得中华图书特殊贡献奖。

35. 白鹿原上的史诗巨著
——陈忠实《白鹿原》

人民文学出版社出版的该书封面

1997年,《白鹿原》荣获中国当代长篇小说最高成就奖——第四届茅盾文学奖,并先后被翻译成法、日、韩等多种语言在世界各地传播。从1992年发表至今,这部50余万字的长篇小说被改编成同名电影、电视剧、话剧、舞剧、秦腔等多种艺术形式,剧中的故事情节和人物早已深入人心。

小说以陕西关中地区白鹿原上的白鹿村为缩影,通过讲述白姓和鹿姓两大家族祖孙三代的恩怨纷争,艺术地表现了从清朝末年到20世纪四五十年代长达半个多世纪的历史巨变。小说中塑造的白嘉轩、鹿子霖、朱先生、田小娥、黑娃、白灵等人物形象不仅为中国当代长篇小说的人物画廊增添了一个个鲜活的典型人物,还在世界文学人物画廊中拥有他们独特的位置。

《白鹿原》的作者陈忠实,1942年出生于陕西省西安灞桥区、白鹿原北坡下的西蒋村,在这里生活、成长,在这片黄土地上挖野菜、拾柴火,对于白鹿原以及它的传说再熟悉不过。成年后的陈忠实热爱文学,虽考大学落榜,但他依然笔耕不辍。

20世纪80年代初,文学界兴起了一股"反思文学"的创作潮流,这种潮流在此后逐步泛化为

《白鹿原》

长篇小说,在《当代》1992年第6期和1993年第1期连载,其后单行本于1993年由人民文学出版社出版。

1992

当时一种普遍的文学精神。这期间的长篇创作，在对民族历史文化的反思方面，达到了一个新的高度。正是在这样的文学思潮之中，陈忠实在创作了一些中、短篇小说后，开始构思长篇小说《白鹿原》。

为了更加了解白鹿原，陈忠实走访了很多上了年纪的老人，从他们的记忆中去找寻家族历史记忆的残片。但是这些还不够翔实，1986年4月，他蹚过灞河，坐上公共汽车前往蓝田县搜集资料，之后在长安和咸宁，他选择了三个紧紧包围着西安的县，钻研县志，在故纸堆中一点点去搜寻他想要的信息。在这种踏勘、访谈和读史的过程中，陈忠实的小说胚胎渐渐生成，并慢慢发育丰满起来——《白鹿原》中的儒者朱先生，就是以蓝田县清末举人牛兆濂为原型而塑造出来的；白灵的原型，是从党史回忆录里找出来的；田小娥则是从《蓝田县志》节妇烈女卷的阅读中萌发创造出来的。《白鹿原》里的一个个人物都来自这片土地，这些人不是凭空生出来的，他们都有根可寻。

经过两年的构思酝酿和材料准备，1988年4月，陈忠实在草稿本上写下了《白鹿原》的第一行字。后来他回忆道："那一刻，整个心理感觉已经进入我的父辈爷爷辈老爷爷辈生活过的这座古原的沉重的历史烟云之中了。"创作时的陈忠实简朴而从容，他把自己关在老家的祖屋里，坐在沙发上，把一个大笔记本放在膝盖上，很舒服地写，一点儿也不着急。1989年1月，他用了将近一年时间完成初稿，此后又耗时两年精心修改。

1992年1月29日，在写完鹿子霖的死亡后，陈忠实放下笔，陷入一种无知觉的状态。久久地，他仿佛从一个漫长而黑暗的隧道摸着爬着走出来，刚走到洞口看见光亮时，竟然有一种忍受不住光明刺激的晕眩感。

从准备到完成历时6年，陈忠实诚惶诚恐地将自己的第一部长篇小说交给了人民文学出版社，甚至说出"这是将我的生命交付了出来"的话语。在等待回音的日子里，他十分忐忑，他计算着这么长一部小说从责编到编辑室主任，再到社领导，等手稿审阅完，至少得两个月。但没想到的是，交稿后第20天，陈忠实就收到了出版社的来信，信里全面肯定了这篇小说，评价非常好，这让陈忠实感动不已。

而收到沉甸甸手稿的人民文学出版社，也没有辜负陈忠实的"生命之托"。他们在最短时间内完成了三级审稿，并于1992年底将《白鹿原》在文学期刊《当代》杂志上分两期跨年度连载，单行本于1993年6月发行，首印15000册。

《白鹿原》一经推出，立即获得评论界以及广大读者的高度赞誉。在随后5个月时间内，《白鹿原》连续加印6次，累计印数达到565000册，一时间可谓"洛阳纸贵"。那个时代，没有任何宣传营销，《白鹿原》所引发的轰动效应完全凭借作品自身独特的魅力，并且这种魅力随着时间的流逝不减反增。文学评论家白烨曾评价道："《白鹿原》本身就是几乎总括了新时期中国文学全部思考、全部收获的史诗性作品。"

20多年来，读者对于《白鹿原》的阅读和理解仍在持续，作品的社会影响与时俱增，它在中国当代文学史上的地位与意义都是不容低估的。

（李琼）

陈忠实

1942年生于陕西西安。中国当代著名作家，曾任中国作家协会副主席，陕西省作家协会名誉主席、党组成员。其代表作有短篇小说集《乡村》，中篇小说集《初夏》《四妹子》等。

《白鹿原》曾获第四届茅盾文学奖。

36. 上海流年
——王安忆《长恨歌》

作家出版社出版的该书封面

《长恨歌》

在《钟山》1995年第2期至第4期上连载的长篇小说,后由作家出版社首次出版。

《长恨歌》讲述了一个哀婉动人的女人40年里与5个男人的情爱纠葛。故事与上海这座大都会从20世纪40年代到90年代沧海桑田的变迁交织在一起。作者王安忆细腻绚烂的笔下是时代变迁中的人和城市,被誉为"现代上海史诗"。

关于写作缘起,王安忆说:"许多年前,我在一张小报上看到一个故事,写一个当年的上海小姐被今天的一个年轻人杀了,年轻人为什么要杀她,我已经不记得了,读时那种惨淡的感觉却记忆犹新,我想我哪一天总会写它的。"

1993年春天,王安忆托北京作家刘庆邦帮她租一所房子,说她准备在北京写作。因为当时作家出版社准备出她和贾平凹的自选集,要求集子里收入她的一个新长篇。于是那个在她心里已经沉淀了很久的题材就被拿了出来。这就是在《钟山》1995年第2~4期上连载的《长恨歌》。

1954年3月,王安忆出身于一个知识分子家庭,母亲是著名作家茹志鹃,父亲是剧作家王啸平。当别人问及她的成长之路时,王安忆没有回避母亲茹志鹃在写作路上对自己的提携,也说到过1940年从新加坡归国的父亲。她出生在江苏南京,1岁后随母亲移居上海。对于王安忆来说,上海只是第二故乡,因此她否认自己是上海的代言人，但童年时的保姆给了她了解上海市民生活的重要机会，上海给王安忆提供了基本的写作素材。她曾经在安徽、浙江、江苏等地生活过，这些地方也是她写作的素材来源。写出《长恨歌》之后，很多人就拿她和半个世纪前的上海女作家张爱玲相比较，说她是张爱玲的现代传人，说她的《长恨歌》是一种对旧上海的怀念。王安忆很反对这样的说法，因为她不是上海人，在上海她无旧可怀。她不是要延续中国近代文学史上书写上海与女性关系的传统，她有更大的抱负：她笔下的上海弄堂女子王琦瑶，是上海这座城市的象征。在王安忆心中，上海是一个奇特的女性形象，这座城市和王琦瑶一样，生命力极其顽强。中国近代史上，上海这个曾经的小渔村后来成为"东方巴黎"，在历史的狂风暴雨中，一次次倒地死去，又一次次在原地长出一座新城，如今依然是中国最繁华的都市。

王安忆说自己是"书斋里的作家"。这个称号名副其实，她的作品都是写出来的，她不上网，很少与朋友交往。她的《长恨歌》是在北京完成的，从1993年到1995年，两年里她几乎全部的心力都花在这部小说上。刘庆邦夫妇为王安忆找的房子里没有电视，也没有电话。王安忆每天早睡早起，上午写作，每天安排一定量的写作，写到该停的地方就停，第二天接着写。这期间她常常饥一顿饱一顿，刘庆邦偶尔给她送个盒饭过去，她很快吃完，然后接着写。除了写作之余到街上买一张隔天的报纸之外，她和外界几乎中断了联系。《长恨歌》是她尝试独处写作的成果，是她创作生涯的又一个重要里程碑。但是《长恨歌》的写作让王安忆的体力和脑力消耗极大，26万字的作品完成之时，她已心力交瘁，结果大病一场，不得不回到小镇去休养。刘庆邦在王安忆写作《长恨歌》那两年的日子里，见证了她的勤奋。在作家圈里，王安忆的勤奋不是秘密，勤奋是她写作成功的秘诀。

1995年9月8日张爱玲谢世，国内和海外华人世界重新掀起张爱玲热。上海的旧时代故事被重新拿出来讲述。当又一部书写上海的《长恨歌》出现在读者面前时,可以想见读者的期待,也可以想见他们会有多挑剔。《长恨歌》不负众望,这部近似于"通俗"言情小说的作品得到了普通读者的广泛关注,同时也成为专业读者研究的对象。

  《长恨歌》已经成为当代文学的典范之作。1995年首次出版,1999年入选《亚洲周刊》"二十世纪中文小说一百强";2000年获得第五届茅盾文学奖,并被评为20世纪90年代最有影响力的中国作品;2005年,被改编成同名电影;2006年,被改编成同名电视剧;2018年9月,《长恨歌》入选中国改革开放四十年最具影响力小说。

(朱思衡)

王安忆

  女,1954年生于江苏南京,当代作家。其代表作有《向前进》《长恨歌》《黄河故道人》《发廊情话》《向西,向西,向南》等。

  曾荣获第五届茅盾文学奖、第三届鲁迅文学优秀短篇小说奖、首届汪曾祺华语小说奖中篇小说奖等奖项。

37. 用词典讲故事
——韩少功《马桥词典》

作家出版社出版的该书封面

1996年,一部长篇小说横空出世,引发文学界的强烈反响和极大争议,这就是韩少功创作的《马桥词典》。

小说突破性地以词典的形式,收录了一个虚构的湖南东北部马桥镇的115个词条,韩少功以自己当知青时下乡工作生活过的湖南汨罗天井公社为取材地,以其风土人情为素材,集录了"马桥人"的日常用词,这些词里有一部分是作者虚构的。小说以词条为引子,用注解讲述了古往今来发生在"马桥"的一个个生动故事,展示了一个群落的生活状态,趣味盎然、引人入胜。《马桥词典》是对乡村生活的真实描写,并由此透视一个民族生存挣扎的真实情状,挖掘了民族苦难的历史根源,为人们认识农村提供了一条途径。

1953年韩少功出生于湖南长沙,16岁时遭遇家庭与社会的双重变故,他主动请缨跟同学一起下乡,开始了长达6年的农村生活。他来到的就是天井公社。艰苦的生活条件和高强度的劳动,让当时的他觉得度日如年、活得垂头丧气,但他依然保持着敏锐的观察力和感受力,在闲暇时会写写东西,也因为能写东西,1974年他被调到县文化馆工作,在那里历练文笔和人生。直到1977年,国家恢复高考,韩少功以优异的成绩考入湖

《马桥词典》

发表于《小说界》1996年第2期的长篇小说,后由作家出版社出版单行本。

1996

南师范学院（现为湖南师范大学），并逐渐在文坛崭露头角。

在汨罗当知青时，韩少功发现当地的方言里有许多特殊的词，有的发音可以追溯到先秦时代，有的含义则源自某个村落的典故，外来人要进入当地的语境才能听懂其中所指。进入大学后的韩少功非常勤勉，他开始对语词进行自觉捕捉，并不断寻找机会到湘西进行田野调查。他随身携带的本子不仅记录了民歌民谣，还记录了当地大量的语词和短句。直到20世纪90年代初，还经常有人看见韩少功带着小本子，走到哪记到哪。

1985年，韩少功倡导"寻根文学"，发表《文学的根》，提出"寻根"口号，并以自己的创作实践了这一主张。小说《爸爸爸》《女女女》等反响热烈，并先后被译成多种外国文字出版。后来，韩少功自己总结："《爸爸爸》+语言哲学，才有了《马桥词典》。"

1988年初，韩少功去海南定居。韩少功曾总结新中国成立初期出生的那一代人的特点：承上启下，上承革命时代，下启改革时代；又横跨两个空间，右腿在农村，左腿在城市。这样一个特殊的群体，是一个历史和社会信息高含量的群体。作为这一代人的发声者，那段时间，韩少功很少写作，而是专注观察和思考海南的改革变化。

1994年年初，一部词典体长篇小说的构思在他的脑子里渐渐成形，他选择自己曾经下放过的湖南汨罗，作为小说的基本背景。经过沉淀的大脑极其清晰，再加上之前大量的文字记录，韩少功的小说写得很顺利，在1995年秋完成初稿。

1996年，《马桥词典》刚一出版就引起各方争论，甚至引发了新时期文学史上争议最激烈的公案之一——"马桥事件"，起因是张颐武和王干两位评论家公开指责这部小说"模仿"乃至"抄袭"了塞尔维亚作家米洛拉德·帕维奇的名作《哈扎尔辞典》。1997年4月，工作和生活都受到影响的韩少功，对持续不止的谣言做出法律回应，对6位制造与传播谣言者提起侵权诉讼，并于一年后由海南省高级人民法院终审裁定韩少功胜诉。

尽管在国内文坛引发巨大争议，但是《马桥词典》在国际上却屡获殊荣：2000年，《马桥词典》入选海内外专家共同推选的"二十世纪中文小说一百强"，还获得"2011年美国纽曼华语文学奖"。韩少功本人更是在2002年获法国文化部颁发的"法兰西文艺骑士勋章"。

《亚洲书评》的编辑彼得·戈登（Peter Gordon）曾评价道，《马桥词典》在语言上非常有趣，它探索了语言影响文化和思想的方法。事实上，《马桥词典》不仅可以用来作为研究民族语言学的材料，它也可以用来作为研究人类学方面的材料。它的价值远远超出了小说的意义。

（李琼）

韩少功

1953年生于湖南长沙，曾任第三届海南省文联主席，海南省文联作协党组成员、书记，现兼职中国作家协会主席团委员、全委会委员，海南省文联名誉主席。其代表作有《马桥词典》《爸爸爸》《女女女》等。

曾荣获1980年和1981年全国优秀短篇小说奖，2002年法国文化部颁发的"法兰西文艺骑士奖章"，2007年第五届华语文学传媒大奖之"杰出作家奖"，第四届鲁迅文学奖，"2011年美国纽曼华语文学奖"等奖项。

38. 改革开放中的青春之歌
——郁秀《花季·雨季》

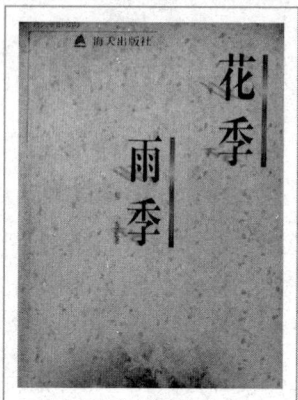

海天出版社出版的该书封面

《花季·雨季》

长篇小说，1996年由海天出版社首次出版。

1996

20世纪90年代，深圳一跃成为中国最具有朝气的新兴城市。1990年，当时年仅16岁的郁秀，用明净、灵动的笔触，写下了一群沐浴着改革新风的青少年与深圳这片神奇热土的故事，唱响了中国在改革开放中的青春之歌。

在那个急剧变化的年代，郁秀在《花季·雨季》中以群像式的方式描写了新时代青少年的斑斓生活，呈现了他们在深圳这片改革最为剧烈的土地上的青春律动，展现了一代人的个性特征、心绪思想和理想追求。因此，《花季·雨季》一经面世，就广受欢迎，连续五年位列全国畅销书排行榜，还被改编成电影、电视剧和连环画。

对于16岁的郁秀而言，写作《花季·雨季》就像生命的生长一样，是件自然而然的事情。郁秀没有目的，没有缘由，就像同自己随意地做游戏一般，用了三四个月就完成了初稿。写作《花季·雨季》对郁秀来说虽然是一件率性的事，但是为了捍卫自己的自尊，保护自己的秘密，她常常在妈妈的不解中将自己锁在房间，独立写作。时间久了，她害怕父母起疑心，改变了策略，常常将抽屉半开。只要有任何"风吹草动"，她就将书稿全塞进抽屉，佯装自己在看书。初稿完成后，郁秀审视了几遍，难以辨别作品的好坏，就把它搁置在抽屉里。

　　日子就这样细碎地过去了。有一天，老师陈重在作文课上表扬了郁秀，并私下与她进行了一番朋友式的推心置腹的谈话。在老师的深切鼓励下，郁秀渐渐地打开自己的心扉，向老师诉说自己尘封在心间的秘密，并将《花季·雨季》的稿件分享给老师。"小说结构很不错，人物刻画也比较典型，行文朴实活泼，感情也很真挚。你应该好好修改修改，然后考虑出版。"老师的话一下子点亮了郁秀的心，她内心的文学种子开始疯长。听从老师指点的郁秀，决心要下大功夫进行修改，因为要将这部小说出版的信念已悄然在她心中萌生。

　　至今，郁秀仍深有感触地说："从写到出历经六年，整整一个中学时代。在这六年中，最值得记忆的是1993年寒假。"那年寒假还没开始，郁秀家就要搬到市区新买的楼房里。为了能够在一个相对自由、完整的时间进行修改，郁秀执意留在老房子里。一张钢丝床、一张桌子、一把椅子、一叠稿件和一个少女对梦想的炽热，构成她寒假生活的全部。一个人在老房子的生活有些清苦，郁秀也腾不出买菜做饭的时间，只是匆匆吃些面条和馒头就开始修改工作。为了能在二十几天的寒假修改完30万字的小说，郁秀给自己订了每天的工作计划。郁秀忍受着一个人在夜晚的害怕，整天伏案挥笔疾书，在空荡荡的房子里心无旁骛地做着自己奇异的梦。整个寒假，郁秀没有认真地吃过一顿饭，没有舒坦地睡过一个觉。当看着爬满蝇头小字的26本作业本时，郁秀感到无比的愉悦与充实。

　　就像一粒种子需要土壤的培育、雨水的滋润才能开出繁茂的花朵一样，郁秀的《花季·雨季》也是在父母和众多师长的呵护下才得以顺利出版。写罢《花季·雨季》的郁秀难掩出版的愿望，在同学的介绍下，郁秀决定独自去面见一个女编辑询问出版的事。可是，走到中途，却被早已知晓内情的父母阻拦了。

经过打听，郁秀知道出一本书需要两万元，她顿时就打了退堂鼓。可是妈妈在看了郁秀的小说后有了为她出版的意向。为了保护女儿的梦想，让女儿的小说出版更有意义，郁秀的父母找来专业作家曹征路和中学老师姚雪玲为郁秀参谋指导。在得到老师的肯定和建议后，郁秀再次对稿件进行修改。最令郁秀感动的是，深圳大学中文系的封祖盛教授主动找来郁秀的稿件，一句一句地帮她斟酌，为她多方打听出版的门路。1996年，《花季·雨季》终于在郁秀父母和师长的期待中出版了。

郁秀凭借青春的韧劲完成的《花季·雨季》，让人们看到了那群走在时代变革前沿的青少年在改革开放时期的青春力量，将那代人的青春音符永远地留在了深圳这座新兴城市的五线谱上。

（杨颖）

郁秀

1974年生于福建永泰，10岁来到深圳，作家。其代表作有《花季·雨季》《太阳鸟》等。

《花季·雨季》曾获第三届国家图书奖提名奖、中宣部精神文明建设"五个一工程"奖等。

39. 生命不息，抉择不止
——张平《抉择》

群众出版社出版的该书封面

在20世纪90年代的中国文坛上，张平是收到读者来信最多的作家之一。"人民作家""老百姓作家""反腐作家"，老百姓发自肺腑地这样称呼他。他在当时创作了多部长篇小说，内容多涉及反腐题材，当之无愧地成为20世纪90年代反腐作家的领军人物。1997年首次出版的《抉择》，标志着他的反腐作品迈上了一个新的台阶。

反腐败问题是大家关注的社会热点问题。呼应这样的社会热点，许多作家将自己的文学目光投向了这一题材，创作出了许多揭露和鞭挞腐败、歌颂反腐败斗争的作品，张平的《抉择》就是其中之一。《抉择》展现了在新的历史条件下，反腐败工作的复杂性和紧迫性，塑造了李高成这样一位对党和国家的事业忠贞不渝、大义凛然，为国家利益抛却个人利益的反腐败英雄形象，洋溢着一种理想主义、英雄主义的激扬澎湃之情。

《抉择》的创作源于一次机缘。1996年，张平参加一部电视剧的改编，先后采访了数十个国有大中型企业，许多工人含着泪水一遍一遍问张平："你们为什么就不能写写我们工人呢？那么多的编辑、导演、作家、艺术家，为什么就只把眼睛盯在那些厂长经理身上？我们工人不是国家的主人吗？为什么你们会把我们给忘记了？"张平在工

《抉择》
发表于《啄木鸟》1997年第2期的长篇小说，后由群众出版社首次出版。

厂里了解到，工人们对企业有深厚的爱，对改革有强烈的渴望。张平感到了一种为工人代言的责任，于是写出了《抉择》。

《抉择》不仅以尖锐的锋芒、犀利的笔触，深刻地剖析和批判了社会上的腐败现象，而且在较为广阔的背景上展示了中国共产党人和广大人民群众同仇敌忾与腐败分子进行斗争的决心、信心和勇气，塑造了以主人公李高成为代表的反腐败斗士的艺术形象，奏响了一曲昂扬激越的反腐败颂歌。小说处处彰显的是国家的荣誉、人民的幸福、中国共产党的利益等高昂的曲调。面对家庭亲情的牵绊、上级提携的恩情、丰硕利益的诱惑，主人公李高成毅然选择了坚决地站在人民一边，站在工人那里。工人阶级在小说中是转型期一切无着的群体，但他们没有丧失对这个国家的热情和对政府、政党的信心，他们从来不相信中国共产党和中国政府会抛弃他们，会置他们的利益于不顾，会不倾听他们的呼声。小说呈现了国家和工人阶级从微有矛盾到重新和解的真实过程，将国家和人民本来的那种鱼水情再次清晰化。官民一心，党群一心，这是中国最大的现实，是超越于腐败现实的最大现实。这是小说的主旨。

1998年，由《抉择》改编的同名电视剧播出，引发了观众的强烈反响。导演于本正找到张平，想和他谈电影拍摄的事宜，张平却告知他，《抉择》的电影已经提交了审批，但是一直没有通过。于是，于本正便另辟蹊径，将电影拿到上海电影制片厂进行审批，终于审批通过。于本正拿到了《抉择》的摄制权，影片《生死抉择》于2000年成功在院线上映后，观众反响超出了所有主创人员的意料，它成为中国电影史上第一部票房破亿的影片，并在当年横扫各大电影节奖项，成为票房上的一匹黑马。

正如张平所说，他之所以如此贴近现实，关注百姓民生，是因为"你关注老百姓的事情，老百姓就会关注你；你面对的是老百姓，老百姓自然就会面对你"。"我的作品就是要写给那些最底层的千千万万、普普通通的老百姓看,永生永世都为他们而写作"。这正是张平的抉择!为人民写作、发声,正是张平所秉持的,而《抉择》的轰动效应也正是人民对于张平的回应。

《抉择》先后荣获第四届啄木鸟文学奖一等奖、全国公安题材文学作品一等奖、第五届茅盾文学奖、全国第七届精神文明建设"五个一工程"入选作品奖和全国最佳畅销书奖,并被评为向国庆50周年献礼的十部长篇小说之一。《抉择》还先后被上百家报纸连载,上百家电台连播,同时还被改编为电视剧、电影、话剧、戏曲、评弹、连环画、广播剧等多种艺术形式。

(江萍)

张平

1954年出生,山西新绛人,作家。其主要作品有长篇小说《法撼汾西》《天网》《抉择》,短篇小说《祭妻》《姐姐》《夜朦胧》,长篇报告文学《孤儿泪》等。

曾获全国第七届优秀短篇小说奖、第六届庄重文文学奖。《抉择》获第五届茅盾文学奖。

40. 沧浪之水濯我足
——阎真《沧浪之水》

人民文学出版社出版的该书封面

《沧浪之水》
发表于《当代》2001年4月的长篇小说,人民文学出版社于2001年10月出版。

2001

在寂静的深夜,一个翻来覆去无法入眠的人,最后拿起一本薄薄的书,开始阅读起来。他很快就沉迷在书中,变得安静。时间也因此飞快地流逝。当他快要读完那本书时,天色已经变亮了。在曙色里,他的脸上居然挂着一串泪珠。他合上书,这是一本《李白传》。书中讲述了李白这位伟大的唐代诗人传奇的一生。当他读到诗人晚景凄凉、在漂泊中因贫病而死时,不禁悲从心来,有为之一恸的冲动。

他就是湘籍作家阎真。当年他以株洲地区文科第一名的优异成绩考入北京大学中文系。他生性就是一介书生,热爱学术与写作,于是在分配工作的时候,他选择了教书育人这个职业。但是他并不是就此止步不前、不求上进。1985年,他考上湖南师范大学的在职研究生,顺利毕业后不久就漂洋过海,去加拿大留学。数年的海外学习工作经历,最终使他发现自己在异国他乡似乎成了无本之木——他没法完全融入那里的核心生活,再三考量,最终选择了回国发展。

1992年,阎真回到祖国。他依然回归故里,在湖南师范大学文学院工作。显然,加拿大的生活给了他丰富的写作素材,他就那段经历,写成了自己的第一部长篇小说《曾在天涯》。这是一部反映华人海外生活的小说，出版后并没有取得预期的反响，这使阎真不免有点失望。他觉得他在写作方面应该能够做得更好一些，他需要一个契机。

读《李白传》而获得的灵感如同灵光一现，他决定要写出一部有分量的小说来。2001年，阎真终于写出了长篇小说《沧浪之水》。这部小说以20世纪最后20年的中国社会"转型"期为背景，直面知识分子在剧烈社会变革中生存的艰难和精神的苦痛。

《沧浪之水》主要讲述医药学研究生池大为的人生经历。起先他坚持自己的人生理想，不与人同流合污，结果落得处处碰壁，生活也困窘不堪。他饱尝了人微言轻、任人玩弄于股掌的无奈与悲愤。后来他放弃自己的坚持，不惜以出卖同事来博取领导的信任，为此他又一路绿灯，在仕途上混得风生水起，并且他的人生境遇也得到了大大的提高。现实让他心里五味杂陈，在最后，他跪倒在一生备受打击的父亲的墓前，将父亲遗留下来的《中国历代文化名人素描》全部烧掉。这部小说还刻画了丁小槐、马厅长、董柳、晏之鹤等人。在近乎丑陋的现实生活里，理想的位置究竟在哪里？沧浪之水清兮，可以濯我缨，沧浪之水浊兮，可以濯我足。这里面的意味，恐怕就只能是见仁见智，随每一位读者去体验和想象了。

被视为"知识分子小说"或者"官场小说"的《沧浪之水》以其真实性，在21世纪初的中国文坛赢得了广泛声誉，伴随着陈晓明、孟繁华等知名理论家和雷达、白烨、李敬泽等重要批评家接踵而至的赞辞，这部小说无论在知识界还是普通民众中都产生了深刻影响。

知识分子作为一个群体，一直是文学作品着力表现的对象。从屈原、李白等作品中塑造的自我形象，到鲁迅笔下的孔乙己等知识分子群像，再到叶圣陶笔下的倪焕之，钱锺书笔下的方鸿渐……可以说，自古以来，中国文学就有着关注知识分子命运的传统。在新旧世纪之交的转折点上，阎真继承了中国文学的这个传统，对中国20世纪八九十年代的知识分子进行审视。借助对主人公池大为形象的塑造，小说揭示了这群知识分子在清醒与沉迷间的矛盾、原则与规则间的矛盾、理想与现实间的矛盾前的困惑和尴尬，展现了那个时代知识分子的困境和心灵的蜕变。阎真作为一位严肃的现实主义作家，以现实主义的严谨、洞察世事的锐利，书写了当代知识分子的生存困境与精神危机，也表现出那一代中国知识分子对于人生和社会的深刻思索。

《沧浪之水》好似长河之波，在岁月的滚滚洪流中既有沉渣泛起的浊水，也有涤荡醍醐的清浪，尽管有清有浊，它终归推动着社会的前进。

（苏大平）

阎真

1957年9月出生，湖南长沙人，作家。2011年当选湖南省作家协会副主席，现为中南大学文学院教授、副院长。代表作有《沧浪之水》《因为女人》《活着之上》《曾在天涯》（海外版名《白雪红尘》）等。

41. 谍战解密
——麦家《解密》

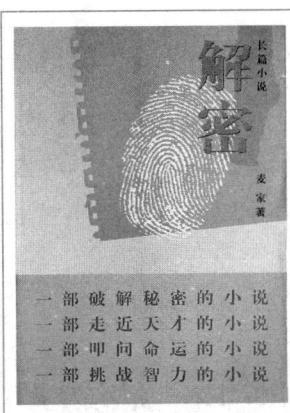

中国青年出版社出版的该书封面

2016年，电视剧《解密》走进观众的视野。不同于以往谍战剧中英姿飒爽的风格，该剧刻画了一群走下神坛、融入人世间的无名英雄形象，引起了不小的轰动，还得到《人民日报》的肯定。

电视剧《解密》改编自麦家的同名小说，是麦家自1991年开始创作，历时11年才完成的长篇小说。小说围绕着一位数学奇才容金珍破解超级密码"紫密""黑密"而展开，讲述了默默无闻的破译专家的故事。

在《解密》被搬上电视之前，由麦家编剧的电视剧《暗算》和根据他的小说改编的电影《风声》早已掀起当代中国谍战片的狂潮，可以说，麦家在文学和市场中架起了一座桥梁，在两者之间找到了一个合适的交叉点。为了更加贴近观众的审美需求，麦家抛开原著中冷淡却又真实的设定，为电视剧《解密》的改编带来更多的人情味和烟火气，从而令电视剧大火。

《解密》的成功和轰动，会让读者忽视其创作过程中的艰辛酸楚，但麦家不会忘记。《解密》这部小说是他迄今"写得最艰难"的一部作品。从1991年到2002年，每一天麦家都会投入10~12个小时来写作。有一天，他花了7个小时写了几千字，却在第二天一早就删掉了将近一半，这样的

《解密》
长篇小说，2002年由中国青年出版社首次出版。

事情对麦家而言是常事，而最坏的情况是几十万字的文稿，在某一个瞬间戛然而止、止步不前。11年中，他经历了3次彻底的推翻重写，经历过至少20次的局部修改，《解密》就是在这样反复的修改和重写中诞生的。麦家不是一个自信的人，所以通过这样的方式不断自我检验。他年少时被解放军工程技术学院录取，后分配到情报部队工作，这样的机会锻炼了他的洞察力和记忆力。曾有一年，麦家疯狂迷恋阿根廷作家博尔赫斯，每天"钻进"博尔赫斯的书中，以至于在某次文学沙龙上，他一口气只字不差地背了37首博尔赫斯的诗。

特殊的经历给予了麦家创作上的帮助，《解密》的问世，也为他创造了一些"刻骨铭心"的回忆。《解密》写了11年，被退稿17次，从原先的121万字，到最终发表的21万字，每一字都饱含着麦家的心血。2002年正式出版3个月后，《解密》迎来因涉及国家机密而"必须下架"的通知。凭借着过去的严谨心态和保密经验，麦家开始积极寻求帮助，在21位专家的鉴定下，《解密》最终被判定为"不泄密"作品，重新迎回了曙光。在《解密》成功的道路上，还有一个重要的转折点——这源于一起偶然的飞机晚点。上海世博会期间，牛津大学的古汉语博士米欧敏（Oliver Sacks）因其飞机晚点，随手在书店买了麦家的《解密》和《暗算》以打发时间。但出乎意料的是，随手买的两本书竟令她深深着迷，而后她像发现新大陆一般热情地向朋友们推荐并自行翻译了其中的片段，麦家的作品就此走向世界。

麦家力图摆脱固化的写作模式，塑造出能够温暖人心的角色，所以在写作《解密》时，所有的题材和写法都是全新的。至今为止，《解密》这本书已被翻译成法语、德语、西班牙语等33种语言，在超过100个国家出版，获得了40余家世界主流媒体的好评；其英文版被收进英国"企鹅经典"文库，是继鲁迅、钱锺书、张爱玲后唯一入选该文库的中国当代作家。读者们亲切地将麦家称为

"中国的谍战小说之父",他以奇异的想象力和独创性,淋漓尽致地展现出传奇曲折的特情故事,探究着幽暗隐秘的人物内心,挖掘着惊险时空下的意志能量。麦家是中国当代文坛一个独特的存在,他带着自己的中国故事走向海外,为海外读者呈现出纷繁复杂而又精彩的中国历史。

从不起眼到名扬海外,麦家的生活或许比以前喧嚣了,但他还是在追求着自己内心的宁静。他身在名利场,隐在人世中,最大的心愿却很纯粹:"做一个农民,养一条看门的狗,最好还能有一座荒山,每天会辛勤地耕耘,多年后看这片贫瘠的荒山变成葱翠的绿林。"

(徐宁怡)

麦家

1964年出生,浙江富阳人,当代著名小说家、编剧。曾任浙江省作家协会主席。其代表作有长篇小说《暗算》《风声》《解密》《刀尖》《人生海海》,中短篇小说集《紫密黑密》《地下的天空》,随笔集《捕风者说》《人生中途》等。

2003年,《解密》获第六届国家图书奖。2008年,《暗算》获第七届茅盾文学奖,《风声》获第六届华语文学传媒大奖年度小说家奖、第十二届巴金文学奖。麦家曾获全国优秀电视剧编剧奖、第六届华语文学传媒大奖年度小说家奖、2018年度人民文学奖海外影响力奖等。

42. 一部狼的赞歌，
一部狼的挽歌
——姜戎《狼图腾》

长江文艺出版社出版的该书封面

《狼图腾》

长篇小说，2004年由长江文艺出版社首次出版。

2004年，当长篇小说《狼图腾》由长江文艺出版社出版后，多家媒体不约而同地称其为"旷世奇书"。

《狼图腾》主要讲述了20世纪六七十年代一位"知青"在内蒙古草原插队时与游牧民族、草原狼相伴相存的故事。这部小说由几十个与狼相关的故事连贯而成，情节紧凑、引人入胜。小说为人们再现了内蒙古最后一块靠近边境、生态环境原始的大草原，这里的牧民世代以放牧、捕猎为生，与强悍的草原狼群共同维护着草原的生态平衡。他们憎恨侵犯家园的狼，佩服团队协作、擅长战术的狼，同时也敬畏维持草原生态环境的狼，甚至草原狼成为一些蒙古族牧民的原始图腾。

《狼图腾》的作者姜戎是笔名，他原名吕嘉民。1967年，21岁的姜戎和120名"知青"离开北京，奔赴内蒙古锡林郭勒大草原。与小说的主人公陈阵一样，姜戎在那儿生活了11年，对于草原与狼的故事耳濡目染，他曾掏过狼窝、养过小狼，目睹过狼与黄羊、狼与人、狼与马群的大小无数次战斗。草原狼和与其相关的历史、故事让姜戎为之深深着迷。他从1971年在东乌珠穆沁草原起腹稿，至 1997 年于北京手写初稿，《狼图腾》的故事几易其稿，从酝酿、搜集资料到写作、出版，前后历时 33 年。

关于写作，姜戎始终不认为自己是一名专业作家，在 1978 年"知青"返城后，他考入中国社会科学院研究生院。1983 年，姜戎进入中国劳动关系学院执教，从此潜心研究学术。他是一名研究政治经济学的学者，除了关注国民经济，他还对俄罗斯文学、绘画等感兴趣。不会使用电脑的姜戎，一字一句手写《狼图腾》，经历了漫长的创作过程，而创作的动力是因为他脑中满是这些故事，不得不写出来。姜戎甚至在最初接受媒体采访时说："这本书我是用半条命写出来的。"他称整个写作过程为"核裂变"。姜戎把自己对人生哲学以及游牧民族和农耕民族的文化差异与融合的独家见解写进了《狼图腾》里。而他独特的经历和沉浸其中的思考，使《狼图腾》的故事，特别是关于草原狼的种种细节，呈现出精彩有力、扣人心弦的独特魅力。

《狼图腾》出版后被译成 30 种语言，在全球 110 个国家和地区发行。截至 2014 年 4 月，《狼图腾》在中国大陆再版 150 多次，发行近 500 万册，连续 6 年蝉联文学图书畅销榜的前十名，获奖无数。海内外报刊和网络新媒体对《狼图腾》的研究论文和论著有上千篇（种）。

生活中，姜戎选择了低调，也始终心系草原，在得知自己插队过的锡林郭勒草场退化严重时，他委托出版社将获得的首届曼氏亚洲文学大奖的一万美元奖金全部捐献给内蒙古草原用于环境保护。

2015 年 2 月，由法国导演让·雅克·阿诺执导拍摄的同名电影《狼图腾》上映，引发了更为广泛的热议。

但姜戎只就两个方面的问题作答：一是关于"狼性"。关于"狼性"的争议是一定会有的，他希望"狼性"在现代社会中，更多地表现为顽强进取、友爱合作，为争取独立自由而不屈不挠。

  第二个问题是关于他热爱的草原，以政治经济学研究为主业的姜戎表示：在游牧文化精神中，他发现了更重要的价值，那就是对自由独立精神的顽强追求，经过"文革"的惨痛教训之后，中国首先在经济领域里进行改革，推行市场经济。经过40年的努力，我国经济已取得了举世瞩目的巨大进步。然而，经济迅速发展的同时，保护自然生态环境的自觉意识却还未跟上，使生态环境遭到了严重的破坏，姜戎认为还需要继续注入自由进取精神，进一步深化体制改革，增强全民族的环保意识。

  小说《狼图腾》的背后，是姜戎对草原大面积消失后生态环境的深深忧虑。他在小说的最后写道："2002年3月20日三稿于强沙尘暴下的北京"，这也与小说的尾声呼应，大量开垦使得大片的草原沙化，来自内蒙古草原的沙尘暴曾经遮天蔽日地肆虐北京……姜戎希望草原生态环境比他的作品更能获得人们的关注。

（李琼）

姜戎

1946年生于北京，当代作家，曾任中国劳动关系学院教师。其代表作有《狼图腾》《小狼，小狼》等。2007年获曼氏亚洲文学奖。

43. 三代人的追梦路
——格非"江南三部曲"

上海文艺出版社出版的该书封面

格非将《人面桃花》《山河入梦》《春尽江南》三部作品命名为"江南三部曲","江南"对格非来说，是一个融地理、历史、文化概念于一体的精神地标，对于他笔下那些执着于梦想的主人公来说，则是陶渊明笔下的世外桃源，是孔子向往的大同世界，是马克思所阐释的共产主义社会。小说描述了从晚清到20世纪90年代百年间一个家族三代人的生命历程，虽然小说中主人公的生命已经消逝，但是其感动人心的毅力与信念传承至今，鼓励着读者去追寻梦想与希望。

第一部作品《人面桃花》中，晚清官宦世家的小姐陆秀米，她心中的"梦"是拥有走出家门的自由，是没有战乱与动荡的和平生活，她的一生献给了"革命"的事业。接下来的《山河入梦》，主角是秀米的儿子谭功达，他已经过上了母亲毕生寻求而不得的和平生活，作为一县之长，他的"梦"是带领当地百姓兴修水利、发展科学技术、促进社会的发展与进步。最后一部作品《春尽江南》，谭功达的后代谭端午，这位生活在20世纪八九十年代的知识分子，自然处于祖辈和父辈都无法想象的黄金时代，但他也有他的烦恼与追求。谭端午作为一位强调精神自由与富裕的诗人，面对市场开放所带来的金钱与物质的诱惑，更向往

"江南三部曲"

2004年6月，"江南三部曲"的第一部《人面桃花》在《作家》长篇小说夏季号首发，同年9月由春风文艺出版社出版；2007年初，第二部《山河入梦》由《作家》长篇小说春季号和作家出版社同时推出；2011年秋，第三部《春尽江南》在《作家》长篇小说秋季号首发，并由上海文艺出版社在同年出版。

2004

精神世界的革命。三代人，不同的生活环境与经历带给他们不同的人生追求，但是如同他们身上流淌的血脉，他们的梦想也一直在传承与发展。格非所叙的是一个漫长的追梦过程，这个过程没有起点也没有终点，一直在进行中……

格非的这部"三部曲"情节设置精妙、语言古典含蓄，并且保持了早年的先锋精神，在2015年获得第九届茅盾文学奖。格非认为，历史上所有伟大的作家，在文学史上留得下来的作家，无非两种，一是开风气之先，二是挽救风气。这部作品，无疑是均沾两项：格非早年是一个彻头彻尾的先锋作家，作品晦涩难懂，广大读者敬而远之，但是"江南三部曲"却一改往年"生人勿近"的气质，这源于格非采取了更多古典小说的叙事技巧与语言，将古典与西方创作理论相融合。格非曾经说过自己是在30岁之后对古典文学进行疯狂"恶补"的。作为因先锋写作而知名的作家，格非确实花费了很多的心思来传承经典、发展当代文学，这对于中国先锋文学作品的转型确实有开创之功。

格非的创作也源于对自身经历的体认。《山河入梦》的时代背景，正值新中国成立初期，人们对未来信心十足，由此拉开了农业、工业和工商业的社会主义改造。格非极力描写这一阶段人们那种积极向上的精神状态，特别表现在主人公谭功达身上，他为了县城的发展劳心劳力、干劲十足，虽然遭遇坎坷，但是他身上的自信、认真还有百折不回的精神却成为他最大的财富。

如果说前两部作品是格非通过历史查证、思考与想象而来，那么《春尽江南》则真正是作家的人生履历与选择。虽然故事里的谭端午是一个过于理想主义的人，有时候还带有虚伪和孤僻的毛病，但是相较于深陷金钱法则中的社会，谭端午的固执、坚守却让人心生敬佩。格非对于现实社会的精神状况一直密切关注，在中国社会快速发展的同时，他观察到人心的迷茫与价值混乱，所以他选取具有时代代表性的人物作为主角，展现出中国时代变迁在小人物身上的历史感。

虽然"梦"的追寻是漫长而困难重重的,格非对于梦想的描绘正因一丝不苟而显得残酷,正因充满向往而坚定不移。但从长远角度,这一代人的梦终将在下一代的生活中实现,这一代的信仰与努力也将由后人来传承发展,代代无穷尽,所以人不应该轻言放弃,坚持梦想是一件可贵且可乐的事情。在新时代,习近平总书记提出了"中国梦是每一个中国人的梦",我们大家都是追梦人,"追梦"是人们生活的动力,也是社会发展的源泉,平凡的人生,可以因为"追梦"变成荡气回肠的壮举。

(方芳)

格非

原名刘勇,生于1964年,江苏丹徒人。现为中国作家协会会员、清华大学中文系教授。于1986年发表处女作《追忆乌攸先生》,1987年发表成名作《迷舟》。著有《格非文集》《欲望的旗帜》《塞壬的歌声》《小说叙事面面观》《小说讲稿》等。

2014年,《隐身衣》获得第六届鲁迅文学奖中篇小说奖。2015年,"江南三部曲"获第九届茅盾文学奖。

44. 石油工人的英雄故事
——王立纯《月亮上的篝火》

作家出版社出版的该书封面

《月亮上的篝火》

长篇小说，作家出版社于2005年出版。

2014年，电视连续剧《月亮上的篝火》播出。这部反映20世纪50年代末60年代初石油工人生活的电视剧一时间引起了人们的极大兴趣。这部电视剧讲述了一群血气方刚、怀揣理想但是平凡普通的年轻人的故事。他们在中国北方一个叫萨尔图的荒漠奋斗，奉献青春和激情，最终建成了一座叫大庆的石油城市。这个地方曾经叫作萨尔图，在蒙古语中意为"月亮升起的地方"。

《月亮上的篝火》后来获得了国家新闻出版广电总局2015年度优秀电视剧剧本扶持项目荣誉。这部电视剧，其实是改编自东北作家王立纯的同名长篇小说。

王立纯1950年11月出生于黑龙江巴彦。他毕业于北京大学中文系，在牡丹江林区工作过很长一段时期。后来调入大庆市从事专业文学创作，是国家一级作家。他创作颇丰，语言幽默风趣，富于表现力，获得过各种大奖。

王立纯调入石油之城专事文学创作后，他对这座因为石油而产生的城市生发出特殊情感。这是一座激情燃烧的年代创造出来的全新城市，它的诞生与无数的英雄联系在一起，除了铁人王进喜那样的少数英雄的故事，还有更多的普普通通无名英雄的故事。王立纯在大庆生活的过程中，慢慢积累起了丰富的石油产业工人的素材，这为他写作这座城市的历史提供了可能。他需要一个合适的视角，也需要一个合适的契机。

在大庆这座石油城，第一代产业工人，据说主要由三种人群构成：少数石油技术人员和作业工人，这主要是技术或管理层面的技术人员；由军队官兵转为石油产业工人，这是一部分管理干部和作业人员；还有绝大多数由农村招工而来的生产人员，他们主要工作在生产一线、服务一线，他们是这座城市的绝大多数，但是非常可惜，在以前反映石油城的文学作品里，几乎没有以他们的形象作为主人公的。

王立纯觉得是时候了，他要给为这座城市默默付出的那些来自农村的无名英雄们树碑立传。他选择了一个独特的人物来代表那绝大多数的形象。他要将一段真实的动人心魄的历史，还原在一部作品里——他要讲述平凡人的英雄壮举和可歌可泣的艰难历程。

故事从"我六叔"——御厨传人马本良开始。马本良生性淳朴善良，在新中国成立之初石油大会战打响之时，他便被招募进石油大军。他以他的厨艺做出了自己的贡献。围绕着20世纪五六十年代的那场大会战，刘播、许曾、薛明等人物各自登场。每个人物的性格都非常鲜明，他们中的一些人曾将青春甚至生命献给了中国石油事业。这些人与石油之间发生的故事，也正好折射出中国石油发展的艰难历程。而王立纯借书中晋元峰之口，很好地表达了自己的写作初衷、观点和意图："无论是英雄还是老百姓，都是我们石油工人队伍的成员，不过就是排头排尾和排中间的事。我就是想还原历史的真实和人性的真实，把他们全写到，这很容易也很难。其实你仔细想想，我们平凡的工人兄弟，哪一个不是英雄？"

这看似容易却很难做到的事情，王立纯做到了。这部近 40 万字的作品，终于在 2005 年 9 月由作家出版社出版。在王立纯的所有长篇小说里，这部作品对他来说具有重要意义，也是他当之无愧的代表作。这部小说出版后，中央电视台、《文艺报》、中国作家网等媒体都予以报道，国内著名评论家几乎都参加了作品的研讨会。这部小说还入围第七届茅盾文学奖，获得黑龙江文学大奖一等奖、中华铁人文学奖等奖项，更被影视公司买断改编权，被点子公司买断文字传播权。

（苏大平）

王立纯

1950 年出生，黑龙江巴彦人，作家。其代表作有《月亮上的篝火》，另有长篇小说《庆典》《北方故事》，中篇小说《最后出演》《斜雨》《笑一笑，或者说"茄子"》等，短篇小说《重返绿草营》《雾季故事》等。

45. 中国科幻小说的里程碑
——刘慈欣《三体》

重庆出版社出版的该书封面

2019年春节期间,根据刘慈欣原著改编的科幻电影《流浪地球》一经上映就引发社会广泛关注。上映一个月票房已达46.5亿元并且仍在持续增长,而与票房保持同步增长的还有观众的口碑。《人民日报》对这部影片也给予高度肯定:"将中国独特的思想和价值观念融入对人类未来的畅想与探讨,拓展了人类憧憬美好未来的视野。"这部"中国首部真正意义上的科幻电影"俨然已形成一个现象级话题。

《流浪地球》小说发表于2000年,在其发表14年后,刘慈欣凭借一部长篇小说获得堪称科幻艺术界诺贝尔奖的星云奖;1年后,又凭借同一部作品拿下极具分量的雨果奖,成为第一位获得该奖项的亚洲作家。这部作品就是被称作"中国科幻里程碑"的《三体》,而刘慈欣也因此被称为"中国科幻小说第一人"。

《三体》如今已经成为中国科幻小说的代表作,同时它也是当下的顶级IP(知识产权)。根据小说改编的多媒体舞台剧近年来一直在全国各地演出,好评如潮,而同名改编电影也一直备受期待。虽然电影《三体》目前已经完成拍摄,但由于世界观过于庞大、情节复杂、场面恢宏等难题,导致后期工程量巨大,使得这部影片迟迟未能和

《三体》

长篇小说,分为三部,第一部于2006年5月起在《科幻世界》杂志上连载。

影迷们见面。而这样一部对现代电影技术产生巨大挑战的作品，其原著诞生背后的故事也十分有趣。

大学毕业后的刘慈欣来到偏远的山西娘子关火力发电厂，当上了一名计算机程序员。娘子关是一个四面环山的小镇，每天能看见的除了火力发电厂，就是运煤的大货车，根本没有什么游玩和消遣的地方。电厂的工作枯燥无聊，下了班晚上更是没事可做，厂里的员工就聚在一起打麻将、打扑克，刘慈欣也跟着一起消磨时间。不过他手气不太好，有一天夜里居然把一个月工资都输光了，这可让他心疼坏了。"我想我不能再这样了，必须干点事填满晚上的时间，就算不能挣钱，起码不赔，就想到写科幻小说。"这一写，他就写出了好几个获得国内、国际大奖的作品，写成了"中国科幻小说第一人"。

刘慈欣写作《三体》，从构思到完成花费了四五年时间，而且大部分时间都在构思，真正写作的时间很短。刘慈欣早在写《三体》第一部之前就已经将三部曲的故事架构都想好了。写作《三体》时，刘慈欣仍在娘子关发电厂工作，虽然写的是浩渺无边的宇宙中的故事，但他的写作过程十分接地气。刘慈欣没有完整的写作时间，白天要上班，只能选择在晚上写作，要是碰上加班，晚上还写不成。除了工作，他还要买菜做饭、接送女儿，每天考虑"工作、养家、生活"之类的琐事，在生活的2/3时间里，他看起来和周围的人没什么区别。再加上他向来是个低调的人，关于写作这件事，他所工作的娘子关发电厂根本没什么人知道。

2015年，《三体》获得雨果奖，那时正值微博全盛时期，一夜之间铺天盖地的新闻涌来，刘慈欣火了。然而对于突然到来的喜讯，刘慈欣却冷静得像一个旁观者，他甚至调侃："除了我之外，别人似乎都比我兴奋。"《三体》的获奖将大众对中国科幻小说的关注提升到一个新高度，同时也为衍生的文化作品——

科幻电影、多媒体舞台剧等提供了新的创作素材。

  对于中国科幻小说来说，《三体》更为重要的意义是对外文化输出。作为舶来品的科幻小说，在西方总是带有宗教背景，而移植到没有宗教背景的中国后，许多引人关注的道德问题都不得不被抛弃，这些文化差异导致中国科幻小说一直很难输出到西方。而《三体》却一举拿下星云奖和雨果奖这样重量级的奖项，还在国外获得了一大批粉丝。美国前总统奥巴马就是刘慈欣的书迷，当时因为迫不及待想看接下来的第二部，他曾让自己的秘书给刘慈欣发邮件，催促其尽快推出第二部。好莱坞大导演卡梅隆同样也是刘慈欣的书迷，他曾表示最希望看到的中国科幻电影就是《三体》。正如复旦大学教授严锋评价的那样："这个人单枪匹马，把中国的科幻文学提升到了世界级的水平。"

（周洪斌）

刘慈欣

  1963年出生，中国科普作家协会会员，山西省作家协会副主席，中国科幻小说代表作家之一。其代表作有长篇小说《超新星纪元》《球状闪电》《三体》三部曲等、中短篇小说《流浪地球》《乡村教师》《朝闻道》《全频带阻塞干扰》等。

  《三体》三部曲被普遍认为是中国科幻文学的里程碑之作，将中国科幻推上了世界的高度。2015年8月23日，刘慈欣凭借《三体》获第73届世界科幻大会颁发的雨果奖最佳长篇小说奖，为亚洲首次获奖。

46. 人生就是一场运转
——肖克凡《机器》

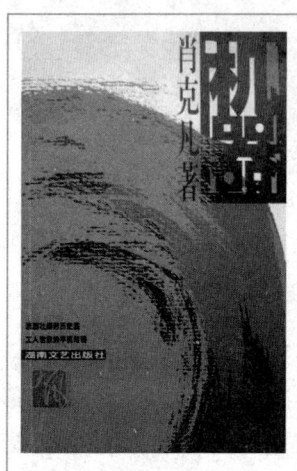

湖南文艺出版社出版的该书封面

《机器》

发表于《十月》2006年第6期的长篇小说。

2006

2008年，第七届茅盾文学奖入围作品——肖克凡创作的长篇小说《机器》，因其主要描述在机器上实现人生价值的工人群体，而引起广泛关注。对工人生活的描写是当前都市文学的重要组成部分，但工业题材文学创作较为复杂，因此相关的作品并不多，尤其是真正从工人文化视角来创作的少之又少，所以《机器》的出现，着实令中国文学界"眼前一亮"。

《机器》围绕一个典型的中国工人家庭两代人的工作与生活展开，时间跨度逾半个世纪，从抗日战争时期、新中国成立初期一直写到改革开放后，几乎是一部形象的中国工人阶级成长史。

小说从细微处入手，对工人生活的描写生动细致、入木三分：王金炳八次调换岗位，都能闭着眼睛在短时间内一丝不差地找到库房的各种材料、物品；他的妻子牟棉花作为纺织女工所创下的挡车每分钟接头纪录，随着织机更新换代与无接头工艺的产生，成为时代的绝响。这两位劳模的子女也不甘落后：小女儿王凤一心要当劳模，上班时间不喝水，不上厕所，为的是创造生产纪录；儿子王建设成了一个机器迷、技术迷和能拯救工友生命、能创作巨大价值的"蓝领王"。他们的义子王援朝、大女儿王莹的人生更发人深省：

王援朝立志建设新农村,抓住各种机遇,最后成了乡镇企业金水集团的董事长;从小操持家务的王莹成了"女强人",历经生活坎坷,她负责的国企破产后,开始第二次创业。他们似乎与父母一辈有着迥异的思维方式及目标,然而内心深处依然保持着工人阶级的理想主义信念。

《机器》不仅生动地塑造了20世纪的那些劳动模范——那个时代工人阶级的标准文化形象,让人肃然起敬、令人感动;它还探索及表现了工人阶级下一代的形象,并且做到了无论是老一代还是新一代,都有着不可动摇的精神追求和目标感。

小说紧扣时代的脉搏,让人物与新中国、与祖国经济建设一同成长,让他们出身于工人阶级,在大环境中拼尽全力地活得多姿多彩,展现了社会、生活的复杂性和人的多面性,也体现出中国产业工人成长壮大的历程,以及大工业对我国社会经济发展的历史性贡献。

对于这部小说的命名,肖克凡解释说:"我为这部小说取名《机器》,认为人生就是一场运转。有谁愿意停止呢?尽管停止也是一种生命状态,然而我们还是选择运转。"

作为一名"50后",生于天津的肖克凡,在1970年进到天津发电设备厂当了一名工人,恢复高考后,他把握住改变命运的机会,在1979年从天津大学机电分校机械专业毕业后,他在从事机械相关工作的同时,开始了文学创作。4年后他的作品陆续发表,著有小说《鼠年》《原址》《都是人间城郭》《最后一个工人》等。

作为一名技术娴熟、专业水平高的工人,肖克凡早期作品的题材以工业和工人生活为主,那是他熟悉和饱含热情的世界,也只有那些深入其中的经历,才能让他在《机器》中,不仅能从容对机器部件与性能、机器厂、纺织技术工艺等进行细致描写，同时还能给程序化机器和工业生产赋予鲜活的生命力。

作为一名从工厂里走出来的作家，肖克凡还在《机器》中深入探索新中国成立后中国产业工人的追求、奋斗与成长的心路历程，并对改革开放中相关问题做出独立的思考和判断，如农村经济的发展道路问题、国有企业的改革与国有资产的流失问题、经济体制改革和政治体制改革的关系问题等，都极具现实意义。

长篇小说《机器》获得中宣部第十届精神文明建设"五个一工程"奖、首届中国出版政府奖。文学评论家贺绍俊评价道："这样一种角度，这样全面地直接表现工人阶级成长历史的小说，至少在新时期文学以来，这还是第一部，因此它具有某种开创性的价值。"

（李琼）

肖克凡

生于天津，国家一级作家，编剧。现任天津市作家协会文学院院长。其代表作有《机器》《黑砂》《都是人间城郭》《最后一个工人》《鼠年》《尴尬英雄》等。

曾荣获中宣部第十届精神文明建设"五个一工程"奖、首届中国出版政府奖。

47. 以史鉴今，反腐倡廉
——王跃文《大清相国》

湖南文艺出版社出版的该书封面

2013年底，时任中央纪委书记的王岐山向广大干部特别推荐了一部小说。这一消息通过媒体发布后，这部小说在短时间内一度脱销。这是一部什么样的小说，为何会得到中央高层的瞩目呢？也许就是怀着这一疑问，人们纷纷加入购买的行列想一探究竟。于是，一个湖南作家的名字，在《国画》之后再次风靡全国。

这个作家就是王跃文。他和他的历史小说《大清相国》，由于这样的机缘被更多的人所熟知。其实，这并不是王岐山第一次提到这本书，早在2007年，王岐山从北京市市长调任中央时，就向同事郑重推荐过《大清相国》。

1984年大学毕业后的王跃文先后在溆浦县、怀化市、湖南省政府办公厅工作，主要是撰写各种材料，他只有在业余时间里进行文学创作。直到2001年，他才开始全职写作。

由于独特的人生经历，王跃文特别擅长描写官场题材的小说，他的文字始终渗透着深沉的忧患意识和凌厉的批判锋芒。他先后发表过《国画》《朝夕之间》《梅次故事》等多部描写当代官场的小说，引发了一股官场小说的流行热潮，他也因此获得"官场小说第一人"的称号。但是他突然推出一部与官场小说题材相近却属于历史小说范

《大清相国》

首次出版于2007年的长篇小说。

2007

畴的《大清相国》,这里面仔细说起来,还有一段小小的插曲。

当时,古装戏尤其是清宫剧在电视台热播。在相当长的一段时间里,人们都非常喜欢这一类型的电视剧。于是有一个投资方找到王跃文,请他撰写名为《大清相国》的剧本。这是以清代康熙年间的大臣陈廷敬为主角而演绎的一个古装剧。王跃文花费了很多的功夫才将剧本完成。不料剧本完成后,相关部门对古装戏的播放出台了一个新规定:古装戏在黄金时段被限制播出。这对投资方来说无疑是一个坏消息,对于王跃文来说同样如此——投资方最终决定将这个剧本搁置下来。

由于前期花费了大量的精力,积累了广泛的素材,就这样让它白白地搁置起来,对王跃文来说当然有点可惜。于是,他把这些材料重新组织起来,写成了一部历史小说。2007年,这部小说终于得以面世。也许每一部作品冥冥之中就有其"命运",《大清相国》后来被王岐山看到,并且得到他的欣赏和推荐。

2013年,《大清相国》风行天下,干部几乎人手一册,每个人都从中得到不同的从政认识。

《大清相国》主要描述了康熙朝大臣陈廷敬在特定的历史境遇中的经历。陈廷敬清廉而能干,但开始时仕途坎坷,备受打击。王跃文通过对陈廷敬仕途的起伏以及朝廷里明珠与索额图的党争描述,全方位勾画出康熙一朝波诡云谲的政治图景。最后明珠在相位上跌倒被罢职,索额图遭到牢狱之灾,而安于尊荣的徐学乾去官,高士奇更被斥退回了老家杭州。最后只有陈廷敬功成身退,皇帝甚至赞扬他宽大老成,几近完人!

小说语言通俗、情节紧凑,自然获得了大批的拥趸。除了艺术方面的原因外,这还要说说当时反腐倡廉的政治环境。

党的十八大以来,以习近平同志为核心的党中央把全面从严治党提升到前所未有的战略高度,反腐惩恶,整治群众身边的腐败问题,着力构建不敢腐、不能腐、不想腐的体制机制,使不敢腐的震慑作用得到发挥,不能腐、不想腐的效应开始显现,反腐败斗争压倒性态势已经形成。而在这个时候出现的官场小说,就具有很强的现实意义。《大清相国》从严格意义上来说,可归于官场小说,但是跟反映当代官场现状的官场小说又有很大的不同。它不仅仅是将题材定位在已成为历史的清代康熙朝,更在于它对于我们思考今天的社会和政治等困境,有着鲜明的借鉴意义。

"虽然描写的是一位我所敬重的古人,但也表达了我对当代现实生活的思考,生活不断往前走,我相信历史中有很多值得现代人借鉴的好东西。"王跃文谈到他的创作意图,如是说。

王跃文以他的丰富创作,无可争辩地再一次向全国展现了湖南文坛的实力,在"官场小说"这一块文学天地里,他无疑是雄踞顶层的作家。评论家孟繁华曾说:"王跃文因官场小说而成名,事实上,他的非官场小说写得更深刻,他对人性与政治的理解,对中国底层生活生动而真切的描述,都说明了他是今日中国最具感染力的作家之一。"

(苏大平)

王跃文

1962年出生,湖南溆浦人、当代作家。其主要作品包括长篇小说《国画》《梅次故事》《朝夕之间》《爱历元年》《西州月》《大清相国》《亡魂鸟》等,中篇小说《漫水》《无雪之冬》,以及散文随笔集《幽默的代价》等。

48. 西北大地的守护者
——季栋梁《上庄记》

北京十月文艺出版社出版的该书封面

《上庄记》

以中篇小说的形式首次发表于《山花》2011年第7期,后改为长篇小说,2014年由北京十月文艺出版社出版。

在夏日的西瓜地里做一个追逐者,在赤彤彤的山谷间做一个眺望者,这是苍茫的西北大地赋予作家季栋梁关于过往最有温度的记忆。在他眼里,那时的农村既有着此起彼伏的民歌民谣,又有着饱满的激情与热血。但不知从何时起,昔日他笔下所描绘的祥和乡村,被迎面而来的荒败景象所取代。随着传统乡村文明的崩塌,解决了温饱问题的人们开始在自己熟悉的一方水土里无所适从。这前所未有的困境,为人们带来了反思的能力,也为季栋梁的创作提供了新的生命力。

《上庄记》原是季栋梁笔下的一部中篇小说,着眼于乡村空巢下的教育问题。在第一次发表后,他在内容、主题两方面对《上庄记》进行了改写,洋洋洒洒近30万字的长篇小说,通过类似于社会调查的形式,以朴素的语言从整体上描写了中国偏远落后乡村社会的困境——教育问题、留守儿童问题、老年人问题……在小说中,季栋梁选取了"上庄"这一地点,从乡村教育、师资力量、学生求学等角度,以小见大地窥探了当下农村存在的问题。整部小说似乎充满了苦涩与悲壮的意味,但季栋梁在字里行间依旧隐含着希望,并透过述说传达着诗性的社会意识。

在创作《上庄记》的那些年里,季栋梁有一

大半时间在乡下。最初从事记者工作的他,通过多年的工作积累,逐渐锻炼出了深入农村、实地考察采访的技能。后来调入政府研究部门,每月下乡一两次更是成了家常便饭。基于熟悉工作和群众的目的,每次下乡免不了要花费一周的时间。再加上平时政府开展的驻村蹲点、"三同""五同"等活动,那乡间的日头一晒就是半年的时光。因为熟悉乡间地头里每一个角落,季栋梁写作起来极为顺利。笔下的每一处村舍似乎他都住过,刻画的每一个孩童好像都有原型,描绘的每一个问题仿佛都来自亲身体悟。

在《上庄记》中着墨最多的乡村孩童教育问题,便是季栋梁感悟最深的一点。农村家家户户几乎都有孩子,希望在下一代身上改变命运的乡亲们将孩子的教育问题摆在了最迫切的位置上。于是,季栋梁年复一年地为孩子们寻求更好的受教育机会,为孩子们咨询最合适的求学路径。他深知学习教育是一条可以让乡村孩子走出大山、走向大城市的大道,这条路既体面又充满力量,所以他尽可能地将自己能用的关系都发挥到极致。多年后,写《上庄记》的季栋梁把这样的日常琐事巧妙地投射到小说里,生动而又细腻地刻画出一位扶贫干部的形象。为了解决孩子的教育问题,这位扶贫干部动用省教育厅同学的关系,尽其所能地帮助两个孩子去省城读书。这样的日常琐事背后所牵动的生命气息、时代气息,贯穿了《上庄记》的始终,赋予了小说更强大的意蕴。

从20世纪80年代末开始,季栋梁便踏上了文学创作之路。在早期创作的《军马祭》《夏日原野上的追赶》《水窖》等回忆童年乡村的作品中,他缓缓讲述着自己对于那片土地的深刻爱意,一字一句都在世事的磨炼下显得愈加镇静温暖。几十年过去了,随着社会逐渐被焦虑、浮躁等关键词所取代,纯粹世外桃源般的写作也不得不转向现实,季栋梁的《上庄记》《挣扎》《吼夜》等作品也相继问世。其中最具代表性的《上庄记》作为现代农村世界的全景式写照,以平民化的视角阐述着中国梦的时代主题，在清醒地讲述社会故事的同时，引发人们对于自我和社会的反思，激励着人们为社会的均衡发展与整体繁荣而奋斗。

在季栋梁的笔下，"上庄"其实是一个缩影，不仅仅代表了昔日自己奔跑过、抚摸过的村庄，更暗示着中国传统村落在新时代发展潮流的冲击下、在城乡一体化的号召中走向衰落、萧条甚至面临消亡的现象。越来越多的作家开始将视线投注于农村的现状及未来发展，季栋梁便是其中一位，他在乡野中寻找那些极易被忽略的美好情怀，默默以文字的形式守护着自己深爱的西北大地。

（徐宇怡）

季栋梁

1963年出生，宁夏银川人，作家。著有长篇小说《上庄记》《奔命》《苍声》《胭脂巷》，中篇小说《觉得有人推了我一把》《良民李木》，散文集《和木头说话》《人口手》等。

小说《上庄记》被评为"2014年度中国好书"，获《小说选刊》奖、《北京文学》奖。散文集《和木头说话》入围2004年鲁迅文学奖。

49. 背负土地行走的人
——李佩甫《生命册》

作家出版社出版的该书封面

《生命册》

发表在《人民文学》2012年第1、2期的长篇小说。

2012

1953年，李佩甫出生在豫中平原上一个普通工人家庭。成长在这个三代不识字、唯一书籍就是半本皇历的家中，童年的李佩甫时常用一块糖或橡皮跟同学换书看，从字里行间感悟着生活的"沙盘"。而生长在这片风情迥异于黄土高坡的广袤平原上，他经历着也观察着这片土地上人的瞬息变幻。后来平原上的一草一木、民风情愫、悲欢离合与他独特的生命体验一起熔铸成了他作品中的驳杂底色。

李佩甫的长篇小说《生命册》作为"平原三部曲"的巅峰之作，不仅是他几十年来思想与艺术的苦修突破，也是见证中国当代社会转型的现实主义作品。《生命册》以20世纪七八十年代的中国为背景起点，在"文革"、恢复高考、十一届三中全会召开、改革开放的时代巨变中，描绘了近半个世纪以来城乡互动下的中国故事，展现出人们的精神裂变，从现实的隐忧中洞悉人的心灵危机，勾勒出平凡乡土生命的厚度与韧性。

正如小说中所写："在时光中，一个称呼就是一个人的生命状态。当一个人的生命状态发生变化时，对他的称呼也随之而发生变化。"在改革开放的大背景下，吃百家饭长大的农裔后人吴志鹏作为"背负着土地行走"的一代，从乡村来到城市,由一名大学老师到北漂枪手、股市操盘手、上市公司负责人,曾经乡民口中的"丢儿"变成如今商场上的"吴总"。他和极具商业才能的"骆驼"抓住机遇,成了时代的弄潮儿。但身份地位的变化和物质的提升却羁绊了精神的自由,"骆驼"为了更大的经济利益,开始不择手段地操纵裙带关系。吴志鹏则在生活的富足中感受到了精神的空虚,也在欲望的吞噬中逐渐迷失。在这个声色犬马的社会里,精神道德失位后,心灵如何才能得以回归呢?

这要回溯到李佩甫创作《生命册》之初,他花费了好些年去研究土壤与植物的关系,观察植物离开土壤会如何生活。《生命册》这个名字就像是平原上的土壤,李佩甫以写植物的方式写人,塑造了手艺人"春才"、惯偷"虫嫂"等一系列典型人物形象,一起构成了平原上的人物群像图。主人公吴志鹏则像一株种植在平原土壤中又被移植到城市混凝土里的植物,现实的巨变让他心灵流离,使之切断了自身与大地的联系,而最终精神还乡的归路也许就在那片他背负着的、曾滋养他又让他想逃离的淳朴平原上。

始终确信从人的性格和命运中可以洞见社会意识深层结构的李佩甫,在吴志鹏异化的人生轨迹中,种植了一粒在物欲社会中渴望引起精神救赎的种子,并显现出平原上人民深重的苦难意识,一种可以被践踏却生生不息的"败中求活,小中求活"的精神。《生命册》也因此荣获第九届茅盾文学奖。诚如茅盾文学奖的评委陈晓明所说,"《生命册》书写乡村生命在现代社会的困窘与脆裂,厚实的生活根基、浓郁的乡土气息、语言的硬实,使得这部作品具有不可低估的分量"。

这部跨度长达50年的个人心灵自省书,不仅凝聚了李佩甫大半生的人生储备,他光是创作就花了整整4年。很多个夜晚,李佩甫都像狼一样穿梭徘徊在街头巷尾,寻找那种"人人心中有,个个笔下无"的素材主题。其中,仅小说的开头一句"我是一粒种子",李佩甫就花了一年的时间来寻找灵感。在那一年里,他尝试过各种方式开篇,但总觉得少了点什么。为了寻找到恰当的表达,找到"指甲里想开花"那种痛并快乐着的感觉,李佩甫索性回到老家的村庄,在那里兜兜转转。直到一天早上九点,他绕着村子转了一圈,蓦然发现在近3000人的村子里,除了一条狗,竟然一个人都没有碰上。现实与记忆中的农村形成的强烈对比,让他的情思在喷涌中付诸笔端。

从一花一草的开合,书写至平原大地芸芸众生的生存状况、精神生态,吞吐着华夏民族5000年的历史沧桑,《生命册》这部蕴藏着生命真谛,又带有些许苦味的心灵史,在改革开放的新起点上,正如一杯香茗,由浓转淡,苦意回甘,将拥有更广厚的人生容量和更深邃的生命意蕴。

(刘艳亭)

李佩甫

1953年出生,河南许昌人,作家。现任河南省文联副主席、中国作家协会全国委员会委员、河南省作家协会副主席。其代表作有《李氏家族》《金屋》《城市白皮书》《羊的门》《城的灯》等。

2015年,《生命册》获第九届茅盾文学奖。

50. 大时代，小故事
——金宇澄《繁花》

上海文艺出版社出版的该书封面

《繁花》
长篇小说，刊载于2012年《收获》长篇专号（秋冬卷）。

2011年5月10日中午，金宇澄在一个上海方言网站"弄堂网"上敲下一行字："独上阁楼，最好是在夜里"。他没有想到，这句独具上海风味的文字，成了他日后创作的小说《繁花》的引子。

金宇澄依着这句话，开始用方言写作上海人在两个不同时代的生活，小说最初名为《上海阿宝》，以沪生、阿宝、小毛3个上海青年的行动为主线，将上海市民生活交替呈现，既讲述了3位青年的上海生活记忆，也呈现了那个时代上海市民流水席般的浮华生活。《繁花》是20世纪60年代至90年代上海这座城市的发展写照，既是一部上海市民的心灵史，也是上海的成长史。

在小说连载过程中，金宇澄不时收到网友的跟帖反馈，其中既有对小说内容提出质疑的，也有给小说的写作提供素材的，更有催稿的，这种即时的反馈给予金宇澄一种动力和刺激，给他的写作带来很大裨益。

临近小说尾声阶段，金宇澄凭借一个文学编辑的直觉，意识到这篇无意识写作出来的帖子可能是一篇长篇小说的规模，于是他把这篇文章做了整体修改，准备投稿给《收获》杂志，接下来的故事就为大家所熟知了。2012年，《繁花》在《收获》的发表引起文坛轰动，2013年获得第一届鲁迅文化奖年度小说奖，后来更获得第九届茅盾文学奖，这也是网络小说首次获得如此大的殊荣。随着《繁花》的获奖，文学爱好者、研究者也将目光投向了金宇澄本人、这位文学的"沉潜者"。

金宇澄1952年出生在上海长乐路的一条里弄里，小时候性格比较孤僻。中学辍学后，金宇澄待在家中，家中恰好有一套许广平编的《鲁迅全集》，这成了他的精神滋养之一。1969年，金宇澄远赴黑龙江插队，他第一次距离上海这座城市如此之遥远，直到1977年，他才返回上海。当金宇澄回忆起那段人生经历时，他认为这让他更加理解上海这座城市，相较于那些一辈子都待在上海的人来说，那段经历让他有机会保持一定距离去看待上海和上海人，这也成为他日后创作的一个契机。

从黑龙江回到上海，金宇澄经历了一段迷茫期，但就像《繁花》的扉页上题的那句话："上帝不响，像一切全由我定"。1985年，金宇澄将自己第一次写作的小说《失去的河流》投稿给《萌芽》，发表后又被《新华文摘》转载。因为这篇小说，金宇澄参加了上海作家协会的"第一届青年创作班"，在培训过程中，他写出了小说《风中鸟》，发表在《上海文学》上，还获得了"上海文学奖"。1988年，金宇澄被调到《上海文学》当编辑。在当编辑期间，他陆续写过一些东西，但由于职业习惯，金宇澄对于自己的作品很挑剔，这也是他这么多年没有大量作品产出的原因，直到2011年，金宇澄才在网络上开始创作《繁花》。

对于《繁花》的写作，金宇澄强调创作过程是无意识的，最初只是一个普通人想要叙述和表达的心态。所以在《繁花》中，呈现的都是金宇澄熟悉的事情，沪生、阿宝是现实中好几个人糅合在一起产生的；而小毛是确有其人，他是金宇澄的好友；书中八九十年代的饭局也有许多是金宇澄的亲身经历，而这些经历背后都指向一座伟大的城市——上海。唯有上海，才能同时产生和包蕴如此之多的人生传奇，就像《繁花》的书名一样，一时之间，繁花争竞，竟不知该先采撷哪一朵。

《繁花》这部小说不仅是金宇澄丰富人生经历的再现，它的体例也很特别，金宇澄采用了中国传统的话本体进行写作。但有趣的是，金宇澄的这种传统话本体的创作，是在网络上完成的，而网络即时反馈、即时修改的机制也与话本的讲述者——说书人的创作过程毫无二致："'宁繁毋略，宁下毋高'，取悦我的读者——旧时代每一位说书先生，都极为注意听众反应，先生在台上说，发现有人打呵欠、心不在焉，回到船舱，或小客栈他就会连夜要改。"而金宇澄也坦言，"我的初衷，是做一个位置极低的说书人"，而这种回归传统的愿望正通过现代科技而得以实现。

繁花终归摇落，人生传奇也会有结尾，但城市永远有新故事，说书人的讲述也会一次次使繁花竞相绽放。

（江萍）

金宇澄

原名金舒舒，1952年出生，上海人，作家。现为《上海文学》常务副主编。其代表作有长篇小说《繁花》，中短篇小说集《迷夜》，随笔集《洗牌年代》等。

2013年12月，《繁花》获首届鲁迅文化奖年度小说奖。2015年8月，《繁花》获茅盾文学奖。

51. 风景这边独好
——王蒙《这边风景》

花城出版社出版的该书封面

2015年8月16日,第九届茅盾文学奖揭晓。81岁的王蒙获奖,获奖作品为《这边风景》。王蒙作为我国前文化部部长,从事文学创作60多年,这是他第一次获得茅盾文学奖。

《这边风景》是王蒙2013年出版的一部长篇小说。小说以新疆农村为背景,从公社粮食盗窃案入笔,用层层剥开的悬念和西域独特的风土人情,为读者展示了一幅现代西域生活的全景图,同时也反映了汉、维两族在特殊历史背景下的真实生活,以及两族人民的相互理解与关爱。

《这边风景》并非王蒙晚年的新作,而是一部在历史中尘封了整整40年的旧作。1973年,39岁的王蒙开始创作这部小说,1978年8月7日完成定稿。随着"文革"的结束,小说中的"文革"政治印记让作品失去了出版的机会,从此被束之高阁,这对于作家来说意味着前功尽弃。2012年3月21日,王蒙的儿子和儿媳意外地发现了多年不见的《这边风景》的手稿。两天后,当年鼓励和支持王蒙写作这部长篇小说的妻子去世。重读旧作,王蒙不禁悲从中来。儿子和儿媳阅读了父亲的手稿之后,非常欣赏,于是鼓励他将旧稿修订出来拿去出版。这一年4月王蒙开始投入旧稿的修订,修订的原则是在总体上保持当年的风貌,

《这边风景》

长篇小说,2013年由花城出版社首次出版。

2013

只在每一章的正文后加入意在评说的"小说人语"。"小说人语"是一种古老章回体式的推陈出新,在寥寥数语间,既体现了作者今日的视野,又将几近淡隐了的当年时空自然衔接起来,更加凸显了陌生化效果,给小说注入了别样的韵味。

这部创作于20世纪70年代的作品在21世纪出版时,不仅得到研究者的重视,也受到年轻一代读者的青睐。2013年被评为年度好书,2014年获得精神文明建设"五个一工程"奖,2015年获得茅盾文学奖。在北京召开的2015年茅盾文学奖获奖作品研讨会上,有文学评论家肯定了王蒙在这部作品中所表现出来的现实主义的文学勇气,也有文学评论家认为这部作品在中国当代文学史上填补了20世纪60年代文学作品的空白。

1963年12月,王蒙带着老婆孩子去了新疆,先是在乌鲁木齐,后来搬到伊犁农村,在新疆工作生活了16年。在伊犁巴彦岱乡劳动锻炼的7年里,王蒙住在农民家里,"同吃同住同劳作",学会了维吾尔语和舞蹈。新疆的生活对王蒙的写作产生了深远的影响。"文革"结束后,王蒙复出,写了一批以新疆为背景的小说,从而迎来了他文学创作的第二个高峰。王蒙把新疆当作自己的第二故乡,把在新疆的16年当成自己人生的中间部分。没有新疆的这16年,也不会有后来的作家王蒙。

王蒙喜爱新疆各民族的文化,小说《这边风景》对伊犁的自然风情、物产、气候、风俗都极为欣赏,对维吾尔族人民幽默、机智、豁达、浪漫的性格极为喜欢,总体上生动地表达了维吾尔族人民原生态的生存方式、思维理念、宗教文明,以及积淀在其民族性格中的精神原色。王蒙在"小说人语"中感叹道,谁能不爱伊犁,谁能不爱伊犁河边的春夏秋冬,谁能不爱伊犁的鸟鸣和万种生命。所以,《这边风景》也可看作是一支人民的赞歌。

从创作方法的角度看，坚持现实主义精神是《这边风景》穿越时空而葆有新鲜感的一个原因。王蒙忠于生活，崇拜生活，热爱大地和大自然，陶醉于少数民族的风情，有作为人民之子的一面。他热衷表现生活的鲜活与灵动，当政治性与人民性冲突的时候，他选择了人民性。

《这边风景》这部围绕当时现实政治进行构思的作品，无论是小说主人公还是其他人物所遭逢的人生变故，在共和国的历史上都有据可查。小说中所表现的汉族和维吾尔族同胞之间的团结正是王蒙真实生活的再现，小说保留了当年活泼的真实生活写照，同时也间有很多政治化的描写，好在这些描写并未充斥全篇，否则也就失去了重新出版的意义。

《这边风景》死而后生的命运让人们相信文学的魅力——"文学即人学"。"踏遍青山人未老，风景这边独好。"每个人的一生，都要经历不同的风景，对王蒙而言，40多年前被"下放"新疆伊犁的经历，确实是他记忆里一份别样的风景。

（朱思衡）

王蒙

1934年生于北京，曾任中华人民共和国文化部部长。著有长篇小说《青春万岁》《活动变人形》《这边风景》《恋爱的季节》《狂欢的季节》《失态的季节》《青狐》等近百部小说。

曾荣获1978年和1979年全国优秀短篇小说奖、1986年人民文学奖等多个奖项。2015年8月16日，王蒙首次获得茅盾文学奖，获奖作品是《这边风景》。

52. 天山水，援疆情
——吴玉辉《援疆干部》

新疆人民出版社出版的该书封面

《援疆干部》

长篇小说，2013年由新疆人民出版社首次出版。

　　静谧清冷的天池、苍劲浓翠的峡谷、碧波万顷的草原、星星点点的毡房……广袤新疆的每一帧风景都是人们心驰神往之地。新中国成立后，中央政府及部分省市对新疆的援助从未间断。1996年，为了促进新疆发展、维护新疆稳定，中央做出开展援疆工作的重大战略决策。在政策指导下，各地的援疆干部陆续抵达新疆，对于他们而言，这是一项神圣而伟大的工作。特殊的环境和内涵，更是赋予了这群浩浩荡荡的援疆干部以特殊的意义。

　　风尘仆仆的援疆干部到达新疆后，面对的是技术落后、资金不足、劳动力匮乏，甚至土地贫瘠等诸多不利的状况。他们不能像观光客那般，第一时间沉浸在新疆的独特风光中。他们带着无言的使命和激情，刚放下行囊便扎进当地群众中。这群援疆干部穿梭在陌生的草场毡房之间，化身为智囊团，因地制宜地选择多种多样的方式帮助贫困地区，解决群众的日常需要问题。他们还跋涉在沙丘大漠之中，带着医生们到各个牧区为群众看病，为缺电的牧区送去太阳能照明灯。

　　对于新疆而言，这个陌生的群体不是由一位位专家、领导组成的，而是由不同血缘的家人朋友所构建的。在这片先人用生命守护过的疆土上，援疆干部这个群体以对待家人的方式，用自己的汗水、心血甚至生命凝聚了这片异域人民的心。千千万万的援疆干部一起为新疆带去了希望，并在几年的时间内与新疆结下了不解之缘。

吴玉辉也是援疆干部中的一员。2002年夏天，他作为福建省第二批援疆干部领队，来到天山北坡的昌吉回族自治州任州委副书记，在新疆这方热土上工作、生活了三年。他在当地工作时，还先后资助帮扶了6个少数民族贫困学生。

结束援疆工作回到福建后，吴玉辉对自己的那段过往仍然心心念念，于是他决心将对新疆的情感和记忆用文学记载下来。由于白天要工作，他只能利用晚上和节假日来写作。他常常从暮色将至写到次日清晨。一年多过去，《援疆干部》这部25万字的小说终于诞生了。吴玉辉在《援疆干部》的后记里说，新疆天山北坡是他魂牵梦绕的心灵故乡，如今，他用一本20多万字精心创作的作品，对自己的"心灵故乡"进行了倾情的书写。他把创作这部长篇小说，作为自己援疆工作的一种延续。

说起新疆，小说中自然少不了描绘天山天池、索尔巴斯陶、江布拉克等独特壮美的新疆风光。热情浓郁的民族风情和颇具魅力的历史文化，为没有亲自到过新疆的读者全方面地展示了新疆的与众不同。但除了绘景，吴玉辉更是以大量笔墨塑造了李怀河、田力、刘山东等一群援疆干部形象，每一个角色身上都有着他战友的影子。以中央对口支援新疆工作为切入点，吴玉辉将种植菌草、帮助贫困母亲做手术等亲历事件写进小说里，描绘出一系列生动感人的故事。在波澜壮阔的援疆工作背后，反映的是援疆干部这一特殊群体身上所蕴藏着的宝贵时代精神和人性光辉，展现的是祖国边疆的大美，超越民族的大爱，心手相连的情怀。

2013年，《援疆干部》由新疆人民出版社出版，并相继用汉、维吾尔、哈萨克三种文字发行。后来,吴玉辉还将自己的 6.6 万元稿酬悉数捐给昌吉州的 6 位少数民族贫困大学生,帮助他们圆了大学梦。

《援疆干部》是由援疆工作亲历者饱含深情创作的援疆故事,也是献给援疆工作者的一曲颂歌。小说中的每一个故事、每一个细节,都源于生活实践,都出自吴玉辉及其战友在新疆大地留下的坚实脚印。援疆干部对于新疆而言,既不是一位简单的旅游者,也不是土生土长的新疆人,但他们却对新疆的发展起着举足轻重的作用。遥远的距离和巨大的反差带来了情感上的深入,促使着援疆干部们不自觉地对新疆这一片土地付出更独特的理解和热爱。

援疆干部与新疆的故事,也一直在延续着。

(徐宁怡)

吴玉辉

  福建东山人。著有长篇小说《守护》《援疆干部》《平安扣》,长篇报告文学《谷文昌》等。

  小说《援疆干部》两次荣获中宣部精神文明建设"五个一工程"奖。

53. 强国之梦，强军之焰
——苗长水《梦焰》

安徽文艺出版社出版的该书封面

最近几年频频涌现出的军旅题材电视剧，让平常老百姓更为深入地了解到军旅生活的酸甜苦辣。而关于现实军事题材的长篇小说《梦焰》一经出版，也受到社会各界的广泛关注。这部38万字的作品不仅细腻地刻画出老一辈战士们的足智多谋和英勇无畏，还描绘了90后新生军人力量的奋斗、成长和崛起，完整展现了中国军人们的炽热爱国情怀和崇高使命意识。

《梦焰》的作者苗长水有着40多年的军旅经历，对军队生活了解得十分透彻和详尽。在那数不清的日日夜夜里，苗长水几乎都是和军队的战士们生活在一块。在他心中，部队俨然已成了自己的第二个家。苗长水和战士们不分你我，同吃同穿同住。正是因为长年累月的一起生活作战，让其十分熟悉部队生活。同时在这个过程中，苗长水注意到我国军队建设的快速发展和显著进步，因而带着满腔的激情和喜悦写下了《梦焰》这样一个故事。

小说以陆军07集团军综合旅目标作战一营一连为切入点，真实地再现了战士们身上所传达出来的自豪与自信，面对问题时表现出来的英勇和机智。另外也通过刻画女卫生兵赵文如月、退伍老兵徐增加等人物，描写了相关军人的家属、优

《梦焰》

长篇小说，2014年由安徽文艺出版社首次出版。

2014

秀企业家，从而刻画出军旅生活与这一类人的休戚相关，紧紧相连。小说中塑造了大量的军人形象，这也正是我国当代军人的群像。像是极具特色的90后班副马超，即便自身的职务并不高，但心中却藏着"不想当将军的士兵不是好士兵"的小目标。他对自己的部队怀有炽烈而又浓厚的感情，关心爱护自己的战友，勤奋好学却也颇有几分"犟骨头"，时常会对单一的军旅生活感到压抑和苦闷，但任劳任怨的却总是他，青年人最真实的性情都显现在这个普通的小兵身上。作为正逐渐成长起来的"90后"年轻战士，他们性格上的优缺点常常交织在一起。小说并没有避讳人物的不足，反而真实记录，让人接触到更为鲜活的人物角色。在小说之中，让我们感受到的是真正有血有肉的新生力量，并期待着新生代力量的逐步成长。

在《梦焰》当中，不管是稳重老练的干部，还是散发着青春气息的新生代战士，他们其实都有着一个共同的特征，那便是当代军人的精神——无处不在的强军梦和紧密联系在一起的强国梦。部队里的所有成员，都在朝着同一个目标努力奋进，那就是要加快实现部队的现代化目标。强大的国防，是强国建设的重要一步。《梦焰》中有这样一个情节：退伍老兵徐增加在经商成功后，他做的第一件事便是从国外买回了一艘旧的航母，从而让我们的国家有了属于自己的第一艘航空母舰。徐增加所说的那一句"没有强大的国家，我们一无是处"久久萦绕在每一个军人的脑海中。

在小说中，我们可以听到战士们发自肺腑的言语，感受到军人们身上所展现出来的铮铮铁骨，看到国防建设的日益进步。军队中的每一位战士，他们的昂扬向上，他们的勇敢刚毅，都值得我们敬佩和称赞。而小说中的人物也仅仅是我国军人的小小一部分，在中华大地的每一个角落，都有这么一群可爱的人儿，他们牺牲"小家"，成就"大家"。他们肩负着强烈的责任感和使命感，背负着国家和人民美好的期许,在各自的岗位上发着光、发着热,竭尽自己的力量为强军梦、强国梦而努力着、奋斗着。正是这梦焰的力量,支撑着我们的军队、我们的国家长久而稳定地向前发展。

《梦焰》以文学的方式表现着我们现实社会最关心的重大问题,把我国当代军人的精神正能量和为实现伟大梦想不断前进的样貌,活灵活现地呈现在人们眼前,这既令我们惊喜于我国当代军队建设的卓越成绩,又激励着每个人奋起直追,不断向前。我们期待强军之火焰永远熊熊燃烧,强国之梦早日实现。

(刘婕宇)

苗长水

1953年出生,山东沂南人,作家,现任山东省作家协会副主席。其代表作有《梦焰》《冬天与夏天的区别》《染坊之子》《犁越芳冢》《战后纪事》《非凡的大姨》等。

曾获1987年和1988年全国优秀中篇小说奖、1992年度庄重文文学奖、第三届冯牧文学奖等多个奖项。

54. 小人物身上也有巍峨
——迟子建《群山之巅》

人民文学出版社出版的该书封面

《群山之巅》
长篇小说，2015年由人民文学出版社首次出版。

2001年，作家迟子建来到中俄边境的一个小村庄。在这里，她遇见了一位老人。这位老人生活现状非常窘迫，每个月只能领100多元的补助，连饭都不够吃。他一生际遇坎坷，据说曾参加过四平战役。他在战争中负伤，断了三根肋骨，丢了半叶肺，至今肺部还有两块弹片没有取出来。但就是这样一个有过出生入死经历的战士，在"文革"时期，却遭受到了批斗，被污蔑为"逃兵"，而原因仅仅是他没有在战争中牺牲成为烈士。老人近乎无助地挣扎在偏远的北国，苦苦过活。老人的经历和形象深深地打动了迟子建的心，她非常同情他。也就是这一次偶然相遇，使她觉得有一颗种子已经落在了心里。

有时候，那些似乎并不相干的事情，却会使迟子建获得一种启示，领悟到一种文学可以挖掘和表达出来的精神。就在遇见那个老兵后不久，又一个偶然的机会，迟子建听到了某驻军部队一位年轻战士的故事。当这两个小人物的故事有了某种联系后，她忽然发觉自己心里的那颗种子被触动了，好像获得了可以萌发的温度和湿度：它开始生长了。

迟子建作为一个生长在北国的女作家，北国的高山平原、乡村雪野一直是她的"创作基地"。

这一次，她同样将一个虚构的叫作龙盏的山中小镇放在了熟悉的北国。

但是这项写作任务之艰巨，远远超出了她的想象和预料。她的进展可以用"缓慢"二字来形容。这还不是最重要的，她因为过于沉湎在艰苦的创作中，身体出现了状况，其间两度因剧烈眩晕而中断写作。

那些生活在社会底层的小人物，那些艰难地寻求着各自生活道路的小人物，他们的命运梦魇一般折磨着迟子建，就像一块石头压在她的胸口，她要把他们的故事呈现出来，同时把他们生活的这个世界也展现出来——这个叫龙盏的地方，处在北国雪域边疆，三个家族各种人物各自演绎着他们的悲欢离合。所有人物的故事如同屏风，可以单独观赏，也可以逐一展开，形成一组浑然天成的整体景观。

这部名叫《群山之巅》的长篇小说没有一个绝对的主人公，故事以辛欣来弑母并强奸侏儒安雪儿开始，然后围绕对辛欣来的追捕、他造成的社会影响、他的身世展开。各色各样人物陆续登场亮相，环环相扣。

在小说里，辛开溜、安雪儿、单四嫂等一个个小人物，他们面对生活中的不幸遭遇和艰难困苦，顽强地与命运搏斗，不服输，不放弃，以坚韧不屈的精神默默地生存下去，维护着人性的尊严和对未来的期望。那个老兵辛开溜一生经历坎坷，他打小就被卖到东北一个富贵人家当马童，后来参加抗联队伍，被日本人抓劳工，一直处在社会底层，虽然娶了日本女人秋山爱子，但她最后也跑掉了。他一生可以说是充满了不幸，但总是能乐观顽强地面对生活。安雪儿遭遇辛欣来强暴，本来被人视为"仙人"的她一下子就堕入了生活丑恶无情的旋涡。她被人视为"冤鬼"，独自含辛茹苦抚养儿子毛边。虽然饱受生活的摧残，但是她依然将沉重的生活负担坚韧地扛起，坚守着自己的人生责任。单四嫂也同样是历尽苦难，勇敢坚毅地为生活而全力奋斗的底层小人物。这些在现实生活里往往会被忽视的人物,他们的生活经历、小草般坚忍顽强的生存力量、对美好未来生活的强烈追求,是迟子建所着重刻画的。迟子建希望将我们这个不断发展前进的社会里平民老百姓的精神高度展示出来,通过历史与现实的交错,凸显出当代社会如何在现实种种艰难之中不断前进,民族精神如何得到传承和弘扬、发展。

迟子建在接受《环球时报》访谈说到书名的由来时,她强调了她所书写的那些"小人物",因为拂去他们身上的污点,我们更多的是发现,"小人物身上也有巍峨"。这其实就是当代社会小人物的"巍峨"群像,一个时代的"巍峨"雕塑。

这篇小说赢得了普遍的赞誉。2016年1月18日,《群山之巅》荣获《当代》长篇小说论坛"2015年度最佳长篇小说奖。

(苏大平)

迟子建

女,1964年出生,黑龙江漠河人,作家。中国作家协会第六、七届全委会委员,中国作家协会第九届主席团成员,现担任黑龙江作家协会主席。其代表作有长篇小说《树下》《沉钟响彻黄昏》《伪满洲国》《越过云层的晴朗》《额尔古纳河右岸》《群山之巅》等,小说集《北极村童话》《白雪的墓园》《清水洗尘》《雾月牛栏》《迟子建作品精华》等。

曾三次获得鲁迅文学奖,一次获得冰心散文奖,一次获得庄重文文学奖,一次获得茅盾文学奖。

55. 致敬高原上的筑路兵
——党益民《雪祭》

长江文艺出版社出版的该书封面

《雪祭》

长篇小说，2016年由长江文艺出版社首次出版。

2016

"每走一次西藏，我的灵魂就会得到一次透彻的洗涤和净化。"军旅作家党益民发出了这般感慨。他曾36次穿越西藏，用38天的时间走完了新藏线、川藏线全程，前后40多次登上青藏高原，并在那里生活、工作了30多个春秋。这些难忘的经历让党益民对这片土地爱得深沉、爱得热烈，或许是因为这方土地无与伦比的景色让人心中不自觉地产生某种景仰之情，但更多的原因在于那些长年扎根于此、在艰苦条件下依然奋斗不止的战士。

正因为藏区战士们带给党益民的感动太多，由此促使他写下了《一路格桑花》《用胸膛行走西藏》等诸多作品，通过这些文字来抒发自己心中对西藏、对战士们难以掩藏的感情。而在党益民离开这片他曾跋涉多次的土地之后，过往的经历仍旧在他心头萦绕，久久挥之不去。于是在痛感和温情的力量交织下，党益民写下了《雪祭》这部获得第十四届精神文明建设"五个一工程"奖的长篇小说。

这部酝酿20年之久的小说，主要讲述了一个连队的士兵们在条件十分恶劣的高原上修筑道路的艰辛过程。在这个过程中战士们无所畏惧，充分运用自己的智慧和能力，在极寒之地开辟出了一条崭新的平坦大道。小说采用回忆的方式,在娓娓道来的过程之中将20世纪里军人们坚定不移维护西藏和平、平定西藏叛乱、建设西藏的英勇事迹展现在人们眼前。随着故事情节的层层深入,也为大家展示了西藏地区自解放以来所经历的巨大变革和发展,热情称赞了两代西藏战士们的英勇之举和自我奉献精神。

著名评论家汪守德曾这样评价道:"《雪祭》首先是宗教般的境界和生命的书写。党益民在写这本书的时候,有宗教般的虔诚,是对官兵几十年融入之中的情感。作者是在用生命书写,使得这部作品具有独特的氛围。"确实,在小说的字里行间我们都能感受到党益民所流露出来的真情和感动。在他的笔下,让我们真实地了解到战士们的生活:远离自己的家乡,来到这边陲之地,克服身体和心灵上的种种困难,甚至是为此献出自己宝贵的生命。所有的努力,都是为了一个共同的目标——开辟新的大路,建设美丽新西藏。在党益民笔下,我们看到每一个战士身形伟岸如那高耸的雪原,灵魂如那纯净的蓝天。

在共和国70年的光辉历程中,边防战士们从未缺席。在西藏,一直存在那样一群默默无闻的最可爱的人。当年的十八军入藏,如今依然让人难以忘怀。他们一边跨越巍峨雪山,一边开拓新路,一条川藏线全长2000多公里,不知有多少士兵和藏汉民工在此长眠。就这样一天一天,一步一步,十八军用自己的血肉之躯筑起了一条通往拉萨的公路。在这被称为"生命禁区"的高寒之地,筑路兵们恪守自己的本职,用无言的行动践行着自己守护祖国、建设西藏的誓言。

党益民曾说:"西藏的每一条路我都走过,有些路走过许多次,但每一次都能有新发现、新感悟;有些路只走过一次,那也会令我刻骨铭心、终生难忘。"正是在这一条条路上,让他与平凡质朴的筑路兵们一次次相逢相识,他们身上的感人故事也成为他创作的灵感来源。党益民用文字传达着自己对边防战士们的敬佩和称赞,用自己的行走实现某种意义上的对战士们高尚灵魂的朝圣。

  如今,已是西藏和平解放68周年。祖国日渐繁荣昌盛,西藏建设也从未停歇。所有的这些,我们都不能忘了隐藏在背后的这些高原战士们。他们默默无闻地守在边防之地,为了国家,为了稳定,为了人民,为了职责。党益民的《雪祭》是在习近平总书记《在文艺工作座谈会上的讲话》精神指引下创作的一部撼动人心的军旅文学作品,它让人们知道:我们没有忘记,祖国更没有忘记那些奋斗在高原上的筑路兵。

(刘婕宇)

党益民

  1963年出生,陕西富平人,军旅作家,中国报告文学学会理事。其代表作有《喧嚣荒塬》《一路格桑花》《石羊里的西夏》《用胸膛行走西藏》《守望天山》等。

  曾荣获中国作家"大红鹰"文学奖、第三届、第四届徐迟文学奖、第四届鲁迅文学奖等多个奖项。

56. 以笔为剑,直指腐败
——周梅森《人民的名义》

北京十月文艺出版社出版的该书封面

《人民的名义》

长篇小说,2017年由北京十月文艺出版社首次出版。

2017

2017年4月,微博上一组达康书记的表情包火了,网友各显神通,将达康书记的图片配上各种文字,如"没有四季,人民满意就是旺季"等。达康书记是何许人也?原来这个人物形象出自当年的热播剧——《人民的名义》,反腐题材加上当代热点事件,辅以互联网的传播,这部主旋律作品很快赢得了同时段电视剧市场的最高收视率。随着热度的持续发酵,这部电视剧对于普通老百姓的现实生活也产生了影响,如电视剧中反映的"信访办窗口"事件,在电视剧播出后不久,各地政府纷纷发文表示,自己管辖的区域内没有这样的情况出现。而引发如此大的社会舆论,制造了这部现象级电视剧的,则是一个曾经身处底层的煤矿工人,而现今拥有多重身份的跨界作家——周梅森。

1966年,周梅森正上小学三年级,"文化大革命"开始了。他因家境贫寒,被迫辍学,只能去采石场砸石子、去建筑队里做小工。1969年,他开始在徐州矿务局干部学校附中读书。在读书的4年时间里,他半工半读,几乎干遍了煤矿中的所有工种。1974年高中毕业后,他被分配到徐州一家煤矿工作。这是那个时代大多数贫寒子弟的归宿,在这种看似理所当然的人生中,文学却悄悄滋养着这颗年轻的心。小小的少年在煤矿废品回收站看到一本传记,没有封面,残缺不全,后来才知道那是《巴尔扎克传》。传记中提到巴尔扎克年轻时以拿破仑为偶像,并且在书房中放置了一尊拿破仑塑像,塑像的剑鞘上刻着"他用剑未完成的事业,我将用笔来完成"。对于周梅森来说,这就是他文学梦的开始。他曾说:"那时候我不知道我要追随老头儿一辈子。"而这个老头儿,指的就是法国伟大的现实主义作家巴尔扎克。可以说,在周梅森的创作中,一以贯之的便是现实主义精神。1983年,《沉沦的土地》让他一举成名,他开始成为职业作家,之后创作了历史小说和战争小说《军歌》《国殇》等,近20年创作了政治小说和反腐小说《人间正道》《国家公诉》等,这些作品无不体现出周梅森对于巴尔扎克的追随。在这些作品中,周梅森也展现出直面现实的勇气,如同巴尔扎克所秉持的"以笔为剑"的信念,他在作品中也秉笔直书,表现出实录精神,毫不犹疑地刺破现实黑暗。

周梅森创作《人民的名义》时同样如此,虽然网络上一直流传这是"命题作文""奉旨之作",但周梅森在一次采访中坦言,其实这部作品的创作期长达8年,并不是匆忙造就的"命题作文"。无论是在题材上,还是在表现的深度上,周梅森一直在写,正如他自己所说:"现实放在那儿,我不能把眼睛闭上,装作什么都没看见。我看见了,我就写。"

十八大以来,我们党不断加大党风廉政建设和反腐败斗争力度,"打虎""拍蝇"显示出强大震慑力。为了形成严厉惩治"不敢腐"、约束行为"不能腐"和激励廉洁"不想腐"的有效机制,让清风正气成为社会常态,2015年,最高人民检察院主动约周梅森写一部反腐剧。于是,周梅森把之前只写了14万字的《人民的名义》拿出来继续创作,直到2017年2月创作完成,由北京十月文艺出版社出版。3月底,同名电视剧上映,很快引发了观剧热潮。

一时间，有很多网友都将它看作是迄今为止尺度最大的反腐剧，因为它打破了"官不至副国级"的规则。事实上，《人民的名义》中不仅打破了这一规则，呈现了 H 省（剧中改为汉东省）恶劣的政治生态——官商勾结、拉帮结派的丑恶现实，还塑造了各种类型的腐败官员。对于剧中那些没有腐败的官员，作品同样持一种审视的态度。

周梅森曾经在政府挂职工作过，他深深地体会到"没有制约和监督的权力，谁也别自以为是，谁都可能被一发为你特制的'子弹'击中"。失控的权力必然伤及自身，伤及人民，乃至国家利益，《人民的名义》便是对这种权力的血泪控诉，周梅森扮演着那个书记员的角色，他也一直秉持着"一个优秀的作家，应该是一个社会的观察家和书记员"的初心。

（江萍）

周梅森

1956 年出生，江苏徐州人，作家。曾任中国作家协会第七、八、九届全国委员会委员、主席团委员，江苏省作家协会副主席。著有《梦想与疯狂》《黑坟》《天下大势》《大捷》《军歌》《沉沦的土地》等中、长中篇小说及《周梅森文集》（十二卷）等多部作品。根据其小说改编的电视连续剧有《人间正道》《中国制造》《至高利益》《绝对权力》《国家公诉》《我主沉浮》《我本英雄》《人民的名义》等。

曾多次荣获中宣部精神文明建设"五个一工程"奖、国家图书奖、全国优秀中篇小说奖、中国电视飞天奖等多个奖项。

57. 文工团里的花样年华
——严歌苓《芳华》

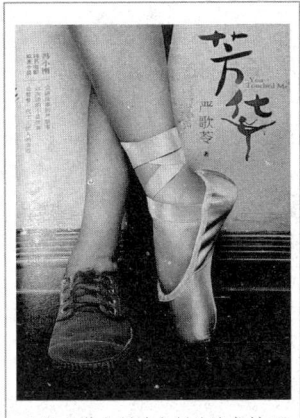

人民文学出版社出版的该书封面

《芳华》

长篇小说，2017年由人民文学出版社首次出版。

2017

诞生于战火纷飞年代的文工团，在20世纪50年代至70年代，如一朵永不凋谢的绒花，给人温暖和力量，"世上有朵英雄的花\那是青春放光华\花载亲人上高山\顶天立地迎彩霞"。

在战争年代，文工团的文艺兵们作为革命队伍里的特殊群体，是战士们行军作战不可或缺的一部分，他们用自己的歌声和舞蹈给那些即将奔赴前线的战士们带去精神慰藉。当国家需要时，这群文艺兵又毅然扛起武器，奔赴战场第一线，守护祖国免受外敌侵扰。坚忍、默默奉献、不畏生死是文工团的精神写照。文工团如今依然是我们审视那段战火与激情交织年代的一扇窗户。

在共和国文学史上，书写文工团精神的作品较为稀缺，2017年严歌苓的长篇小说《芳华》的出现，正好填补了这一空白。这部小说，以20世纪70年代部队文工团为创作背景，时间跨度40余年，作者以回忆式的思绪，细致地再现了青年文艺兵萧穗子、郝淑雯、林丁丁、何小曼、刘峰等从祖国各地被挑选进文工团后，在一座小红楼里所演绎的青春年华，同时也表达了严歌苓对这群文艺兵崇高的战斗意志和坚定的革命精神的肯定。

"文工团"这个20世纪的特殊产物，是推动小说《芳华》面世的重要力量。小说起初源于导演冯小刚的"军队情结",生于 1958 年的冯小刚,希望拍摄一部能够唤起他们那一代军人整体记忆的文工团电影。于是,他找到了同样有着文工团经历,入伍 13 年、跳了 8 年舞的作家严歌苓,向她说明自己想要拍摄文工团电影的初衷,"我年轻的时候在部队,队友都是十六七岁身怀绝技的文艺兵,小提琴、长笛、大提琴都水平超高,我想搬上银幕给现在的年轻人看,那是我们的青春"。两人一拍即合,这便是外界流传的冯小刚与严歌苓两人"约定"一起创造一个文工团故事的传说。

严歌苓 12 岁就进入文工团舞蹈队,直到 25 岁才转业,部队里的人、事、物早已与她的生命记忆融为一体。她早期的小说从《七个战士和一个零》《一个女兵的悄悄话》《灰舞鞋》,再到《白麻雀》《爱犬颗勒》,军旅生活一直是严歌苓描写的重要对象。因此,于她而言,再次创作以部队文工团为题材的小说《芳华》,并不是一件痛苦的事。"写这个故事所有的细节不用去想象、不用去创造,全是真实的,我写这座楼,就忆这里的地形地貌,哪里是排练厅,哪里是练功房,脑子里马上还原当时的生态环境。"严歌苓在采访中多次强调《芳华》是非常自然的写作。她构思、打磨《芳华》用了三四年的时间,而实际创作小说则用了两三个月。严歌苓将自己在文工团里关于集体舞蹈排练、游泳、洗澡、唱歌的那些青春记忆编织成了小说《芳华》,并由她将其改编成了电影剧本,同名电影《芳华》于 2017 年 12 月 15 日上映。

小说和电影获得的巨大成功,源于它们不仅贯穿了"文化大革命"和改革开放等中国当代重要的历史时期,也满足了社会大众对我国特殊时期文化记忆的审美需求。《芳华》是严歌苓对文工团青春记忆的打捞和再现。小说中那些被文艺兵们汗水浸滑了的地板,女兵何小曼身上因刻苦排练舞蹈而散发出来的"馊"味,男兵刘峰奔赴战场,在战争中失去右臂,却依然冒死帮驾驶员送炸弹等动人细节，是严歌苓向20世纪70年代文工团精神的致敬。因此，虽然小说的人和事，已然沉寂在过去的时间里，但文工团那座旧红楼里依然刻满了父母辈们走过的时代印记。

《芳华》作为一部回忆性的作品，它既不是怀旧，也不是炫耀曾经的青春，而是今天与过去的对话。"50后""60后"从小说里看到了激情燃烧的岁月，"70后""80后"缅怀着自己逝去的童年，"90后""00后"感受到了父母辈纯粹而动人的青春故事。

（杨景交）

严歌苓

女，出生于1958年，籍贯上海，美籍华人作家、好莱坞专业编剧。其代表作有《扶桑》《第九个寡妇》《小姨多鹤》《陆犯焉识》《妈阁是座城》《金陵十三钗》《芳华》等。

58. 新时代的乡村振兴之路
——陈毅达《海边春秋》

百花文艺出版社、海峡文艺出版社出版的该书封面

《海边春秋》

发表在《人民文学》2018年第7期的长篇小说,2019年由百花文艺出版社、海峡文艺出版社出版。

《海边春秋》是一部反映中国改革开放新征程的长篇小说,首发于《人民文学》2018年第7期,随后入选中国作协"讴歌新时代、庆祝改革开放四十周年、庆祝中华人民共和国七十周年主题专项"工程。小说的成功与作者陈毅达"文章合为时而著,歌诗合为事而作"的文学理想有着密不可分的关系,他在以文学的方式致敬改革开放这个伟大的时代。

陈毅达觉得他在人生的黄金年华里遇到改革开放,是一件很幸福的事。国家由弱变强,人民的生活由穷而富的巨变,激起了他强烈的创作欲。于是,他写下了《海边春秋》。小说以实施"21世纪海上丝绸之路"倡议中岚岛综合实验区建设开发为背景,将"一带一路"倡议、"青年人回乡创业"以及"扶贫""乡村振兴"等新时代的诸多主题融入其中,讲述了一群现代知识青年绘制海边改革开放春秋图景的创业故事。

其实,陈毅达很早就想写一篇反映新时代生活的作品。而这个文学梦,在他的身体里沉睡了20多年。他尝试着创作,可是好多次落笔下去,又感觉不对,便搁了下来。为此,他在焦急、忧虑、不安中度过了很多年。陈毅达生长在闽北山区,在山区工作了很多年。20世纪80年代中期,他曾作为第一批扶贫工作队员，在农村生活了一年。农村的生活触动了他文学梦的琴弦，他写下了中篇小说《我在岩庄做的唯——件事》，这为他创作《海边春秋》播下了种子。

在省城工作十余年后，陈毅达再次前往闽北山区。这次山区工作之旅，使他接触了很多新的农村问题，他想把这些农村问题用文学的方式表达出来，可依然无力成文。往返于城市和山区的陈毅达，从来都没有忘记过潜藏在他内心深处的创作梦。

2015年，陈毅达因工作的缘故来到一个海边的村庄，便立马被这个满溢着现代化气息的小村庄震惊了。这个村庄的场地车、咖啡屋、台湾饼屋的老板、返乡创业的青年等，无不刺激着陈毅达创作的神经。或许，陈毅达的人生注定须有《海边春秋》这部小说的参与才算完整。

2017年下半年，陈毅达看到那些意气风发的"援岚"青年，他决心要把那些"援岚"干部、大学生返乡创业的人生经历，以及自己多年来接触的渔村和山区农村的新变化写出来。在创作过程中，陈毅达又受到《人民文学》一位老师的鼓励。此时的陈毅达，像一个瞬间被加满油的车子，在短短几个月的时间里，便写出了《海边春秋》。

《海边春秋》是一曲唱给站在新时代改革开放浪潮前沿的弄潮儿的时代赞歌。小说讲述了主人公——"援岚"干部刘书雷从"书斋博士"一步步成长为"改革斗士"的传奇人生经历。从一开始对派自己前往改革开放综合区岚岛工作心存犹疑和打退堂鼓，到真正实地工作后笃实前进、克服万难的转变过程中，刘书雷用自己的聪明才智和毅力，成功拿掉了蓝港村不愿搬迁这个"烫手山芋"。他同蓝港村的知识青年们一起建设渔村，改变了渔村落后、保守、缺乏竞争力的面貌。小说的另一主人公——蓝港村的支书张正海硕士毕业后回到家乡，他利用所学的专业知识为家乡的旅游开发出谋划策。小说还描绘了被纯粹故乡情召唤回来的现代知识青年群体形象,如海妹、林晓阳、依华姐等,他们默默地守护着生养他们的蓝港村。

陈毅达完整地经历了中国改革开放的伟大进程,他怀着对国家诚挚的爱,写下了有温度、有时代激情的《海边春秋》。在陈毅达的笔下,在那些返乡建设家乡的青年身上,我们既看到了新时代创业的艰难,也感受到了新时代改革开放的远大前程,正如陈毅达希望的,"只要当代的有志青年怀抱强烈的农村情怀和创业精神,'乡村振兴'的伟大工程就会更快更好地落地、开花、结果"。

(杨景交)

陈毅达

出生于1964年,福建厦门人,作家。现任福建省作家协会主席。其代表作有《海边春秋》《再造一个辉煌》等。

59. 大运河畔的百年变迁
——徐则臣《北上》

北京十月文艺出版社出版的该书封面

2019年8月16日,第十届茅盾文学奖获奖作品正式揭晓,作家徐则臣的长篇小说《北上》榜上有名。

《北上》起笔于京杭大运河旧址发掘时找到的一封写于1900年7月的意大利语信件,将几段发生在不同时空、依托大运河而产生的人生故事,巧妙流畅地穿插讲述,再现了百年间大运河畔的风土民情和多个家族的"秘史"。

1901年,意大利冒险家保罗·迪马克来到中国,别名"小波罗"的他,明面上是对京杭大运河进行文化考察,真实目的是寻找失散的弟弟费德尔,也就是开篇那个写信人。这对意大利兄弟充满传奇色彩的人生,成了小说历史部分的两条主线。主人公之一的清末文人谢平遥作为翻译陪同"小波罗"北上,并先后召集精明的挑夫兼厨子邵常来、船老大夏氏师徒以及义和团团民孙过路、孙过程等人一路相随。他们从杭州、无锡出发,沿京杭大运河由南往北,当抵达大运河的最北端——北京通州时,"小波罗"意外离世。离世前,"小波罗"将随身物品分发给与他同行的一众人,每一个人以及他们的后代家族的故事由此展开:邵常来得到罗盘,他的后代成为跑船人;孙过程拿到的是相机,他的后代再次将镜头对准运

《北上》

长篇小说,2018年由北京十月文艺出版社首次出版。

河上的人和事……时间到了 2014 年,当谢平遥的后人谢望和与当年先辈们的后代阴差阳错重新相聚时,每一个人的故事片段,最终拼接成了一部完整的叙事长卷。而故事的绝对主角京杭大运河也迎来了它的重要时刻——申遗成功。2014 年 6 月 22 日,京杭大运河成功入选世界文化遗产名录,成为中国第 46 个世界遗产项目。

  京杭大运河作为世界上里程最长、工程最大的古代运河,也是建造时间最早、使用最久、空间跨度最大的人工运河,是中国文化地位的象征之一,对于促进我国南北地区之间的经济、文化发展与交流,特别是对沿线地区工农业经济的发展起到了巨大作用。

  小说开始的时间点,正是京杭大运河命运改变的一个重要时刻:1901 年,清政府下令停止漕运,京杭大运河运行了两千多年的漕运被废除,曾经辉煌一时的大运河逐渐变得黯淡。然而,民间的船运却从未停止,运河水不仅承载着南来北往的船只,而且孕育了沿岸的大小城市与无数家族。小说将主要笔墨放在这百年之间,尤其是 1949 年新中国成立之后,国家对大运河进行大规模的整修,使其重新发挥航运、灌溉、防洪和排涝等多种作用,并改善航运条件,使得沿岸人民的生活水平得到大幅提高。故事中人们的生活渐渐远离了大运河,却更加幸福和富足,他们珍藏也乐于分享与大运河相关的那些家族史和美好回忆。

  《北上》的作者徐则臣,是我国"70 后"作家的代表人物,1978 年出生于江苏东海。徐则臣读初中时校门口便是运河,由此开启了他与运河的不解之缘。从他开始文学创作起,京杭大运河一直都是他小说中故事发生的背景。随着对大运河的了解越来越多,他觉得到了可以把大运河作为主角来书写的时候,于是开始构思《北上》。为此,徐则臣几年间把京杭大运河从南到北断断续续走了一遍。他感慨：实地走过一遭后的感受，和没有走过有着很大的不同。他沿路考证了当年运河沿岸各地的物价、语言，甚至是饮食。这些研究让他在小说中能游刃有余地描摹、再现大运河畔的民生画卷，大到当年的社会氛围、整体环境，小到人们的衣着打扮、所用器物："小波罗"吸的雪茄烟、火柴盒里盛的18根火柴，以及渔民用铁环箍住鸬鹚的脖子防止它把鱼吞咽下去等细节，无不惟妙惟肖，令人身临其境。

徐则臣潜心四年创作完成的《北上》以专注、缓慢的叙事耐心与它的人物一道溯流而上、顺流而下，行经一个多世纪的中国。《北上》既是一个关于大运河的故事，也是一部民族与文化一百年来的发展史。

（李琼）

徐则臣

1978年生于江苏东海，作家。现为《人民文学》副主编。著有《耶路撒冷》《王城如海》《跑步穿过中关村》《青云谷童话》等。

2019年8月16日，《北上》获得第十届茅盾文学奖。同年8月19日，荣获第十五届精神文明建设"五个一工程"奖。

60. 幸福街的人和事
——何顿《幸福街》

湖南文艺出版社出版的该书封面

《幸福街》

长篇小说，2018年由湖南文艺出版社首次出版。

1983年，从湖南师范大学美术系毕业的何斌可能不会想到，十多年后，自己会加入中国作家协会，成为"新生代"和"新现实主义"的代表作家之一。1989年，何斌以何顿作为笔名，在《芙蓉》上发表了处女作《古镇》，从此走上文坛。他改名何顿，是因为仰慕美国巴顿将军。"这可能是命！"每当有人问起何顿为何改行搞文学时，他总是这样回答。究竟是命运的安排还是个人的选择，抑或二者兼有，大概只有何顿自己能说得清了。

出身于书香门第的何顿是街上长大的孩子，家住在一条叫青山祠的小巷子里，街头巷尾就是小何顿的乐园。青山祠后来改名为幸福街，就是长篇小说《幸福街》的原型。少年时期的何顿可谓履历丰富，1977年在湖南省开慧公社插队务过农，后历任长沙市光电二厂子弟学校教师、长沙市第九中学美术教师、文联创作室专业作家，也干过装修等工作。这一时期的生活经历，为其后来的文学创作提供了丰富的素材。2015年10月，何顿被诊断为直肠癌。在对死亡的恐惧和对生命的思索中，复杂的情绪让他仿佛回到了儿时居住的"幸福街"上，看到了那个最漂亮的女孩林阿亚。何顿做了一个决定：如果能从手术台上醒来，一定要写属于自己这代人的故事。这便是长篇小说《幸福街》的创作缘由。

《幸福街》立足于市井小人物的生活，讲述了生活在幸福街的两代人，在历经特殊时期到改革开放近半个世纪的岁月中他们的遭际和情感故事，描绘了中国社会那个剧烈变化的年代，深刻而生动地反映了中国当代的社会变迁，既有时代的沧桑，又有市井琐碎生活的情趣。何顿在小说中表达出一种人生态度，无论时代赋予我们什么，唯有豁达，才是面对生活的正确方式。每个作家都有一双"上帝之手"，赋予作品中人物喜怒哀乐、悲欢离合。《幸福街》就是何顿在借用"上帝之手"，为人物安排一次重逢，为自己圆一个梦。小说中林阿亚和陈漫秋两位女性被塑造得相当出彩。在那个年代，卑微的出身和苦厄的遭遇足以压垮她们，可是，她们始终没有放弃学习，没有放弃自我成长，没有放弃对希望的追寻。何顿坦言，两位美丽姑娘的人物原型都出自他曾生活过的幸福街，甚至她们的名字都没有改，只是在"曼"字旁边加了三点水。

《幸福街》被读者视为中国版的《请回答1988》。同样是发生在一条街道、一个胡同里的小人物的嬉笑怒骂，《请回答1988》以其精致的细节，恰到好处的幽默与温情，赚足了观众的笑声与眼泪；《幸福街》则是全景式地展现了新中国成立70年以来普通人的生活、思想、命运境况与时代风云激荡的历程，是为"卑微的人、大写的历史和血性的土地"立传，是何顿的"思想、精神朝向大地、朝向历史的一次次映射"。

从构思、写作、几易其稿到正式出版，缠绵病榻也未能改变他要为自己这代人作传的决心。作为始终处在中国文坛显眼序列上的"劳模作家"，何顿前前后后花费了3年的时间创作出《幸福街》。他坦承自己其实"动了十几年的心"，一直想写，但总觉得自己这代人还有很多可能性，还不到动笔的时候。直到那场命悬一线的手术，何顿如他的名字一般顿悟了，情之所至，力之所生，没有立大纲,甚至只能半躺半坐在病床上时,他就迫切地开始了写作。"文革"、上山下乡、恢复高考、改革开放……历历在目的往事、坚持不辍的笔耕和地域性语言、个性化叙事方式,使得《幸福街》的面世几乎水到渠成。

"再大的历史风云也会在普通人的命运里得到折射",这是何顿执着地在现实主义创作领域耕耘的原因之一。起名为《幸福街》其实有三个寓意:首先就是字面意思,希望健康幸福地活着;其次,这是一个具有时代特色的命名,与小说的现实主义风格非常契合;最后,是地域性写作的延续。"地域色彩就是世界色彩",何顿说。这部小说不仅让我们见证了历史的波澜壮阔,也见证了历史表象下深层次的人生际遇。

(刘艳亭)

何顿

　　原名何斌,湖南长沙人,作家。其代表作有《来生再见》《湖南骡子》《太阳很好》《我们像葵花》等。

　　2016年3月被提名为第14届华语文学传媒盛典年度小说家,同年6月凭长篇小说《黄埔四期》获得第二届路遥文学奖。

61. 京腔京韵新北京
——老舍《北京的春节》

连环画出版社出版的该书封面

春节是中华民族最隆重的传统佳节，老舍曾在1951年写过一篇名为《北京的春节》的散文，描绘了新中国成立初期老北京过春节的民风、民俗，他将腊八到小年，除夕到大年初一，初六铺户开张和家家户户闹元宵的盛况，以及纷繁多样的节日活动和欢天喜地的节日气氛，清晰明朗而又细致入微地呈现出来。文中将新旧社会的春节进行对比，突出了新社会移风易俗、春节过得欢乐而健康的特点，表达了自己对新中国、新社会的赞美。全文陈述朴素自然，不事雕琢，流畅通达，语言通俗，有浓浓的北京味儿，读起来朗朗上口，富有极强的表现力和感染力。

老舍原名舒庆春，1899年出生于北京一个满洲正红旗旗人家庭。他的父亲是一名护军，在抵抗八国联军攻打北京城的战斗中阵亡。全家靠母亲替人洗衣裳做活计维持生活。他的童年生活是在大杂院里度过的，这让老舍从小就熟悉车夫、小商贩、民间艺人等挣扎在社会底层的城市贫民，了解他们的喜怒哀乐，甚至感同身受。老舍自小就喜爱流传于市井里的传统艺术如曲艺、戏剧等，这些也成为他成年后创作的方向和基础。

1918年，家境贫寒的老舍从北京高等师范学校毕业，进入京师公立第十七高等小学校任教。

《北京的春节》

发表于1951年《新观察》杂志的第一卷第2期的散文。

次年，五四运动爆发，先进的思想和强烈的国家主权意识对老舍影响很大，激发了他的爱国主义思想，也对他选择人生的道路起到了重要作用。1924年老舍被公派赴英国继续教师生涯，任伦敦大学东方学院中文讲师。在教学之余，他阅读了大量的外国文学作品，并正式开始文学创作。

身在国外、心系祖国的老舍，于1926年将自己的第一部长篇小说《老张的哲学》寄给《小说月报》，并如愿发表连载。从第二期开始，他就将署名从自己的本名改为笔名"老舍"，这是老舍文学创作道路的开端。之后，他勤于创作，又发表了《赵子曰》《二马》，从而奠定了他在现代文学史上的地位。《老张的哲学》《赵子曰》和《二马》这三部描写市民生活的讽刺长篇小说在《小说月报》上连载后，引起文坛的注目。

1929年老舍回到祖国，回到他日思夜想的家乡——北京（时称北平）。海外游子的经历让他对故土的深情溢于言表："我生在北平，那里的人、事、风景、味道，和卖酸梅汤、杏儿茶的吆喝的声音，我全熟悉。一闭眼我的北平就完整的，像（原文作"象"）一张彩色鲜明的图画浮立在我的心中。我敢放胆的描画它。它是条清溪，我每一探手，就摸上条活泼泼的鱼儿来。"北京的风土民情已作为一种文化血液融入他的生命之中，强烈的平民意识和坚固的"北京情节"是老舍的精神底色和生命烙印。正是这种深沉的眷恋之情，才让他创作出了感情浓郁、平实质朴的《北京的春节》。

在发表了京韵十足的长篇小说《骆驼祥子》《四世同堂》之后，老舍创作了《北京的春节》。因为新中国成立后，全国上下尤其是北京，一片欣欣向荣，满是希望与喜悦，尤其是春节，与旧社会的春节相比，更为热闹。人们只有快乐，而没有恐惧，自由、平等的氛围让人们无论贫富，男女老少都在这样的日子里憧憬着未来更美好的生活，这让热爱祖国、深爱着家乡北京的老舍有感而发，以人们精神面貌的变化来突显北京的变化,让他忍不住歌颂新中国的伟大和光明。后来,《北京的春天》被选入人民教育出版社语文教材。

同样是在1951年,老舍创作的讲述老北京人生活的话剧《龙须沟》首演大获好评,剧中讲述新中国成立前后,北京一个小杂院四户人家在社会变革中的不同遭遇,表现了新旧时代两重天的巨大变化,老舍因此被北京市政府授予"人民艺术家"荣誉称号,他也是新中国首位获此殊荣的作家。

(李琼)

老舍

1899年生于北京,中国现代小说家、语言大师,新中国第一位获得"人民艺术家"称号的作家。其代表作有《骆驼祥子》《四世同堂》,剧本《茶馆》等。

62. 新生活的歌者
——秦牧《社稷坛抒情》

作家出版社出版的秦牧作品集《贝壳集》封面,该书收录了《社稷坛抒情》

《社稷坛抒情》
1956年发表的散文。

1956

在20世纪60年代初的"散文复兴"中,秦牧、杨朔、刘白羽被认为是成就突出且对当代散文艺术做出贡献的作家。他们的作品,分别构成了20世纪五六十年代散文写作的三种主要"模式",产生了广泛的影响。中国散文界将秦牧与杨朔并称为"南秦北杨"。

秦牧,原名林觉夫,1919年生于香港一个破落的华侨商人家庭,后随父母迁居新加坡。九一八事变后,12岁的他在师长的带领下共同抗议日本侵华。在华侨前辈的熏陶下,少年秦牧滋长起强烈的爱国主义情感。

后来,秦牧全家回到祖国。回国后的秦牧喜欢读鲁迅、冰心、叶圣陶、茅盾、巴金等人的文学作品,还有邹韬奋编的杂志,在进步书籍的影响下,他对真理信仰矢志追求,对丑恶事物深恶痛绝。

青年时代正赶上民族灾难的严峻关头,祖国山河破碎,沦为亡国奴的威胁,让秦牧一腔爱国的热血在心中沸腾。19岁那年,他毅然放弃学业,走出课堂,回到广州,参加"前锋剧社",投身抗日救亡的洪流,同时开始了他的文学生涯。这一时期,他所写的文章大多署名"林觉夫"。

1939年,20岁的他给自己取笔名"秦牧",

寓意"打倒暴秦的苛政之后，在关中过着逍遥快活的放牧生活"，自此沿用。

多年后，著名作家马文森评论秦牧："他是以战士的姿态进入文坛的。"

就是这样一位"战士"，对于1949年新中国的成立发自内心地充满热爱之情，他亲眼见证了人民新生活的到来，欣欣向荣的祖国让他创作激情迸发，1949年至1964年，是秦牧创作的高峰期，他共出版文学著作14种，包括人物传记、小说集、剧集、杂文集，以及《贝壳集》《星下集》《花城》《潮汐和船》等著名的散文集。其中1956年发表的《社稷坛抒情》是他散文的代表作，被多地选入语文教材。

《社稷坛抒情》由位于北京中山公园的社稷坛说起，以五色土为主线展开丰富的联想，思维发散，驰骋古今。在描摹社稷坛的同时，将文章引入中国古人的天地崇拜，逻辑思维明确地形成祭祀与探索、经济、文化、民俗四大块，过渡自然，全文浑然一体。文章带领读者领略古老神秘的祭地典礼、地球演进历史、先民农耕开垦、古代哲学、与泥土相关的动人故事等精彩而丰富的内容，展现了一幅浓缩的中国历史画卷。秦牧在说古道今的同时，插入精当的抒情和议论，表达了对历史的思索、对民族文化和民族精神的探究。《社稷坛抒情》在重温中华民族史、盛赞中华民族及其伟大创造的同时，抒发了浓浓的民族自豪感和爱国情。

秦牧的散文题材广泛、知识丰富、谈古论今、旁征博引，具有深厚的生活和知识根底，这是他有别于同时代其他作家的个人特色。"赞颂新中国、新生活，鞭笞丑恶现象"是贯穿他散文作品的主线，他把个人的文学创作与中国社会的发展紧密地结合在一起，充满了时代精神。他的散文作品风格独树一帜，被誉为当代文坛"散文一绝"。

在半个多世纪的创作生涯中，秦牧曾从事多方面的文学活动：杂文、小说、戏剧、儿童文学、诗歌甚至科普作品，都取得了一定成果。但他写得最多的还是叙事、抒情的散文。他自己也把散文作为"本业"，而称其他体裁为"副业"。秦牧的著作一直在海内外持续出版和重版，他的散文佳作更是广泛地被选入各种文集、选集、精读文库等。迄今已有50多篇作品被选入大、中、小学教材教辅，有的还入选日本、韩国、新加坡等国和中国香港的中小学课本。

秦牧以毕生心血灌溉的作品，仍然闪耀着思想的光辉，放射着艺术的火花，照亮了一代又一代读者的心灵，他的爱国精神和民族自豪感也随着这些文字散播到世界各地。

（李琼）

秦牧

原名林觉夫，1919年生于香港，广东澄海人，作家。曾任《羊城晚报》副总编辑、《作品》杂志主编、广东省文联副主席、中国作家协会理事、中国当代文学学会顾问等。在中国散文界有"南秦北杨"之称。其代表作有《贝壳集》《花城》《土地》《长河浪花集》《潮汐和船》等。

63. 心灵之美，青春之美
——何为《第二次考试》

自1977年恢复高考制度以来，每一年的高考，都牵动着中国亿万民众的心弦，高考成了每一个高考人一生中无法忘却的记忆。何为的散文名篇《第二次考试》，是1979年那一代高考人的共同回忆。1979年的全国统一高考命题作文题目是要求将作家何为的《第二次考试》改写成一篇《陈伊玲的故事》。一时间，被历史搁浅了20多年的《第二次考试》和"何为"这个在20世纪50年代文坛大火过的名字，再次进入全国人民的视野。

何为于1956年创作的散文《第二次考试》一经发表，便引起了巨大的反响。1957年由长春电影制片厂拍成故事片《复试》，多家报刊对文章进行了转载，还被翻译成多国语言在世界各地流传开来。对这篇散文最大的肯定，便是把它选入了当时全国中学语文的正式教材。我们不禁思考，这篇2000余字的小文章，何以获得如此多的青睐和称赞？

1956年正值我国社会主义改造基本完成之时。那个时候，我们的国家需要大量的文学创作者，以充沛的创作热情去描绘社会主义建设事业的伟大征程。而何为的《第二次考试》正好是出现在这个时代节点上的优秀作品。何为的创作，总是努力"试图表现新中国年轻一代的道德风貌和青

刊载《第二次考试》的《人民日报》1956年12月26日版面

《第二次考试》

发表于1956年12月26日《人民日报》的散文。

1956

春的美"。《第二次考试》通过讲述中国 20 世纪 50 年代一位著名的声乐专家和一名普通音乐考生之间发生的真实故事,"热情歌颂了我们伟大时代的新人,表达了老一代知识分子在党的教育下,显示出来的对青年一代的关怀和负责精神,特别是反映出了新社会的人与人之间的新的关系"。

随着《第二次考试》的大火,那个熠熠生辉的主人公陈伊玲在读者中引起了普遍共鸣。许多读者纷纷写信向何为打探她的消息,希望自己能够亲眼见见陈伊玲。其实,何为自己也没有见过陈伊玲。他只是偶然从他太太那里听到了发生在他太太合唱团里一个 20 岁的女孩通宵达旦救灾而影响自己第二天音乐复试的故事。他听后,非常感动,于是便决定用笔写下这个女青年无私奉献的故事。关于《第二次考试》中陈伊玲的美好形象,则来源于何为住院时结识的一位实习女医生。生活中的感悟由此汇聚成了《第二次考试》里那个充满真、善、美的陈伊玲形象。何为自己也曾表达过对陈伊玲的喜爱之情,"从生活到创作,陈伊玲一直是我心中的主角","没有她的崇高精神和心灵的美,也就没有这篇作品"。

在何为的笔下,我们总是能看到一个又一个如陈伊玲一样天真、活泼的青少年形象。何为之所以把自己的眼光投向这样一个群体,这与他的童年经历有着很大的关系。何为的童年笼罩在浓厚的封建阴影里,只有当他和祖母在一起时才能感到真正的温暖。到了青少年时期,何为又随祖母辗转于浙江、武汉、上海等地。在那段四处漂泊的日子里,何为目睹了中国大地上许多儿童的悲惨生活。那些画面深深地刻进了他的脑海里,一直都无法抹去。中华人民共和国成立后,广大青少年的生活状况发生了巨大的变化。这触动了何为决定用自己的笔写下这些青少年在社会主义的土壤下健康、茁壮、快乐成长的敏感神经。他认为《第二次考试》里陈伊玲的故事,就显示了"一朵灿烂的精神之花只有在社会主义的土壤上才能萌发,重要的是培育和爱护"。

  作为一名有着强烈社会责任感的作家,何为在历史的长河里,为我们留下了充满温暖和爱的《第二次考试》。《第二次考试》的写作:"从第一个音符开始,逐渐形成一组旋律,最后谱写出一支生活的赞歌,其中最主要之点是那个音乐学生的崇高的精神和心灵的美。仿佛一道爆出火花的闪电,蓦然把我隐藏得很深的思想和感情都照亮了。"当新时期的车轮再次停留在何为的面前时,他依然选择勇敢地乘上祖国这辆大车,以"下一步就是赶紧开门出去"的创作热情,用自己的笔谱写社会主义时代精神的华美乐章。

(杨景交)

何为

  1922年出生,祖籍浙江定海,作家。曾任中国散文学会副会长、福建省作家协会副主席等。其代表作品有《第二次考试》《临江楼记》《音乐巨人贝多芬》《临窗集》等。

64. 酿造生活的蜜
——杨朔《荔枝蜜》

作家出版社出版的杨朔作品集《东风第一枝》封面,该书收录了《荔枝蜜》

《荔枝蜜》

散文,收录在1961年由作家出版社出版的散文集《东风第一枝》中。

在20世纪五六十年代、甚至八十年代前期,杨朔的散文风靡大江南北,甚至引领了一种"杨朔体"写法的流行。他的散文《荔枝蜜》曾入选课本,为很多人所熟知。

《荔枝蜜》开头写作者曾被蜜蜂蜇了一下,因而看到蜜蜂心里就不舒服。继而,作者描写了荔枝蜜的甜香,不觉动了情,由蜂蜜想到酿蜜的蜜蜂,便到蜂场去参观。在养蜂人的介绍下了解了蜜蜂之后,他发出了这样的感慨:

多可爱的小生灵啊,对人无所求,给人的却是极好的东西。蜜蜂是在酿蜜,又是在酿造生活;不是为自己,而是在为人类酿造最甜的生活。蜜蜂是渺小的;蜜蜂却又多么高尚啊!

这是杨朔写散文的一个共同特点,即抒情不是直抒,它先写一件事、一种物、一个人,然后再引出情和理。其中的情和理是主观上设计好的,因此所写的人物和故事实际上是作者思想的一个注解。作品基调是歌颂新时代、新生活和普通的劳动者。其鲜明的个人写作风格与杨朔自身的经历和时代背景是分不开的。

杨朔原名杨毓瑨,1913年生于山东蓬莱,父亲是清末秀才。受父亲的影响,他自幼酷爱读书学习,从16岁开始文学创作。因身处战乱年代,他从家乡去哈尔滨避难,在那里与中共地下党有秘密接触,并于1945年加入中国共产党。作为一名老革命,杨朔在解放战争时期担任新华社战地记者,还参加了抗美援朝。杨朔和当时许多知识分子一样,献身民族解放的洪流中。他们首先是战士,其次才是作家。中华人民共和国成立后,万象更新,对于很多作家来说,一个抒情的时代来临,杨朔也顺势成为一名歌颂社会主义新中国的时代歌手。

1961年是杨朔创作的巅峰之年,他的《荔枝蜜》《雪浪花》《茶花赋》等散文名篇均出自这一年。4月29日的《人民日报》第八版刊登了一篇杨朔的旅日游记《樱花雨》。文章把美军在日本的势力比作摧残樱花的风雨,而把日本人民比作风雨中开放的樱花。毛主席在这篇文章的标题旁写道:"江青阅,好文章。阅后退毛。"在得到主席的认可后,一时之间,全国掀起了"杨朔"热,他的"物—人—理"或"景—人或事—情"三段式结构的散文被人们纷纷效仿。

但令人遗憾的是,在随后到来的"文化大革命"中,杨朔于1968年被迫害致死。

"文革"过后,随着杨朔被平反,他的散文也迎来一轮强劲的反弹。

1984年,在全国十所高等院校18位专家编写的《中国当代文学史初稿》中,杨朔被称为中国当代散文第一人,其地位甚至在巴金、冰心、魏巍等人之上,被认为是十七年文学时期最有代表性的作家之一。

同年,效仿他的散文体又开始盛行,据1984年第10期发表的《散文现状纵横观》一文对某一天来稿的统计,"百件中竟有11篇是写小溪的,8篇是写日出的,5篇是写贝壳的。这些作者所在地域不同,职业年龄各异,但却如此不谋而合。更值得注意的是,他们联想引申的路数也大致相同,最后'升华'的路数也别无二致"。杨朔散文的影响力,由此可见一斑。

但从 20 世纪 80 年代后期开始，杨朔的散文受到广泛的质疑。一些文学评论家认为杨朔的多篇散文创作于 1961 年，当时正值大饥荒年代，苦难的现实在他的文中没有任何体现，他是在用艺术的方式汇报思想，他的散文是一种新的八股时文。直至 20 世纪末，随着新一轮的"重写文学史"尘埃落定，杨朔的散文被拿出来重新"定性"。

不可否认，杨朔在他的时代，将散文诗化并认真实践，卓有成效地形成了自己的独特风格，是一名优秀的散文作家。而随着祖国的发展、时代的进步，杨朔散文命运的沉浮正反映了不同时代的不同审美趣味和价值标准，从而能看到我国文学的进步与发展。

（李琼）

杨朔

原名杨毓瑨，1913 年生于山东蓬莱，现代著名作家、散文家、小说家。曾任中国作家协会外国文学委员会主任。其代表作有《荔枝蜜》《樱花雨》《香山红叶》《泰山极顶》《画山绣水》以及长篇小说《三千里江山》。

65. 听党的话，
把青春献给祖国
——雷锋《雷锋日记》

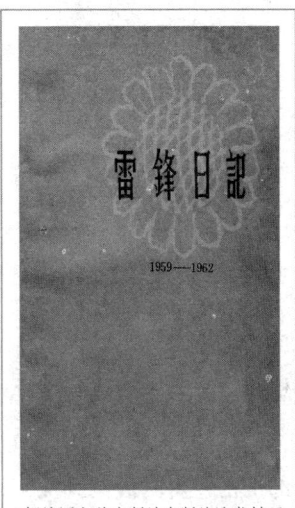

解放军文艺出版社出版的该书封面

人的生命是有限的，可是，为人民服务是无限的，我要把有限的生命，投入到无限的为人民服务之中去。

一个名字，历经几十年传颂而愈加响亮；一本日记，历经几十载传承精神不朽。雷锋，一位永远年轻的共产主义战士；雷锋日记，记录了一名普通共产党员的追求、信念和操守。《雷锋日记》以其感人至深的革命情怀，成为影响中国人半个世纪的"宣言书"。

雷锋，原名雷正兴，1940年12月18日出生于湖南望城，那时正是抗日战争时期，全国人民生活在水深火热之中。雷锋从小家中穷苦，但他的父母家人在最困难的时候，还常常帮助别人，这让年幼的雷锋看在眼里、记在心上。不满7岁时，雷锋的亲人相继含恨离世，雷锋成了孤儿，靠邻居们的接济长大。望城解放后，沐浴着新中国的温暖春风成长起来的雷锋，是一个拥有大爱的人，他心中充满对养育他的人们的爱，对新中国的爱和对党的爱。

1957年，在县委机关当公务员的雷锋在同事的帮助下学会了写日记。从此，雷锋把自己的思

《雷锋日记》
1963年4月由解放军文艺出版社第一次正式出版，在全国发行。

想与"大爱"写进日记里。

1960年，雷锋加入了中国人民解放军。同年10月底，沈阳军区工程兵政治部把雷锋暂时借调到沈阳；11月，雷锋因表现优异加入了中国共产党。

当时，雷锋写的日记被部队领导发现，获得极大的认可，并在部队内部宣传。不久，沈阳军区机关报《前进报》的编辑们来到雷锋所在部队，他们偶然从雷锋的床上发现了他写的日记，看了几段觉得很好，请示后借走。

1960年12月1日，《前进报》首次以一个版的篇幅摘录发表《雷锋日记》。当时的标题是《听党的话，把青春献给祖国——雷锋同志日记摘抄》。这次共摘发了雷锋从1959年8月30日至1960年11月15日的15篇日记。

1962年8月15日，雷锋因公殉职，他年轻的生命只走过了22年的历程，但他的思考与追求，都被他用诚挚的心写进了日记。虽然只有初中文化程度，但他却留下了几百篇闪耀着共产主义思想光辉、充满着理性思考的日记。日记里平实朴素而简练生动的语言，信手拈来却恰到好处的修辞，极富感染力。

1963年3月5日，毛泽东主席为因公牺牲的英雄战士雷锋的题词"向雷锋同志学习"在《人民日报》上发表，掀起了全国特别是青少年向雷锋学习的热潮。由此，每年3月5日成为学雷锋纪念日。

很快，《前进报》的编辑董祖修把一份雷锋日记的完整抄件带到北京，和总政宣传部的相关人员一起核实雷锋日记。工作组对雷锋日记中有关事实过程、人名、职务、单位、番号、地名、时间、数字等都一一进行了核对。但在发表时还是做了一些技术处理。为了保密，将雷锋日记中的部队番号和不便透露的人名隐去。经过反复研究，还将部分语义重复、过时的话语、用词等做了删节。最后一共选辑了其中的121篇，约4.5万字编辑成书。

1963年4月，《雷锋日记》由解放军文艺出版社出版，在全国发行，这也是第一本正式出版的《雷锋日记》。书籍内页有毛泽东、刘少奇、周恩来、朱德等领导人的题词。日记的出版,满足了当时人们学习雷锋的需要。

如今,雷锋亲手写下的9本日记原稿,连同其他遗物被中国人民革命军事博物馆永久珍藏保存。

或许,与新中国历史上许多英雄人物轰轰烈烈的事迹相比,雷锋的故事略显平凡,似乎桩桩件件都是小事。然而,正是由于日记中记载的这些小事的不断累积,才真正体现出雷锋精神在本质上的升华。雷锋是一位伟大的共产主义战士,是全心全意为人民服务的楷模。周恩来总理把雷锋精神全面而精辟地概括为"憎爱分明的阶级立场、言行一致的革命精神、公而忘私的共产主义风格、奋不顾身的无产阶级斗志"以及人们从日记中总结出的"钉子精神",影响了后来一代又一代的中国人。

(李琼)

雷锋

原名雷正兴、1940年出生于湖南望城,中国人民解放军战士、共产主义战士。雷锋对后世影响最大的是以其名字命名的雷锋精神。雷锋精神是指以雷锋的无私奉献精神为基本内涵、在实践中不断丰富和发展着的革命精神。《雷锋日记》是其代表作。

66. 世纪老人的真实记录
——巴金《随想录》

三联书店出版的该书封面

《随想录》

第一篇文章《谈〈望乡〉》发表于1978年香港《大公报》的副刊。1979年由三联书店香港分店出版第一集《随想录》，1981年由人民文学出版社出版第二集《探索集》，1983年由人民文学出版社出版第三集《真话集》，1984年由三联书店香港分店出版第四集《病中集》，1986年由人民文学出版社出版第五集《无题集》。

2005年10月，101岁的巴金在上海逝世。这位曾为鲁迅先生抬棺的文坛巨匠，无论是其创作的激流三部曲、爱情三部曲，还是后期的代表作《随想录》，在文学舞台上始终占据着不可比拟的重要地位。其中《随想录》被称为中国的《忏悔录》，是"文革"结束之后的开风气之作。

不止于随意的空想，巴金创作《随想录》的冲动源于一部电影的上映。1978年北京和上海举办"日本电影周"，首次在"文革"后引入《追捕》《望乡》《狐狸的故事》等一系列日本电影。然而其中描绘日本海外妓女"南洋姐"的电影《望乡》刚上映不久，就成了众矢之的。习惯了"文革"时期单一、公式化艺术形式的观众们，第一时间对这部在上映前就已进行过删减的影片进行无端的指责和无理的讨伐。时任香港《大公报》主编的潘际坰，在此番声浪中想到向巴金先生约稿，以还这部影片一个公道。巴金先生应邀后，先是亲自去看了电影《望乡》，又认真研读了电影剧本，而后在一个月时间内连续写出《谈〈望乡〉》《再谈〈望乡〉》两篇文章，引起轰动。巴金不仅在文章中指出影片的拍摄是严肃的，而且提及栗原小卷饰演的三谷圭子，为了调查日本妇女被卖到南洋当娼妓的辛酸情形，选择与所描写的对象共同生活、倾听心声的做法，是在以实事求是的行动打动观众的心。巴金说这不失为一种值得学习的写作方式，实际上是在含蓄地影射当时文艺界存在的"假、大、空"问题——说漂亮话远没有打动人心的能力。巴金没有想到《望乡》中对民族的历史和现实反思的态度，会将自己牢牢地拴住，他自此踏上了漫长的反思之路。他借评价电影《望乡》，表达了对"文革"时期文艺表演中愚昧主义的不满和谴责。借此机会，巴金开始写一些篇幅短小精悍、但句句实话的文章，他开始说别人还不敢说的话，做别人不敢做的事。

随着字数的增加，页数的增多，那位曾经说错过话、做错过事、放弃了自主思考能力的巴金，逐渐找回了自我。他开始在《随想录》中说真话、自我忏悔、反思历史。无论写的是何种题目何种题材，他只要拿起笔就会回想起住了十载的牛棚、经历的十年"文革"。满满几本书，他真实地记录了"文革"给他及其家人和朋友带来的身心摧残。他开始无所顾忌地揭露假的东西，怀着一颗"知识分子的良心"讲真话；他开始反映真实的情况，传达真实的道理；他甚至勇敢地指出"文革"的恶性影响并未随着它的结束而消失殆尽……巴金用一支笔一张纸建立起一座个人"文革"博物馆，他对历史的反思和追求真理的精神，不仅以行动为当时的知识分子们树立了一座丰碑，更使其成为20世纪80年代文化界的精神标杆，赢得了当时文化界的尊敬。当巴金怀着知识分子的忏悔，以割裂伤口般的尖锐抨击这一潜藏在个人和民族灾难之下的沉重主题时，他也在以行动展示着自己作为一个知识分子应该坚守的良知和操守。

按照原计划，巴金是准备每年写一本，然而随着病痛的折磨和几番住院，《随想录》的成书过程经历了几次辍笔，原定的五年计划也拖成了八年。在此期间，他没有放弃过写作，有时状态好一天能写上一两百字，有时病重，他也要通过口述的形式将自己的所想记录下来。一篇千字文，断断续续可能需要几个月的时间。除了写作,他也在以行动鼓励、扶持甚至保护新时期的作家。每当有年轻作家遭受不公正的待遇时,巴金总是无所畏惧地站出来,公开发表文章声援这些需要帮助的年轻人。他就像一株遮风挡雨的大树一样,以自己的言行举止为表率,为当代中国知识分子找回社会良知,也重塑了知识分子的精神传统。

巴金的《随想录》引发了从独立思考到反思历史的转变,对于经历过"文革"的人们来说,这一本书的价值可能不仅仅是述说了个人的忏悔和反思,它更像是黎明前的微光,代表着某些缺失事物的逐渐回归,象征着一个新时代的日渐觉醒。

(徐宁怡)

巴金

1904年出生,四川成都人、现代文学家、翻译家、社会活动家。曾任上海市文联副主席、中国文联副主席、中国作家协会主席。著有中长篇小说《家》《春》《秋》《雾》《雨》《电》,短篇小说集《复仇集》《沉默集》《沦落集》,散文集《随想录》《再思录》《龙·虎·狗》等。

曾获上海文学艺术奖杰出贡献奖、意大利但丁国际奖、法国荣誉军团勋章、香港中文大学荣誉文学博士学位和美国文学艺术研究院外国名誉院士称号。2003年,国务院授予巴金"人民作家"的荣誉称号。

67. 记劳，记闲
——杨绛《干校六记》

三联书店出版的该书封面

2003年，一本名为《我们仨》的散文集首次出版，便引起巨大轰动，作者杨绛以简洁而沉重的文字，回忆了先后离她而去的女儿钱瑗和丈夫钱锺书，以及一家三口那些快乐而艰难、爱与痛的日子。

而在那些难之又难的日子中，最难熬的就是年近60的杨绛与钱锺书被下放到"五七干校"的那段岁月。

1969年，"文化大革命"开始后的第三年，杨绛与钱锺书夫妇同在中国科学院哲学社会科学部（现为中国社会科学院）工作，他们被安排与其他知识分子一起接受"再教育"。11月，钱锺书被下放至河南罗山的"五七"干校。次年7月，杨绛也被安排下到同一所干校，夫妻二人得以重逢。

他俩分别被安排看守工具和菜园，并不在一处，平时的工作还算轻松。杨绛白天看菜园时，还能利用空余时间坐在小马扎上，把书或本放在膝盖上，看书或写东西；有空了还能偷偷去看看钱锺书。但偶尔他们还是会被安排干重体力劳动，而且，"批判斗争"是无时无刻的，让人精神压力很大，吃了不少苦头。两人在此地一直待到1972年3月，被归为"老弱病残"遣送回京。

杨绛和钱锺书同属高级知识分子，年轻时都

《干校六记》

散文集，1981年由三联书店首次出版。

是清华大学的高才生，又都赴英法留学，通晓多国语言的他们在翻译、文学与戏剧方面都有颇高的成就。彼时，钱锺书的《围城》早已问世并反响不凡，杨绛的剧本《称心如意》《弄假成真》等相继在上海公演，口碑极好。显然，对于这样两位老人来说，在干校的那段经历是极其荒唐且被不公对待，甚至是不堪回首的。

从干校回到北京后的第八年，杨绛动笔写了《干校六记》，书名与篇目都是仿拟清朝沈复的《浮生六记》。钱锺书在书前小引说："'记劳'，'记闲'，记这，记那，都不过是这个大背景的小点缀，大故事的小穿插。"《干校六记》共收录《下放记别》《凿井记劳》《学圃记闲》《"小趋"记情》《冒险记幸》《误传记妄》六篇散文，记述了他们那段下放的"干校"岁月，从衣食住行、同志之谊、夫妻之情等琐事中，反映知识分子于"文革"中在干校的劳动生活，体现了杨绛对干校生活的感慨以及对"文革"的批判反思精神。

记录那段特殊经历的叙事散文，杨绛并没有激情的呐喊。她的文字是委婉而平和的，但字里行间，对人性的善恶褒贬自明，她的讽刺往往也是言外之音。《干校六记》是在文字与现实之间形成巨大张力的作品，独具品格，开一时之新风。在《"小趋"记情》一章中，隐然处处以狗和人相对照，人不如狗的婉讽跃然欲出；乱世中人与狗互相依傍的情意，也令人感动。写到女婿在"文革"中遭受迫害死于非命时，杨绛仅寥寥数语，没有控诉，没有追问，但给人的感受却是一种大悲无言的哀痛，悲剧性就在这种变反常为正常的过程中渗漏出来。

选择独记"小事"，杨绛表示：写这本书，对她而言是一种责任，她希望以亲身经历，让大家知道那一段真实的历史。与丈夫钱锺书一样，杨绛在逆境中也依然坚守着中国传统知识分子的人格与风骨。

共 33000 字的《干校六记》单行本初版仅 60 余页，可因其所写的特殊时期的特殊状态而分量沉厚，具有珍贵的文学和历史价值。《干校六记》在1981年问世时，还经历了颇多波折。在出版单行本之前，香港方面先行将《干校六记》在《广角镜》杂志上刊登了出来，被时任中共中央书记处书记的胡乔木读到，他随即传话给社科院文学研究所的负责人，认为这些文字应该在内地出版。不久，在一次招待宴会上，胡乔木见到了钱锺书。他郑重地对钱锺书谈到《干校六记》的出版问题，并对这部作品给出了十六字的评语："怨而不怒，哀而不伤，缠绵悱恻，句句真话。"1981年7月，《干校六记》第一版由三联书店首印20000册发行。

这本书自出版以来在国内外引起极大的反响，1983年，英国《泰晤士报》在文学副刊上发表学者书评，称《干校六记》是"20世纪英译中国文学作品中最突出的一部"。1989年2月，《干校六记》高居榜首，荣获我国"新时期全国优秀散文（集）奖"。

（李琼）

杨绛

女，生于1911年，江苏无锡人，作家、文学翻译家和外国文学研究家，钱锺书的夫人。其代表作有散文《我们仨》《干校六记》《走在人生边上》《将饮茶》等，小说《洗澡》《洗澡之后》等，剧本《称心如意》。

68. 一纸虽短，家书情长
——傅雷、朱梅馥、傅聪《傅雷家书》

三联书店出版的该书封面

《傅雷家书》

最早出版于 1981 年，作者是傅雷、朱梅馥、傅聪，编者是傅敏。《傅雷家书》是傅雷夫妇在 1954 年到 1966 年 5 月期间写给傅聪的家信，由次子傅敏编辑而成。

1981

《傅雷家书》是我国文学艺术翻译家傅雷及夫人朱梅馥于 1954—1966 年间写给他们的孩子傅聪的家信摘编，是素质教育的经典范本，也是充满着爱的教子名篇。

傅雷夫妇苦心孤诣、呕心沥血培养傅聪和傅敏两个孩子，教育他们先做人，后成"家"。《傅雷家书》是他们有关培养孩子独立思考能力、因材施教等教育思想的集中体现，傅雷夫妇也因此成为中国父母的榜样。

1934 年 3 月 10 日，长子傅聪的诞生给年轻的傅雷夫妇带来极大的欣喜与快乐。但当时的傅聪作为一个自由的孩子，却有着独特的人生轨迹。傅聪三四岁时，已能感受到音乐的强大吸引力，显露出对音乐不寻常的热爱。在他 7 岁半时，父亲的挚友雷垣确认他具有极高的音乐天赋，此后傅雷打消了让傅聪学习绘画的念头，转而让他学习钢琴。功夫不负有心人，1953 年，傅聪作为唯一的中国选手参加了第四届"世界青年联欢节"钢琴比赛，获得三等奖。当时他演奏的斯克里亚宾的《前奏曲》，让苏联选手感动得泪流满面。

傅雷的信就从 1954 年傅聪赴波兰参加"第五届肖邦国际钢琴比赛"并留在波兰学习开始，一直写到 1966 年"文化大革命"爆发，傅雷与妻子经受莫大的精神痛苦,被迫自尽为止。中间长达12年的时间,傅雷与傅聪一直用书信在交流,其中只有少数几次的碰面。

傅雷的次子傅敏则在中国教书,成了一位英语教师。虽然傅雷给次子的信不多,但也体现了作为父亲应有的关怀。

傅雷和傅聪是一对父子,但却有不同的人生经历。傅雷好像一只老鸟,在旧世界里摸爬滚打,有着法文的功底与大量学习经验,最终走上了文学道路;而傅聪则像一只自由飞翔的小鸟,在国外有着更加现实的经历,凭着一股兴趣,爬上了钢琴艺术之巅。因此,他们两人之间具有相互交流与切磋的条件。

傅聪曾于1956年回国探亲,与父母团聚了一个多月。傅聪在国内停留的时候,父亲曾与他促膝长谈,各种主题并存,有与生活有关的,也有与婚姻恋爱相关的,最重要的是关于钢琴艺术思想观念的交锋。傅聪还在北京举办了他的个人独奏会。那一个月是傅雷与傅聪最后的见面。

在和傅聪分别后,傅雷就像思妇一样,对早已远去的傅聪怀有一种想念。虽然在书信中很少提及当时他们俩在中国相聚的那一个月,但我们也可以推想当时傅雷与傅聪交流时的激动与欢乐。

1958年,傅雷被划为右派。傅聪在国内的女友偷偷写信将发生的一切告诉傅聪,并告诫他不要回国,否则他的艺术生涯就完了。正是这封信,促使傅聪从波兰辗转到英国,并因此成为一位世界级的钢琴大家。虽然傅聪后来没有证实这段秘闻,但他还是解释了当时出走的原因:"我出走的时候,心情很复杂,因为那时候国内没有艺术,而我离开艺术就没法活下来!"

去国千里,傅聪将思国之情与无奈的悲哀,全部融化在他弹奏的肖邦乐曲中。傅聪用肖邦的名曲来表现对祖国富强的追求,即使到英国定居,也不能隐藏他内心深处那种对祖国的炽热思念。

在1966年的最后一封信件（八月十二日）中，傅雷提道："我每次只能看5分钟书，报上的长文都是妈妈念给我听的。这封信是由我口述由她打出来的……"可见当时傅雷的病已经非常严重，但他们夫妇仍然希望傅聪能把他的孩子的照片寄过来，带给他们一丝安慰……但这一切都未能如愿，1966年9月3日，傅雷与妻子朱梅馥一同自尽于上海寓所中。他们再也不能给傅聪写信了，对于傅聪而言，爱的源泉在那一刻枯竭。傅聪坦言："我几十年在国外，尤其是父母过世之后，我基本上不再写什么文字了！"

为了缅怀父亲，长子傅聪和次子傅敏一起，把如泰山一般重、如火把一般亮的书信编成了一本《傅雷家书》。现在，《傅雷家书》已经被编入中学语文教材，让青少年有机会认识到中国曾经有一对这样既伟大又平凡的父母。

（朱思衡）

傅雷

  1908年出生，字怒安，号怒庵，中国著名的翻译家、作家、教育家、美术评论家，中国民主促进会（民进）的重要缔造者之一。他翻译了大量的法文作品，其中包括巴尔扎克、罗曼·罗兰、伏尔泰等名家著作。其代表作有《傅雷家书》，译著《约翰·克利斯朵夫》《夏倍上校》《人间喜剧》等。

69. 摇着轮椅在地坛思索人生
——史铁生《我与地坛》

中国社会科学出版社出版的史铁生散文·小说选《我与地坛》封面，该书收录了《我与地坛》

自新时期至20世纪80年代末的文学发展历程中，散文的文体地位相对于小说、诗歌和戏剧，一直处在边缘地带，除了巴金的《随想录》、杨绛的《干校六记》、贾平凹的《丑石》等仅有的几部散文作品外，人们几乎找不到更多公认的散文名作。而史铁生的《我与地坛》的问世，不仅捍卫了散文的尊严，也预示了20世纪90年代散文热的前景。

莫言说："我对史铁生满怀敬仰之情，因为他不但是一个杰出的作家，更是一个伟大的人。"史铁生堪当此评。其实，史铁生其人优秀，除了他自己的努力外，更在于他有一个伟大的母亲。

1951年出生的史铁生，1969年初中毕业后，响应"知识青年到农村去"的号召，到陕西延安插队。他以一腔热血拥抱着农村大地，一次在山里放牛，遭遇暴雨和冰雹，高烧之后出现腰腿疼痛的症状，当时因为年轻，他也没有怎么在意，但这落下几乎致命的病根。1971年，他的病情越发严重，导致双腿瘫痪。他完全不能接受这个事实，变得暴躁无比，在家里乱摔东西。身体不好的母亲整日以泪洗面，到处为儿子寻医问药，千

《我与地坛》

发表在《上海文学》1991年第1期的散文。

1991

方百计找来偏方为史铁生治病，终究无效才让她作罢。史铁生找不到工作，就想通过写作来改变自己的命运，他母亲非常支持，到处给儿子借书，还拿儿子"小学作文考过第一名"来鼓励儿子。

史铁生只能依靠轮椅活动，他经常摇着轮椅来到地坛，在那里看天地，看书，观察周围的人，有时在地坛一待就忘记了回家的时间。他母亲生怕史铁生想不开，总是急匆匆出来寻找自己的儿子，看到史铁生之后又悄悄离开，生怕伤着儿子的自尊。他母亲总是说："出去活动活动，去地坛看看书，我说这挺好。"史铁生是母亲永远的牵挂，尽管她自己患有严重的肝病，有时痛得整夜睡不着觉，也不告诉儿子。秋天到了，北京北海的菊花开了，母亲说要陪儿子去北海看菊花。也就是这一天，母亲病情突然发作，大口吐血，被送往医院，却再也没有回来。

有很多细节史铁生还不知道，是他妹妹史岚后来告诉他的。当史铁生知道这些时，他母亲却不在人世了。这是多么痛苦的事情。史铁生说："一个人，出生了，这就不再是一个可以辩论的问题……所以死是一件不必急于求成的事，死是一个必然会降临的节日。"这样经典的表达，不仅仅是看透生死，更是告慰母亲。

1972年后，史铁生几乎就以地坛为伴。他经常在那里观察各种人，有时候也和一些人交流，尤其是跟那位拉板车的长跑冠军交流之后，史铁生更是深有感悟。那位拉板车的长跑冠军在"文革"时期因出言不慎坐了几年牢，从监狱出来后找了个拉板车的工作，苦闷之极就去练习长跑，想通过好的长跑成绩获得政治上的解放——当时最好的方式就是在长安街新闻橱窗里露个脸。第一年长安街新闻橱窗里挂出了前十名的照片，这位长跑者只获得第十五名；第二年他跑到了第四名的成绩，结果新闻橱窗里只挂出了前三名的照片；第三年、第四年都是差一点点成绩就可进入长安街新闻橱窗，到第五年，他终于获得了长跑冠军，但长安街新闻橱窗里挂出的却是许多观众观看长跑比赛的照片。这位长跑冠军到底没有在新闻橱窗里露脸，他的境遇也没有什么改变，但他依然坚持长跑，而且他的心态也有了根本变化：无论人生有多少遗憾，无论人生有多么残酷，还是要活下去！而且是好好地活下去！史铁生从长跑冠军那里懂得了：无论怎样，都要好好地活，都要坚持做好一件事。史铁生在他的创作生涯里能够完成350万字文学作品，有不少作品获奖，被译成多种文字，也许就是在地坛里认识的那位长跑冠军的激励所致吧。

20世纪90年代中国正处在社会转型期，剧烈的变革与知识分子秉持的理想主义的冲突日益加剧。正是在这种背景下，《我与地坛》被奉为一部精神性经典，因为它写出了经历过"文革"的那代人的精神创伤和受伤后重新寻找理想的心路历程，从而引发了各个阶层的震撼、回味与思考。《我与地坛》有助于解开知识分子心灵的郁结，为人们窥测那个时代人的精神河流，提供了一种可能。

（易海波）

史铁生

1951年生于北京。著有中短篇小说集《我的遥远的清平湾》《礼拜日》《命若琴弦》《往事》等，散文随笔集《自言自语》《我与地坛》《病隙碎笔》等，长篇小说《务虚笔记》以及《史铁生作品集》。

曾先后获全国优秀短篇小说奖、鲁迅文学奖等。2002年，《病隙碎笔》（之六）获首届老舍散文奖一等奖。

70. 踏遍万里山河，笔书千载华史

——余秋雨《文化苦旅》

知识出版社出版的该书封面

《文化苦旅》
散文集，1992年由知识出版社首次出版。

20 世纪 80 年代，一位身着灰色薄棉袄的文化学者行走在苍茫的西北大漠，或是在千年文物前伫立沉思，或是面对断壁残垣喃喃自语，或喟叹，或感动。于是，在历史遗迹的熏染之中，结束一天疲累行走的他在旅店的案桌上，写下对历史、对文化、对人生新的体悟，再觅得邮筒寄出……

1992 年，那一篇篇寄出并陆续刊登在《收获》杂志上、凝聚着他 20 世纪 80 年代在海内外讲学和考察时对民族历史思考的文稿，最终被汇编成一本散文合集——《文化苦旅》，而这位满身尘沙的文化学者正是余秋雨。

毅然辞去上海戏剧学院院长的职位，一行简装漂泊在西北风沙之中，支撑着余秋雨这一腔孤勇的是他对自我与现实的内省。日渐繁复的学术与应酬逐渐掩埋了生命的激情与张力，如何健全文化人格，达到精神和体魄自洽的反思，让他决心回归文人的纯粹，带着深邃的目光触摸千年文明遗址。这种向内探寻的触摸，在刚经历过十年"文革"对传统文化的破坏以及西方文化随着改革开放的大潮向国内渗透的文化语境中，不仅蕴含着对传统文化的理性思考，更有在民族文化的回溯中重建精神家园，寻觅生命"根源"的恳切初衷。

顺着他求索的步伐，敦煌莫高窟里一幅幅带着宗教色彩、神秘壮美的壁画被徐徐展开，被贬谪至黄州的一代文豪苏东坡，身陷孤苦却满怀豪情壮志地款款走来。在历史的纵深中，我们看见了《道士塔》里的王道士为了一己私利出卖国宝，"一个古老民族的伤口在流血"，也见证了《风雨天一阁》中范钦乃至整个范氏家族对文明不计得失的自觉守护，闪耀着健全的人格光辉。由此，文化苦旅之苦，并非作者的羁旅之苦，而是在历史巨浪的翻涌奔腾中，文明曲折前进与民族脊梁艰难塑造之苦。

但也正是这俗世现实与精神秉性相冲撞的苦汁滋养着先人的哲思、历史的脉络。以杭州的治理历史为例，余秋雨在文中多次提及"生态文化"的概念，无论是杭州刺史白居易对平衡西湖"蓄"与"泄"所采取的措施，五代十国钱镠修筑海堤治水、清理西湖淤泥、撩除葑草，还是苏轼废田还湖，建造"苏堤"，都表明对生态环境的有效维护和治理，才是杭州能成为历代诗人笔下富饶兴盛之宝地的根本。先人的智慧深刻印证了环境友好是谋求发展的关键，绿水青山即是金山银山的硬道理。

有趣的是，当年时任知识出版社编辑的王国伟回忆起初见余秋雨的手稿时，感慨那就像一堆被扔在书房角落里的废纸，满是被各种颜色的笔修改过的痕迹，且稿件向多个出版社投出后都石沉大海。迥异于当时流行的书写个人情愫的散文，余秋雨对国家文明与前途的宏大表达，无疑是独辟蹊径。《文化苦旅》虽然在出版前遇冷，但字里行间吞吐着千载华史开阖的大书写，最终掀起了"文化散文热"，开拓了散文创作的气度和视野。

尤为难得的是，《文化苦旅》一经出版，不仅在国内引起热潮，甚至在新加坡、马来西亚等华人圈中也深受欢迎，余秋雨更被白先勇赞为"20世纪中国最后一位大师级散文作家"。究其原因，是余秋雨对中国历史、民族心理的独特关怀激发了读者对共同文化记忆的情感共振，也是一种对民族文明价值重新发现后的血脉传承。《文化苦旅》这本散文集也因此畅销百万余册，书写了近 30 年来中国阅读史上的重要一笔。

　　文化的苦旅且行至此，余秋雨在自然与人文的历史交汇处让博大精深的中国文化有了新的精神气度，唤起了读者对民族文化的认同与自信。他身体力行的"行路文化"更鼓舞着生命在实践中不断突破围城，创造新的价值。而今站在共和国 70 年的新起点上，《文化苦旅》也正以凝视历史的目光，面向未来焕发出新的活力。

（刘艳婷）

余秋雨

　　1946 年出生，浙江余姚人，作家、文化学者、艺术理论家。曾任上海戏剧学院院长、上海剧协副主席，现任中国艺术研究院"秋雨书院"院长。其代表作有《山居笔记》《霜冷长河》《千年一叹》《行者无疆》等。

71. "人民"生活的记录者

——李修文《山河袈裟》

湖南文艺出版社出版的该书封面

2017年,在文坛消失了十年的作家李修文,携散文集《山河袈裟》再次出现在公众视野,并迅速获得大家的关注和认可。这部散文集"未结集时,单篇即已跨界流传",并于2018年8月11日,摘得第七届鲁迅文学奖散文杂文奖。

《山河袈裟》是李修文在遭遇创作瓶颈后的复出之作。在创作《山河袈裟》前的十年,李修文经历了文思枯竭的痛不欲生。他说:"重新成为一个作家,绝对不是虚言:我在相当长一段时间里写不出东西,这种感受几乎令我痛不欲生,可以说,我能写出一本《山河袈裟》这样的书,也算是历尽艰险的。"从1990年代创作戏仿小说《大闹天宫》《下西洋》等,到21世纪初的言情小说《滴泪痣》与《捆绑上天堂》,李修文算得上是一个极富创造力的作家。可是,这个曾经以写小说度日的人,从来没有想到,有一天会对自己热爱的写作产生怀疑的心理。他几年来也写不出一个字,无论如何,他终究还是写不出。李修文成了一个"失败"的小说家。

而今,那个让李修文重新找到创作源泉,从失败的阴影里走出来的东西便是"人民"。

"人民"在1930年代的左翼文学里,是一个反复出现和被书写的词。1942年5月,毛泽东

《山河袈裟》
散文集,2017年由湖南文艺出版社出版。

2017

《在延安文艺座谈会上的讲话》里强调和凸显了"人民"与生活对文学创作的重要性。1950年代,广大文学创作者深入生活,与人民群众打成一片,创作出大量优秀的文学经典。新世纪,文学的边缘化和娱乐化,使得大多数作家躲进书斋里创作,想象与虚拟令文学与"人民"离得越来越远。

在沉潜十年后,李修文用自己的作品,复燃了"人民"与文学的关系。他的《山河袈裟》是一部快节奏生活里的"慢"作品,重新镀亮了"人民"这个词。

在四海为家的十年里,李修文四处求生,东奔西走。他走过喧闹的城市、狭窄的陋巷、偏远的村庄,穿过荒无人烟的荒漠戈壁,遇见无数平凡世界里坚强生活的"人",如等待疯儿子清醒过来的母亲、挣扎在死亡边缘的病人、街头卖唱黄梅戏的女演员、地震废墟上努力靠近萤火虫光亮的孩子……对平凡世界里那些普通"人"生活的感同身受,是李修文能够写出《山河袈裟》这些故事的根本动因。

创作《山河袈裟》,其实源自他在医院陪护亲人时的因缘巧合。当时,医院有规定不允许陪护人员留宿。每到夜里,李修文就和其他陪护的人在医院四周到处寻找可以过夜的地方。于是,医院的开水房、注射室、天台上、芭蕉树下等地方都是李修文他们这些陪护人寄宿过的地方。而李修文创作《山河袈裟》的直接触动源,则是冬夜里自己与其他陪护者在天台的水塔边睡觉被冻醒这个生活细节。从那时起,他告诉自己要继续写作,应该用尽自己的笔墨,写下自己的同伴还有他们亲人的生活故事。

20多岁时,李修文死活也不愿去外面度日。而生活的困顿与创作的迟疑和停滞,让李修文收获了更多的时间去观察和打量生活。与"人民"一起生活的十年,李修文用自己的笔写下世间那些普通人的情感与尊严,这个过程让他懂得了"人民"于自己和写作的意义。李修文总是把自己和"人民"放在一起,在写作的时候也频繁地使用那个让他有了依靠和底气的词。他觉得"人民"这个词让某种潜藏在他身体里的热情很自然地从文字里生发出来。因此，李修文在创作完《山河袈裟》后，依然不断地对自己重申这样一句话：人民与美，是我要在余生里继续膜拜的两座神祇。

李修文和他的《山河袈裟》为我们创造了新的"人民"美学，他以文学的方式艺术地表达了何为人民性。它是困顿时的道义与尊严，绝望时的隐忍与反抗，卑微里的不屈与不挠……李修文用心灵侧耳倾听他在人群里遭遇的酸甜苦辣，默默做着"人民"生活的记录者。他的《山河袈裟》纪念的是人间亘古的劳苦，是中国人之所以为中国人的底气和尊严，是中国之美在今日生活里的静水深流。

（杨景交）

李修文

出生于1975年，籍贯湖北荆门，作家。现任湖北省作家协会副主席、武汉市作家协会主席。其代表作有《心都碎了》《滴泪痣》《捆绑上天堂》《山河袈裟》等。

2017年12月，获第二届"中华文学基金会茅盾文学新人奖"。2018年8月11日，《山河袈裟》获第七届鲁迅文学奖散文杂文奖。

72. 俯下身子给人民当牛马

——臧克家《有的人》

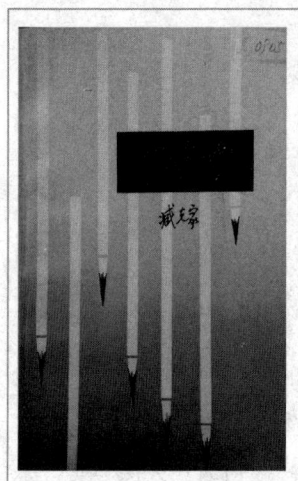

山东人民出版社出版的臧克家诗集《今昔吟》封面,该书收录了《有的人》

《有的人》

1949年10月19日是鲁迅先生逝世13周年纪念日,这首诗写于1949年11月1日,是臧克家为了纪念鲁迅逝世13周年而作。

1949

有的人活着
他已经死了;
有的人死了
他还活着。
有的人
骑在人民头上:"呵,我多伟大!"
有的人
俯下身子给人民当牛马。
有的人
把名字刻入石头想"不朽";
有的人
情愿作野草,等着地下的火烧。
……

在2009年中央电视台播出的《新年新诗会》上,著名主持人沙桐、长啸感情饱满、意味深长地朗诵着《有的人》这首诗,现场的人们倾耳聆听,感受着诗中强烈的情感表达和向上向前的信念。

《有的人》是著名诗人臧克家于1949年11月1日为了纪念鲁迅先生逝世13周年而写的诗作。

臧克家1905年出生在山东诸城臧场,1923年进入山东省立第一师范念书。就在那时,他开始写起白话诗。一次,他向《语丝》投稿并得以发表,这是臧克家第一次在大刊物上发表作品。1927年初,臧克家考入武汉中央军事政治学校,曾随部队参加讨伐杨森、夏斗寅的战斗。他的诗集《自由的写照》就是描写武汉大革命生活的。大革命失败后,他回到故乡,不久因受国民党反动派迫害,臧克家逃亡东北,他用诗歌记录了他在东北的生活。1930年,臧克家入读国立青岛大学(现山东大学、中国海洋大学前身)中文系。在校期间,他的新诗创作得到闻一多、王统照的鼓励与帮助,大学毕业之际,在老师闻一多、王统照等文学前辈帮助下,出版了诗集《烙印》《罪恶的黑手》。

虽然那时的臧克家已经诗名远扬,但他仍希望得到鲁迅先生的指教。1934年11月底,他把《罪恶的黑手》寄给鲁迅先生,鲁迅在他的日记中写道:"臧克家寄赠《罪恶的黑手》一本。"1936年7月,臧克家结识了在青岛创作的萧军,从萧军那里得到鲁迅的新地址后,马上把诗集《自己的写照》寄给鲁迅。1936年10月19日鲁迅先生去世,臧克家无比悲痛,写出《喇叭的喉咙》一诗悼念鲁迅先生。自1936年至1981年,臧克家撰写纪念鲁迅先生的诗文有18篇之多,表达了对鲁迅先生的无比敬仰之情。

1949年10月19日,是纪念鲁迅逝世13周年的日子,胜利得解放的中国人民第一次在全国各地隆重纪念鲁迅这位伟大的文学家、思想家和革命家。臧克家参加了首都的纪念活动,并去瞻仰了鲁迅故居。臧克家尽管没有与鲁迅先生见过面,但站在鲁迅故居前,想象着鲁迅在这里创作《华盖集》《华盖集续编》《野草》等作品的场景,钦佩之情油然而生,他吟咏着鲁迅的名句"横眉冷对千夫指,俯首甘为孺子牛",回想起鲁迅所写的"我自爱我的野草,但我憎恶这以野草作装饰的地面。地火在地下运行,奔突;熔岩一旦喷出,将烧尽一切野草……"这样的诗句,感到有一股诗意在迸发,但是又不能立马完成,只能匆匆记下自己灵感一现的片言只语:"有的人/俯下身子给人民当牛马""有的人/

情愿作野草,等着地下的火烧",他记下这些句子,留着做诗歌的种子。这两节诗句,臧克家巧妙地化用鲁迅诗文以讴歌鲁迅精神,形象而又鲜明。

  一首好诗就这样产生了!这首诗,无论在当时,还是在现在,它在给读者以诗歌美感的同时,还给读者以精神、灵魂的洗礼。70年过去了,这首诗的光芒依然闪亮,人们还是时不时地引用其中的名句,歌颂那些脚踏实地、为民劳作者,同时抨击那些企图在人民头上作威作福的自大者。这首诗以高度浓缩概括的句子,总结了两种人、两种人生选择和两种人生归宿,讴歌了鲁迅先生甘为孺子牛的一生,抒发了对那些为人民而活的人们由衷的赞美之情。

  诗人刘章曾经高度评价臧克家这首诗"感情饱满,思想深刻,是使人过目不忘的好诗"。是的,一首好诗,它永远不会过时,它时刻在人们心中激荡!

(易海波)

臧克家

  1905年出生,山东诸城人,曾用名臧瑷望,笔名少全、何嘉。杰出诗人,著名作家、编辑家。中国诗歌学会会长,曾任《诗刊》主编。其代表作有《老马》《有的人》《罪恶的棕熊》《难民》等。

  臧克家的作品多次获奖,曾被翻译成多种文字,在国内外产生广泛影响。臧克家是中国现当代文学史的重要一页,中国现实主义新诗的开山人之一。

73. 凡有石油处，
皆有玉门人
——李季《玉门诗抄》

作家出版社出版的该书封面

多少颗年轻的心，长起翅膀飞向南方。可是我呀，我却深深地爱着无边的戈壁，我把玉门油矿当作自己的家乡。

被誉为中国第一位"石油诗人"的李季，写下这般诗句表达自己对玉门的热爱，更是对中国石油工业的极大称颂。在那一望无际的戈壁上，在祁连山下那块神奇的土地上，李季为中国石油文学留下了一笔笔灿烂的遗产。在众多的作品当中，短诗集《玉门诗抄》更是在一代又一代人的心中留下不可磨灭的印象与深远的影响。即使时光悄然流逝，也难挡其散发出来的光芒。

我们都道"春风不度玉门关"，却很少了解在玉门诞生了新中国第一口油井、第一个油田。1952年，李季来到玉门，担任矿党委宣传部部长，从此他与玉门的不解之缘便开始了。李季在这个远离繁华的边陲之地扎根，在与玉门石油人朝夕相处的日子里，他深刻体悟到石油人的坚毅与顽强、血性与感性，因而吟唱出《玉门诗抄》这样的诗歌集。在这部诗集里，没有华丽的辞藻，没有过分的矫揉造作，有的只是李季的赤热与真诚，以及与石油战士们牵连不断的那份浓浓真情。

《玉门诗抄》

短诗集，1955年由作家出版社首次出版。

在玉门，李季不像是一个宣传部部长，更不像是一个文绉绉的作家，而像是一个彻彻底底的石油工人。他每天忙上忙下，行走在荒凉的戈壁上，察看井架的情况，同工人们"打"成一片。一次机缘巧合，李季认识了王进喜。一天晚上，气温很低、寒风刺骨。李季发现王进喜竟然只穿了一件十分单薄的棉衣在工作。李季便问道："你的老羊皮衣服去哪儿了？"王进喜只是笑了笑，淡淡地说了一句："给司钻了。"李季得知后，坚决脱下自己的老羊皮衣服给他穿，王进喜不接受，李季就发脾气。王进喜只得作罢，收下了李季的一片"暖心好意"。

茫茫大戈壁，一眼望不到头，即使长久居住在此的人也很容易迷失方向，更不用说对于像李季这样初来乍到的人。一次他独自一人外出，不慎在辽阔的戈壁滩上迷失了方向。夜幕降临，沉沉夜色将李季渐渐吞噬，耳边只有风沙的呼啸声。可豁达的李季并没有惊慌失措，反倒是以天为被、以地为床，一头钻进厚厚的沙子里，就这样过了一夜。

在玉门油田的几年生活，让李季彻彻底底成了一个"玉门人"，任谁都不能说半句玉门的不好。在这里，他同石油工人同吃同住、同苦同乐。他已经爱上了这块看似荒凉的土地，爱上了这里勤劳朴实的玉门人，爱上了艰苦奋斗的玉门石油工人。

人们常言：作品来源于生活。正是对玉门的热爱和自身丰富的生活实践，让李季创作出大量的"石油诗歌"。1955年出版的《玉门诗抄》，共收录了李季石油题材的短诗25首。每一首短诗都盛情地歌颂石油工人们无私奉献的优秀品质，传达出玉门人所特有的自豪感。质朴的文字，刻画出那个特定的年代新中国石油产业的发展、中国人热切盼望祖国越来越好的期望与信心。在《我问昆仑山》中，他说："仰望昆仑山，昆仑顶着天。昆仑昆仑我问你：千山万岭打从哪儿起？"这似乎是在询问昆仑山，我们新中国的石油事业该如何建立起来。

在诗的最后，他写道："遍山都是宝，地下油如泉；敢于胜利的就是勇敢的人，那钥匙就是一颗勇敢的心。"不管在当时还是现在，或是未来，要稳定发展我们的石油事业，都必须拥有一颗勇敢的心。

李季曾写道："苏联有巴库，中国有玉门。凡有石油处，就有玉门人。"其实凡有石油诗的地方，也都有李季。李季1980年因病与世长辞，他用自己的一生，用自己质朴的笔触来讴歌中国人民最善良、最朴实的品质。中国石油文化的发展，离不开他的贡献与努力。正如孙犁所说"他不是天生之才，而是地造之才，是大地和人民之子"。这位时代的记录者，这位平凡却伟大的"石油诗人"，值得我们铭记，那一首首脍炙人口的石油诗更值得我们去珍藏和思考。

（刘婕宇）

李季

1922年出生，河南唐河人。笔名里计、于一帆等，现代著名诗人。曾任《长江文艺》主编、《人民文学》主编、《诗刊》主编、中国作家协会副主席等。其代表作品有《王贵与李香香》《玉门诗抄》《玉门诗抄二集》《石油大哥》《红卷》《毛泽东少年时代的故事》等。

74. 草原民族的诗意世界
——闻捷《天山牧歌》

作家出版社出版的该书封面

《天山牧歌》

诗歌集，1956年由作家出版社首次出版。

1956

闻捷原名巫之禄，曾用名赵文节。1945年，闻捷在《群众日报》工作，参加解放西北的战斗，随军来到了新疆，新中国成立后担任过新华社新疆分社社长。

闻捷在给文友的一封回信里面说："我们伟大的祖国正在向社会主义前进，每日每时都涌现出很多新的人物、新的事迹，这正是需要诗人来讴歌的。我认为只有热爱自己工作的人，并且能深入实际与人民同呼吸共命运的人，才能写出较好的作品来。"

闻捷是这么说的，也是这么做的。作为一名记者，他深入基层，走遍了新疆的山山水水；在工作之余，他进行诗歌创作，歌唱少数民族兄弟的劳动和爱情。

1955年，他以闻捷的笔名投给《人民文学》一组诗歌。当时，编辑们都不知道闻捷是谁，但是品读作品之后非常满意，决定立即发表。时任《人民文学》诗歌编辑组组长的老诗人吕剑，立即按照稿子上的通信地址发信相邀作者来面谈。

闻捷的老朋友、著名诗人李季回忆说："1955年春天，有一天，他突然交给我一叠诗稿，要我帮他看看，可不可以发表。我当场就一首一首读了起来。怎么会忘记我那时的惊喜心情呵！还没读完，我就欣喜若狂地用双手把他抱了起来，喃喃地说：'多么好的诗呵！你这个机灵鬼，什么时候写的？我怎么一点也不知道？对我还保密呀！'"

1955年《人民文学》陆续发表了闻捷的组诗《吐鲁番情歌》《博斯腾湖滨》《果子沟山谣》和叙事诗《哈萨克牧人夜送"千里驹"》。这些作品，基本都是描述新疆兄弟民族的新生活。后来，作家出版社将这些作品和闻捷的其他表现新疆风貌的诗作一起结集为《天山牧歌》，在1956年9月出版。

《天山牧歌》不仅具有强烈的民族色彩，而且有着鲜明的时代特征。它是当代文学史上第一部反映边疆少数民族生活的抒情诗集，诗歌语言朴实无华，笔调真挚优美，风格清新自然，借鉴新民歌的表现手法，富有艺术感染力。在刻画少男少女的爱情心理方面，闻捷的诗独到新颖、细腻动人，受到广大青年的欢迎。谢冕评论说："闻捷成功地将哈萨克民间习俗、歌谣、服饰、自然风光融成了一个草原民族的诗意世界。"《天山牧歌》一出版，就引起了良好的反响，它成为新中国成立17年间最有影响力的诗集之一，闻捷因此享誉文坛。

闻捷的写作呼应了时代，反映了时代，正如闻捷自己所言："真正的诗人不能离开时代生活而隐居于桃源仙境，他的诗总会或多或少地含有时代气息。"但闻捷又在很大程度上超越了时代，他选准了抒写兄弟民族的爱情这个"突破口"，创作了热烈奔放、别开生面的爱情诗歌。当时的诗坛流行政治化、概念化诗歌，《天山牧歌》犹如一缕清风吹进诗坛，令人耳目一新。多年后读来，依旧能够打动今天的读者。

2005年，中央电视台举办《新年新诗会》，张泉灵、文清、鞠萍朗诵了闻捷的诗歌《苹果树下》。

……苹果树下那个小伙子，

你不要、不要再唱歌；

姑娘踏着草坪过来了,
她的笑容里藏着什么?……
说出那句真心的话吧!
种下的爱情已该收获。

前几年,在闻捷的家乡镇江,2 位退休老人耗时 11 年,个人投资 10 多万元,从手边没有一件与闻捷有关的纪念品开始,陆续从全国各地以及本地收集跟闻捷有关的物品,建成了现有规模的闻捷纪念馆。2013 年 3 月,闻捷纪念馆网站开办,内容之丰富,运行之正常,在全国民办名人纪念馆网站中也是名列前茅的。

闻捷虽然已经离开近半个世纪,但人们一直记得他,记得他的作品。这充分说明,闻捷的诗歌有着旺盛的生命力。

(高求忠)

闻捷

原名巫之禄,曾用名赵文节,生于 1923 年,江苏丹徒人。1945 年开始发表作品。其代表作有《吐鲁番情歌》《果子沟山谣》《苹果树下》等以及诗集《天山牧歌》《生活的赞歌》等。

75. 天堑变通途
——毛泽东《水调歌头·游泳》

《水调歌头·游泳》手稿

《水调歌头·游泳》

发表于《诗刊》1957年1月的诗歌。

1957

一桥飞架南北，天堑变通途。

这是毛泽东的词《水调歌头·游泳》中广为流传的一句。词中"一桥飞架南北"指的是当时正在修建的武汉长江大桥，而"天堑"则是指长江。

武汉地处长江中游，汉水由此汇入长江。于1957年10月15日通车的武汉长江大桥是万里长江上的第一座大桥，也是新中国成立后在长江上修建的第一座公路铁路两用桥，大桥将被长江分隔的京汉铁路和粤汉铁路连为一体，从而形成了完整的京广铁路，对促进中国南北经济的发展起到了重要的作用。

1954年，中央人民政府决定修建武汉长江大桥。那时候，新中国百废待兴，没有建桥的机构也没有相关技术，只能一方面寻求苏联"老大哥"的技术援助，另一方面集结工程师、铁道兵、复员军人以及上海交通大学、上海同济大学、中南土木建筑学院的毕业生等组成建设队伍。大桥于1955年9月动工，当时毛泽东视察了全部工程。

1956年5月底，毛泽东再次视察武汉长江大桥工地并听取关于大桥建设的情况汇报。当时负责汇报的是大桥工程局局长彭敏。毛泽东问得很详细，不仅问了工程的进展、遇到的困难、人才的培养、施工的管理，还询问了一些有关桥梁科技的专门知识。毛泽东对交给他的汇报材料看得非常认真，连材料上多印了一个"4"字，也指了出来。

听完汇报，毛泽东对大桥的建设很满意，并于6月1日、3日、4日，在初具雏形的大桥下三次畅游长江。游泳过后，他兴致未尽，挥毫写下了《水调歌头·游泳》。

这首最早发表在《诗刊》1957年1月的词，其实是一首即兴之作，反映出毛泽东当时舒畅乐观的心情。全词运用革命的现实主义和革命的浪漫主义相结合的创作方法，谱写了一曲社会主义革命和社会主义建设的战歌。词的下阕展示了一幅社会主义建设的瑰丽图景，描写了在社会主义条件下长江的伟大变革。1956年，中国农业、手工业、资本主义工商业的社会主义改造基本完成，促进了生产力的发展，社会主义建设出现突飞猛进的新局面。这首词表达了毛泽东带领中国人民建设祖国和改变山河的豪迈气概，体现出毛泽东对未来的展望，也点出了武汉长江大桥作为我国第一个五年计划主要成就，对于贯通大江南北的历史意义。

毛泽东一生酷爱游泳，对长江也有着特殊的感情，他把浩瀚的长江比作天然的游泳池，多次畅游长江。他在1957年2月11日给黄炎培的信中说："游长江二小时漂（'漂'原文作'飘'）三十多里才达彼岸，可见水流之急。都是仰游侧游，故用'极目楚天舒'为宜。"

1893年12月26日，毛泽东生于湖南湘潭韶山的一个农民家庭。1913年，他离开家乡进入湖南第一师范学校，青少年时期即开始诗词创作，留下了不少经典作品，如1915年的《挽易昌陶》、1925年的《沁园春·长沙》、1927年春填词的《菩萨蛮·黄鹤楼》等。这位带领中国人民挣脱黑暗、建立新中国，引导中国走上社会主义发展道路的伟大领袖，他的伟大抱负和恢宏气魄让他的诗词与众不同,极富感染力。

毛泽东诗词,令深邃的思想性和高度的艺术性完美结合,堪称典范。这些诗词,不仅是他几十年革命实践的心路历程,也是他各个历史阶段的诗化丰碑,体现了中国精神、中国智慧和中国力量,并且紧扣时代脉搏,高扬时代精神,反映人民心声,饱含振兴中华、实现中华民族伟大复兴的思想和精神力量。

从60多年前长江上的第一座大桥建成并通车,到2018年世界上最长的跨海大桥港珠澳大桥顺利贯通,中国的桥梁建设史,代表着中国人民自力更生艰苦奋斗的创业史,完成了从零的突破到走向世界之巅的宏伟篇章。毛泽东在《水调歌头·游泳》中最后一句感慨"神女应无恙,当惊世界殊",用在社会发展成绩斐然的今天,也是再合适不过的!

(李琼)

毛泽东

1893年生于湖南韶山。中国人民的领袖,马克思主义者,伟大的无产阶级革命家、战略家和理论家,中国共产党、中国人民解放军和中华人民共和国的主要缔造者和领导人,诗人,书法家。其代表作有《矛盾论》《实践论》《论持久战》《沁园春·雪》等。

76. 向星空瞭望
——郭小川《望星空》

刊载《望星空》的《人民文学》1959年第11期封面

《望星空》

发表在《人民文学》1959年第11期的诗歌。

1976年10月的一个夜晚,在河南省安阳地委第一招待所西楼101房间里,引燃的被褥床垫等物散发出浓浓的烟雾。一个50多岁的男人倒卧在房间里,他早就失去了知觉,最后又慢慢因窒息而失去了生命。他就是大名鼎鼎的诗人郭小川。

说起郭小川,爱好文学的人还是比较熟悉的。他是河北承德市丰宁县凤山镇人。少年时面对国家危亡的严峻局面,他在转徙飘零中毅然参加了抗日救亡运动,积极参与抗日斗争。后来参加了解放运动,一直以诗歌作为武器战斗在一线。他鼓舞人民的斗志,歌颂未来的光明。在20世纪五六十年代,他的创作渐渐成熟,推出了许许多多脍炙人口的作品,展现出他的过人才华和政治高度。他几乎成了红遍大江南北的大诗人。他的诗歌和时代、政治紧密联系,激情磅礴地抒发自己对社会的思考、对生活的热爱、对理想的追求、对新时代的歌颂。由于他极富鼓动性的昂扬热烈的政治诗,也由于在文坛的活跃,他自然不可避免地被卷入政治的旋涡之中,命运变得起伏不定。尤其是"文革"爆发之后,他被送往湖北咸宁"五七"干校劳动改造,并继续接受审查。他的人生由此陷入低谷。就在他的命运快要出现转机之时,却意外地发生了失火惨剧,他的生命戛然而止,永远停留在那个潜藏了春的消息的秋季。

其实在"文革"之前,郭小川就曾经因为自己的诗歌而备受批评与指责。他创作于1959年的著名政治抒情诗《望星空》,在社会上产生过很大的影响。这首诗歌不再限于政治性的口号,而是具有了新的特质。它代表了诗人对文学的回归和对于艺术的追求。他曾经说过,他"所向往的文学,是斗争的文学……这里需要很多很多新颖而独特的东西,它的源泉是人民群众的生活的海洋,但它应当是从海洋中提炼出来的不同凡响的、光灿灿的晶体"。他实际上就是希望艺术地表现自己的澎湃的情感,打磨出真正的艺术精品。但是这也遭到了"思想感情不健康"的指责。

《望星空》全诗共分四节,整个感情基调深沉而严肃,一洗他诗歌中特有的那种热烈而欢快的气氛。全诗语言还是那样铿锵有力,明朗豪迈。当诗人面对浩瀚无垠的星空时,他内心所呈现出来地对个人命运和时代走向的双重担忧,以抑扬顿挫的长短句表达得淋漓尽致。这里面不再是仅仅歌颂新的时代,而是开始思考个人与永恒、个人与历史、个人与国家、个人与命运等多重关系。郭小川毕竟是一个政治抒情诗人,他必须回到自己的使命上——为自己所处的全新的时代而放声歌唱,即使面对艰难险阻也一往无回。向往和追求光明的未来,思索并敢于担当严峻的现实,相信人定胜天的豪迈斗志,是一个革命者所具有的品格和勇气。将人间的世界建设成现实的天堂,对一个高歌猛进的革命者来说,依然还是主旋律。

我们要把广漠的穹窿,
变成繁华的天安门广场;
让满天星斗,
全成为人类的家乡。

诗歌最后点明主题,从星空而降落到诗人所处的时代、诗人所热爱的国度和政党这一现实点上。人间天堂,是时代的梦想和追求。从技术层面看,他那简练刚劲的语言和明朗清晰的意象,绝对不是偶然出现的。他的诗风里显然有苏联诗人马雅科夫斯基的政治抒情诗的影响,他显然是学习并消化了当时最新的诗歌理论和技巧,并将之完美地融入中国新发展起来的新诗之中,使新诗得以更加丰富并指向一种迥异于传统的古典诗词的美学境界。正是由于包括郭小川在内的有影响力的诗人的有益探索,才使我们今天的新诗发展和开拓出了全新的疆域,呈现出了一种全新的面貌,并最终形成了日趋复杂而成熟的丰富状态。由此而言,郭小川《望星空》这样的新诗歌的出现,其实就是诗歌发展史上不可或缺的重要一环,是要永远载入新诗诗歌史上的光辉篇章。尤其重要的是,它强烈参与政治的热情和追求光明未来的澎湃雄心,对后来的诗人们具有不可逾越的典型文本价值和精神导向价值。

(苏大平)

郭小川

原名郭恩大,1919年出生,河北丰宁人。诗人。其代表作有《平原老人》《投入火热的斗争》《致青年公民》《鹏程万里》《白雪的赞歌》《深深的山谷》《一个和八个》《将军三部曲》《甘蔗林——青纱帐》《昆仑行》等。

77. 当祖国需要的时候
——贺敬之《西去列车的窗口》

刊载《西去列车的窗口》的《人民日报》1964年1月22日版面

《西去列车的窗口》

发表在1964年1月22日《人民日报》的诗歌。

1964

说起贺敬之，可能很多人首先想起来的是由他和丁毅执笔、集体创作的新歌剧《白毛女》。这部新歌剧不仅在当时引起空前轰动，后来甚至走出了国门，经常在国外上演。1951年，《白毛女》还获得了斯大林文学奖。作为一个担任过文化部副部长、中宣部副部长、文化部代部长的大诗人，贺敬之的影响是深广而有力的。他不仅在新歌剧上有筚路蓝缕之功，在新诗的创作和探索上一样有着不可磨灭的成就和功绩。他和郭小川都是影响很大的政治抒情诗人，两人的创作无论在题材上还是在技巧上都很相似或接近。

贺敬之少年时，日寇大肆侵略中国，北方山河破碎，大部分已经沦陷敌手。举世震惊的台儿庄战役爆发后，耳闻目睹日寇的凶残暴行和流民的凄惨生活，贺敬之毅然加入抗日救亡运动。他1940年来到延安，进入鲁迅艺术学院文学系学习。

贺敬之进入鲁迅艺术学院，中间还有一个插曲。由于战乱，华北地区已经没法放下一张宁静的书桌，贺敬之由此失学，当他来到延安的时候，他的学历只是初一的程度。他是直奔鲁迅艺术学院文学系来的，但是这个系录取的学生要求有一定的文学基础。如果按照学历，贺敬之根本就没法被录取。他自己在面试之后，也一度对此不抱太大的希望。但是文学系给了他一个意外的惊喜：他最终被录取了。录取他的原因，是文学系主任何其芳看了他在奔赴延安途中所创作的一组诗歌《跃进》，何其芳觉得他的诗歌写得很好，称赞道："他是很有些诗的感觉的！"

在何其芳的关心下，贺敬之进步很快。他不仅从中国的传统诗词里吸取营养，从民歌里吸取营养，还从国外的诗人那里吸取营养。何其芳在诗歌里甚至还称他为"马雅科夫斯基"，那时他还未满17岁，就已经在鲁迅艺术学院崭露头角，由此开始了他繁忙而又激情澎湃的诗人生涯。

20世纪五六十年代，党和政府动员和组织知识青年离开城市，上山下乡，支援贫穷落后的农村和边远山区。在党和政府的号召下，许多东南部和中原地区的青年跋涉数千里，不辞艰辛，支援新疆。贺敬之的代表作之一——《西去列车的窗口》，就是在这个历史时期产生的。

政治抒情诗歌，如果把握不好，就会流于空洞。宏大的主题，如何驾驭，对于诗人往往是一个考验。贺敬之将这一个棘手的问题轻易地化解了。他仅仅是选取了这场浩大运动中的一个片段——也是一个"窗口"，将时代的滚滚洪流淋漓尽致地展现了出来。

呵，大西北这个平静的夏夜，

呵，西去列车这不平静的窗口！

一群青年人的肩紧靠着一个壮年人的肩，

看多少双手久久地拉着这双手……

全诗写了一群上海知识青年和一位曾经参加过南泥湾垦荒的老战士、塔里木垦区派出的带路人在去往新疆路途中的几个片段。诗歌格调激越，情绪昂扬，开篇展现了广阔而热烈的生活场面。透过车窗，出现在人们眼前的是黄河、灯火、月亮、高原、长城、朝霞、太阳等鲜明而又纷繁的事物，交织着想象的往昔革命先烈火热战斗和艰苦奋斗的场景。全诗呈现出豪迈而又深沉的气势，歌颂了新生的政权和青年们的理想，体现出贺敬之政治抒情诗将"诗人的'自我'跟阶级、跟人民的'大我'相结合"的特点。

在这首诗歌里，政治运动不再是空洞的口号，而是和艺术合二为一，和谐地水乳交融。诗歌所歌颂的是时代的革命洪流，已经超越了个人命运的呻吟。诗歌不仅展示了社会主义建设初期的壮丽画卷，而且也提出了现实中存在的严峻问题。

贺敬之的这首诗歌在当时产生了巨大的影响，鼓舞了上山下乡知识青年的斗志。他们在奔向未知的命运之时，他们在面对艰难困苦之时，这首激情昂扬的诗歌给他们疲倦的肉体和精神带来慰藉，使他们对未来增加更多的憧憬和想象。这就是这首诗歌的精神价值所在。

（苏大平）

贺敬之

曾用笔名艾漠、荆直，1924年出生，山东枣庄人。曾任《剧本》月刊和《诗刊》编委、中国戏剧家协会书记处书记等职，中国文学艺术界联合会第十届荣誉委员。其代表作有和丁毅执笔集体创作的我国第一部新歌剧《白毛女》，抒情短诗《回延安》《放声歌唱》《雷锋之歌》《中国的十月》《"八一"之歌》等。

78. 一首《乡愁》，两岸泪流

——余光中《乡愁》

《乡愁》手稿

《乡愁》

1972年创作的诗歌，后被收录于1974年出版的余光中诗集《白玉苦瓜》中。

1972

小时候

乡愁是一枚小小的邮票

我在这头

母亲在那头

……

读着这首由著名诗人余光中写于 1972 年的经典诗作《乡愁》，我们不由自主就会联想到他那不停奔波的一生。

余光中 1928 年 10 月出生于南京。1938 年，因为日本侵略，妈妈把他用扁担挑在肩上，一路逃亡。"童年的天空啊，看不见风筝，看到的是轰炸机。"这一段童年"蒲公英的岁月"在余光中心里留下了极深的痕迹。后来他辗转多地，在来去匆匆之中，与家人的聚散离合，对故乡的眺望，让他的心里始终牵扯着一种情愫。20 世纪 90 年代，著名主持人杨澜采访余光中先生，问他："您去过那么多的地方，如果在地图上标出来，最心爱的地方是什么？"余光中回答："这很难说，因为我住过厦门，在美国也住过好几个地方。所以，有人说我是乡愁诗人。可是我觉得我的乡愁，不是同乡会似的，不是某省、某县、某村，因为乡愁可以升华或者普遍化，成为整个民族的感情寄托。"余光中还借用他自己诗作《登长城》中的诗句"我不是匆匆的游客 / 是归魂"来说明他的"叶落归根"观念，于他而言，乡愁已成为他的寄托。

历史和经历培养了余光中的才情：南京是六朝古都，紫金山风光、夫子庙雅韵早已渗入他的血脉；抗战中辗转于重庆，浸润嘉陵江水、巴山风俗；后来到香港，定居台湾，辗转求学……因为台湾和大陆长时间的隔绝，余光中多年没有回过大陆。于是在1972年1月21日那天，《乡愁》一诗呼之而出。回忆起创作《乡愁》时的情景，余光中说："随着日子的流逝愈多，我的怀乡之情便日重，在离开大陆整整20年的时候，我在台北厦门街的旧居内一挥而就，仅用了20分钟便写出了《乡愁》。"

按余光中的话说，这首诗其实非常写实：小时候上寄宿学校，就是通过邮票与妈妈通信，当年母亲担着他背井离乡躲避战火的情景历历在目；婚后赴美读书，回到台湾需要坐轮船，漫漫长途，船票就成了乡愁的寄托；后来母亲去世，坟墓成为乡愁印记，"我在外头 / 母亲在里头"，永失母爱的痛不知感动了多少人。诗歌前三句思念的都是女性，到最后一句余光中想到了大陆这个"大母亲"，于是意境和思路便豁然开朗，就有了"乡愁是一湾浅浅的海峡"一句。

内容上，按时间顺序，从"幼子恋母"到"青年相思"，到成年后的"生死之隔"，再到对祖国大陆的感情，不断发展的情感，逐渐上升，凝聚了余光中自幼及老的整个人生历程中的沧桑体验。乡愁的对象，由具体的"乡"，到抽象的民族的"乡"，从地域之乡，到历史之乡和文化之乡，使"乡愁"逐渐沉淀出丰富的内涵和表现力。这首诗的语言纯净、清淡，浅白真率而又意味隽永。"小小""窄窄""矮矮""浅浅"等叠音的形容词，增强了语言的生动性。

《乡愁》触发了千万游子的思乡之情，一经发表，海峡两岸反响空前。台湾歌手杨弦随即将《乡愁》谱曲传唱，当时 80 多岁的王洛宾也将《乡愁》谱曲，自己边舞边唱，那个场景，令人动容。

2011 年 12 月 11 日，余光中在华南理工大学讲学时，在千余名学生面前亲自朗读了自己为《乡愁》续写的第五段：

而未来，

乡愁是一道长长的桥梁，

你来这头，

我去那头！

这一段非常形象地把乡愁化成往来的桥梁，描绘出海峡两岸紧密联系、共同繁荣发展的图景，表达了余光中先生对两岸统一的信心，真是难能可贵。

乡愁是道不尽、写不完的，从小时候到成年，乡愁始终与我们的童年、母亲、爱人和故乡联系在一起，因为所思、所念在那里，那里便是自己的故乡，故乡便永远牵引着游子的思绪和想念。余光中《乡愁》的魅力，就在于它勾起无数人对亲人的情思和对故乡的记忆。

（易海波）

余光中

　　1928 年生于南京，祖籍福建永春。当代著名作家、诗人、学者、翻译家。其代表作有《白玉苦瓜》（诗集）、《记忆像铁轨一样长》（散文集）及《分水岭上》（评论集）等，其诗作如《乡愁》《乡愁四韵》，散文如《听听那冷雨》《我的四个假想敌》等，被广泛收录于语文课本。

79. 中国朦胧诗的开山之作

——北岛《回答》

如果海洋注定要决堤,

就让所有苦水都注入我心中;

如果陆地注定要上升,

就让人类重新选择生存的峰顶。

新的转机和闪闪的星斗,

正在缀满没有遮拦的天空。

那是五千年的象形文字,

那是未来人们凝视的眼睛。

1976年清明前后,诗人北岛创作了这首短诗《回答》。后来这首诗作为第一首公开发表的朦胧诗,刊载于《诗刊》1979年第3期,在社会上引起热烈讨论,开启了中国的朦胧诗时代。此后,《回答》成为各类朦胧诗集的压卷之作,也成为中国当代文学诗歌史上的璀璨明珠。

北岛,原名赵振开,1949年生于北京。1965年北岛进入北京四中读书,他认为那是他人生中最重要的转折点。1966年,"文化大革命"开始了。当时,影响颇大的遇罗克《出身论》事件,对北岛影响很深,他的朋友被抓入监狱,他也因此认识了志同道合的伙伴,尤其是日后与他一同创立《今天》的芒克。1968年,北岛的红卫兵生涯结

《回答》手稿

《回答》

创作于1976年清明前后,初刊于《诗刊》1979年第3期的诗歌。

1976

束,迎接他的是长达十多年的工地生活,他做了六年混凝土工、五年铁匠。

"文革"结束后,全国上下都在批判"文革"十年的混乱,而当初作为红卫兵参与政治运动的北岛,一下子失去了全部的信仰,感到强烈的背叛与利用。北岛在《回答》一诗中控诉了"文革"时代黑白颠倒、泯灭人情的社会现实,刻画了一代人信仰的崩塌与迷茫,表达了重建新时代的渴望与决心。《回答》这首诗之所以能引起极大的反响,最重要的是诗人喊出了无数青年压抑已久的心声,那是经历"文革"后,人们共同的伤疤。北岛在诗中以毁灭世界又重建一切的勇气,给予人们与时代抗争的力量,肯定了个人不容忽视的地位与作用,解救了一大批被传统、权威压得喘不过气来的人。北岛也一跃成为当时青年学生狂热崇拜的对象,《回答》成为街头巷尾人所能诵的名作。

1978年,北岛与芒克等人创办了民间诗歌刊物《今天》,并发表以《回答》为代表的一系列诗作,这些诗大多带有晦涩难懂的特点,所以又被称为朦胧诗。朦胧诗的创造成为当时风靡文坛的运动,但是却并未让北岛这个先行者受到优待,他反而因为诗作过于坚持自我而遭到冷落与批评。他所创立的刊物《今天》坚持表现自我的理念,尤其登载多期对当时属于主流的"伤痕文学"的批评,更突出了其有悖于反映新中国命运与转折的价值追求,"向后看"成为北岛的骂名。不久,《今天》被查禁,北岛选择了出国留学,此后长达几十年的去国经历,让他放弃了诗歌写作。他还在创作散文,但是却不再是《回答》中的模样。"北方沉默的岛",是他对于自己笔名的解释。

北岛一直都是孤独的,"文革"的动荡起伏让他怀疑一切、敏感多思,十多年工地的机械化生活更让他变得孤僻而顽固,《今天》的停办对他而言不仅是梦想的破灭,更是价值的崩塌……那位曾经在诗作中无畏一切、打破一切的英雄,那位用诗歌诉说一代人境遇、鼓舞无数青年的诗人,永远地关上了自己与诗歌之间的大门。

但是，不可否认，《回答》是北岛在那段动荡的岁月中吹响的、唤醒青年一代的号角，是与过去的黑暗时代彻底告别的宣言。北岛用他独特的冷抒情的方式，将那时的现实一一象征进诗里，批判着，呼喊着，宣告着，挑战着……

（方芳）

北岛

　　本名赵振开，1949年生于北京，祖籍浙江湖州。中国当代诗人，为朦胧诗代表人物之一，是民间诗歌刊物《今天》的创办者之一。著有诗集《陌生的海滩》《北岛诗选》《在天涯》《午夜歌手》，散文集《蓝房子》《午夜之门》《时间的玫瑰》《青灯》和小说《波动》，代表诗作有《回答》《一切》等，作品被译成20余种文字。

80. 新时代女性的独立宣言
——舒婷《致橡树》

刊载《致橡树》的《诗刊》1979年第4期封面

《致橡树》

创作于1977年,发表于《诗刊》1979年第4期的诗歌。

在不少游客中流传着这样一句话:没到过鼓浪屿,就不算来过厦门;没拜访过舒婷,就不算来过鼓浪屿。这就好比人们来到湖南凤凰,就必定会提到沈从文,想到《边城》一般。

舒婷是我国著名女作家,从小随父母定居在厦门。虽然她后来写过不少散文、随笔,总量已经远远超过诗歌,可是大多数读者只记得她是诗人,常常把她的名字等同于《致橡树》。因为《致橡树》在我国可谓家喻户晓,传诵至今,影响力实在太大了,无论走到哪里,只要介绍舒婷,主持人都会说,这是写《致橡树》的舒婷。于是,"舒婷"就与"致橡树"合二为一了。

1977年初夏的一天,舒婷陪着她的老师兼同乡蔡其矫在鼓浪屿散步。蔡其矫向她说起这辈子碰到过的女孩。在20世纪70年代公开谈论喜欢的女孩子是一件大胆的事。他说有的女性漂亮,但没有头脑;有的女性有头脑,但又不漂亮;还有些女性既漂亮又有才华,可是不温柔。舒婷听后很有想法,怎么男人看女人的眼光那么挑剔?又要温柔,又要漂亮,又要有才气。女性也有自己的看法,她们也对理想中的伴侣有所希冀。于是，那天回到家，她一口气写成了《致橡树》。

> 我必须是你近旁的一株木棉，
> 作（原文作"做"）为树的形象和你站在一起。
> 根，紧握在地下，
> 叶，相触在云里。

那时"文革"刚刚结束，人们都希望解放自我、实现自我，呼唤平等和自由。在这样的时代背景下，舒婷以女性特有的细腻和敏感，怀着对女性的关怀，写下了这首具有影响力的诗。她采用攀援的凌霄花、痴情的鸟儿、泉源、险峰、日光、春雨六个形象，对传统的依附型爱情观进行否定，并提出了自己理想的爱情观：平等，独立，而又深情相依，共同成长，共同面对风风雨雨。

第二天，舒婷把这首诗给了蔡其矫。他将这首诗抄在一张废纸上，塞进书包。后来，蔡其矫把这首诗带到北京，艾青看了非常喜欢。据说艾青从来不抄别人的诗，但他竟把这首诗抄在了本子上。那时艾青还住在史家胡同，北岛天天陪着他。北岛偶然间看到这首《致橡树》，就开始与舒婷通信。

1978年，北岛与芒克在北京共同创办了《今天》杂志，第一期是油印的，发表了《致橡树》。舒婷原名龚佩瑜，这次她给自己取了一个笔名，叫作"龚舒婷"，其中，"龚"是她的姓氏。但是北岛提议把"龚"字去掉，只留下"舒婷"二字。这首诗原名《橡树》，北岛和艾青建议改成《致橡树》。

一年以后，《诗刊》编辑部主任邵燕祥将这首诗发表在《诗刊》1979年第4期上。有趣的是，舒婷并没有拿到稿费。因为当时《诗刊》不知道舒婷在哪里，所以就把钱交给了《今天》，北岛后来不好意思地告诉舒婷，稿费只有十块钱，他们拿去喝酒了。

《致橡树》发表后，引起了很大的反响。这个普通的青年女工，一下子成为文坛关注的焦点。1980年舒婷被调到福建省文联工作，同年，《福建文学》组织了专题研讨会讨论舒婷的诗作。《致橡树》还被收入中学语文课本，温暖了广大女性的心灵，打动了一代又一代的读者。

由于《致橡树》的巨大影响，舒婷家的地址曾被印在鼓浪屿的导游图上。直到现在，还经常有导游带团来到她家所在的巷口，向游客介绍，这就是写《致橡树》的舒婷的住宅。

这首诗流传开来后，有不少女读者向舒婷反映，没遇到心中的"橡树"。舒婷后来又写下《神女峰》作为补充："与其在悬崖上展览千年，不如在爱人肩头痛哭一晚。"

过去古诗词中的女性形象，大多是妾为丝萝，愿托乔木。十年"文革"刚刚过去，人们似乎都不太敢谈论爱情。舒婷说："仿佛永远分离，却又终生相依。""永远分离"是为了真正的、彻底的"终生相依"，即在人格独立、地位平等的基础上的相互扶持。她将呼唤女性的平等和独立意识与爱情两者巧妙地结合在一起，令人耳目一新、振聋发聩。《致橡树》促进了当时女性的觉醒，对形成女性新的爱情观起到了重要的启蒙作用，更是新时代女性的独立宣言。

（高求忠）

舒婷

女，原名龚佩瑜。1952年出生于福建石码镇。1979年开始发表诗歌作品。其主要著作有诗集《双桅船》《会唱歌的鸢尾花》《始祖鸟》，散文集《心烟》等。

81. 为一代人代言
——顾城《一代人》

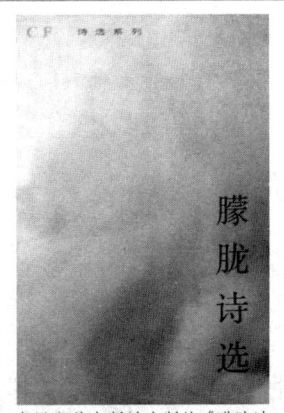

春风文艺出版社出版的《朦胧诗选》封面，该书收录了《一代人》

黑夜给了我黑色的眼睛，
我却用它寻找光明。

顾城的《一代人》这首诗，发表于《星星》1980年第3期，虽然只有两句，却脍炙人口，影响深远。它表达了一代人对光明的向往和追求，吐露了一代人的心声。这首诗，在文学史上具有相当重的分量。

从小，顾城就喜欢安静地凝视，沉默地思考，沉浸在自己的世界里。曾经目睹"文革"中的暴行，顾城只想躲开纷争、躲开喧嚣，逃到诗歌里去。后来顾城随父亲下放到农场，在煮猪食时，父子俩常兴致勃勃地对诗。顾城的诗歌创作，从孩提时代便开始了。

14岁的顾城和父亲赶着猪到海边放牧，顾城把手指伸进砂砾，在山东潍河入海处，写下了《生命幻想曲》："太阳烘着地球，像烤一块面包／我行走着，赤着双脚／我把我的足迹，像图章印遍大地／世界也就融进了我的生命。"（"像"原文作"象"，"融"原文作"溶"）乡村的田园生活在顾城的记忆里涂上了一层纯净优美的色彩，这在一定程度上影响到他后来的诗歌创作风格。

下放结束后，顾城和父亲一起回到北京，他在街道服务所里干活，业余时间不停地阅读、写

《一代人》

发表于《星星》1980年第3期的诗歌。

1980

作。顾城投稿很随意,他不研究每个刊物的用稿标准,只是把大大小小刊物的名字事先写在一大沓信封上,投稿时就把诗稿自上而下按顺序一装,碰到谁就是谁,从《人民文学》到县级刊物,都是一样。

1979年的中国,随着政治环境有所变化,思想解放的浪潮推动了文学的繁荣与发展。顾城在小报《蒲公英》上发表的诗作《无名的小花》,以其独特的诗风受到关注,同时他的作品也出现在民刊《今天》上,由此向海外传播。受此激励,顾城的创作进入一个新高潮。白昼午间和黎明欲来没来时,是他写诗的最好时刻。顾城写诗很少在桌前正襟危坐,而是在枕边放个小本、放支笔,各种各样的意象和演绎、思考以及灵感的火花,就像散落的珍珠,顾城把它们精心组合成一句句动人唯美的诗歌,想好了,他便记录下来。有时,他还把句子写在墙壁上。1979年4月,传诵一时的《一代人》就是顾城灵感迸发,最先写在墙上的。《一代人》发表后震动了整个诗坛。

1980年1月,《文艺报》转载了《星星》复刊号上老诗人公刘的文章《新的课题——从顾城同志的几首诗谈起》,此文是第一篇评介和肯定青年诗人顾城的文章,《文艺报》编辑刘锡诚特意附上一个《编者按》:"公刘同志提出了一个当前社会生活和文学事业中至关重要的问题:怎样对待像顾城同志这样的一代文学青年?"

顾城在访谈中说过,他特别喜欢西班牙诗人洛尔迦。洛尔迦在《西班牙宪警谣》一诗中写道:"在这白金的夜里,黑夜遂被夜色染黑。"在顾城的《一代人》这首诗里,能够约莫看得出一点点洛尔迦的影子,但这又完全是顾城的创作风格。顾城认为,诗人首先要具备的条件是灵魂,一个永远醒着、微笑而痛苦的灵魂,一个注视着酒杯、万物的反光和自身的灵魂。顾城是个感觉至上的诗人,他用灵魂去感受,用灵魂来写作,从灵魂深处流淌出的《一代人》,具有向上向美的力量。这首诗是顾城的代表作,它概括出了一代人的心路历程,是一个充满激情的宣言。通过这首诗,顾城成为一代人的代言人。

只有短短两句的《一代人》,是顾城朦胧诗创作中最有影响力和最具经典特征的诗作之一,它成为中国新诗的经典名句。

前几年,由高晓松填词、王晓天演唱的歌曲《荣耀》引发热潮,高潮部分的歌词,就引用了顾城的诗,"黑夜给了我黑色眼睛,我却用它去寻找光明"。穿过近40年的光阴,顾城的诗句仍旧直达灵魂,激励着更多的年轻人单枪匹马与世界对饮,历经磨难也不忘初心。

(高求忠)

顾城

1956年生于北京,朦胧诗主要代表人物之一。其主要著作有《黑眼睛》《城》《水银》《顾城诗集》《顾城童话寓言诗选》《顾城诗选》《顾城新诗自选集》《顾城散文选集》《英儿》等。作品被译成英、法、德、西班牙、瑞典等十多种文字。

82. 没有比人更高的山
——汪国真《山高路远》

刊载《山高路远》的《中国作家》1987年第2期封面

《山高路远》
发表于《中国作家》1987年第2期的诗歌。

1987

2018年5月14日,69岁的登山家夏伯渝穿戴着义肢,成功登顶世界最高峰珠穆朗玛峰。他的双腿是在1975年攀登珠峰时失去的,当时登山队遇到危险,夏伯渝把睡袋让给队友,双脚因此严重冻伤,被迫截肢。40多年来,他念念不忘登顶珠峰,多次发起冲击,但均告失败。这次终于登顶,不仅圆了夏伯渝的梦,也让他成为中国第一个依靠双腿假肢登上珠峰的人,并荣获劳伦斯世界体育奖·年度最佳体育时刻奖。

夏伯渝的事迹被多家媒体争相报道,并不约而同地引用了汪国真诗作《山高路远》中"没有比脚更长的路,没有比人更高的山"这两句诗。

这首诗是汪国真诗歌的经典代表作,创作的初衷是致敬全世界第一个从珠峰北坡登顶的女登山运动员潘多。1975年5月27日,中国登山队第一次从北坡登上珠峰,九人中有一名女队员叫潘多。作为世界上第一位从北坡登上珠峰的女性,她的壮举感动了汪国真,让他挥笔创作了这首《山高路远》。多年后,夏伯渝老人用他的精神,再次为这首诗写下了一个坚实的注脚。

《山高路远》这首诗抒发的是进取、执着、乐观、自信的情感,表现了青年人奋进、昂扬、向上的精神风貌;在抒情方式上,它不像当时流行的"朦胧诗"靠含义艰涩的词句,甚至夸张变形的意象寄托情感,而主要靠形象的议论抒发感情。这首诗成功地将抽象的思考化作新颖而美好的形象,在形象的议论中暗示情感,给人以鼓舞和健康的精神引导,博得了广大青年的喜爱。

汪国真的诗以青年人为读者群,他的诗写得清纯、洒脱、优雅,且带哲理意味和思辨色彩,给当时"朦胧诗"盛行的文坛带来一阵清新的风。

在20世纪整个80年代和90年代初期,汪国真和他的诗成为文化符号,掀起了一股不小的"汪国真热":他的诗集被列为十大畅销书;90年代初期,北京的高校里出现汪国真诗歌演讲热潮。这些甚至被媒体称为"汪国真现象"。对于这一现象,评论界意见不一,不少人认为他的诗歌通俗易懂,朗朗上口,但缺乏足够深度。

面对这些评价,汪国真没有争辩。在2013年亚太经合组织工商领导人峰会的演讲中,国家主席习近平引用了汪国真的诗作"没有比人更高的山,没有比脚更长的路",以此坚定地表达向世界重申中国爬坡过坎、闯关夺隘的改革决心。得知这个消息后的汪国真十分激动,他觉得习近平主席能背下自己的诗,已经说明了一切。

1956年6月22日,汪国真出生于北京,在中学毕业后进入北京第三光学仪器厂当了一名工人。恢复高考后,他考入暨南大学中文系。从普通工人一跃成为令人羡慕的大学生,汪国真非常珍惜这个机会。在大学期间,他刻苦学习、热爱生活,尤其钟情于诗歌创作。当他的组诗《学校的一天》在《中国青年报》上发表后,汪国真更加饱含激情地投入诗歌创作中。

大学毕业后,他进入一家出版社当文字编辑,在业余时间总是笔耕不辍,将生活中的点滴感悟用诗歌的形式表达,创作了《我微笑着走向生活》《热爱生命》《感谢》等一系列积极、富于激情的诗歌,在那个国家经济高速发展而人们精神生活相对匮乏的年代，他的诗帮助很多迷茫的学生、苦恼的军人、病痛的患者找到了人生的方向，陪伴了一代人的青葱岁月。

进入21世纪，汪国真的一些散文和诗歌入选人民教育出版社《语文》课本，这让他非常自豪，也感受到了沉甸甸的社会责任感。

汪国真是一个勇于攀登、勇于挑战自己的人，他几乎是从零基础开始学习绘画、书法、音乐甚至是主持的，在这些方面，他都取得了不错的成绩。他给自己的诗歌作曲，被人们广为传唱。从2005年开始，他的书法作品作为我国领导人出访的礼品，被赠送给外国国家领导人。

2015年4月26日汪国真因病逝世，享年59岁。人们自发地怀念他，并再次掀起了"汪国真热"。他是真正影响了一个时代的作家，他也从未被时代遗忘。

（李琼）

汪国真

1956年生于北京，当代诗人，书画家。其代表作有《山高路远》《年轻的潮》《年轻的思绪》《热爱生命》《雨的随想》等。

83. 小战士"图文并茂"写大作

——高玉宝《高玉宝》

中国青年出版社出版的该书封面

一篇曾入选小学语文课本的《半夜鸡叫》，讲述一个绰号"周扒皮"的地主，为了让长工早起干活，半夜钻进鸡笼学鸡叫，最后反被长工们戏弄的故事。课文选自高玉宝的长篇自传体小说《高玉宝》的第九章。

谁能想到高玉宝在创作这部小说时，是一个仅上过一个月学、几乎是文盲的小战士。这部长达20万字的小说是如何奇迹般诞生的呢？

1927年4月，高玉宝出生在辽宁瓦房店孙家屯村，他在8岁前念过一个月的书，然后就成了一个放猪娃。后来，他参加了中国人民解放军，并加入了中国共产党。高玉宝是一名优秀的战士、通信员，在辽沈、平津、衡宝战役中立大功6次；他也有着极大的创作热情，希望把自己和穷苦老百姓在旧社会受的苦难，以及成为革命战士后，亲眼见到同志们为解放全中国人民英勇作战、流血牺牲的事迹和死难同胞的悲惨遭遇，统统记录下来，写成书给更多的人看。

于是，在革命队伍里，高玉宝开始了艰难的创作。他有太多的故事要写，也有浓烈的情感要抒发，但是，他遇到最大的困难就是不识字。他

《高玉宝》

1951年在《解放军文艺》连载的长篇自传体小说，1955年由中国青年出版社首次出版。

会的字太少了，每写一句话，10个字就有9个不会写，但他从未想过放弃。作为一名坚强的战士，强烈的使命感让他坚持下去。他把不会写的字用图画或符号替代，等遇到会写字的战友，再去请教。

在高玉宝所在的队伍，流传着他为了写作到处求人问字的故事。部队南下到湖南和江西两省交界处休息时，高玉宝在田边看见一位穿戴干净利落的老者路过，一看就是有文化的人。高玉宝喜上心头，连忙追上去。老者刚开始吓了一大跳，当得知这是一位解放军战士时，就坐下来很有耐心地教高玉宝写字，还对他好学的态度赞赏不已。有一次，高玉宝在写作时遇到几个既不会写又很难画的字，他甚至拦住下部队视察的纵队司令员吴克华去请教。吴克华不但没有责怪他，在教给他字之后还鼓励他好好学习，写出好的作品。后来，长篇小说《高玉宝》出版时，吴克华司令员还专门祝贺这位传奇战士。

从1949年至1951年，经过一年零五个月时间，这位近乎文盲的战士一边革命，一边创作，竟完成了25万余字的初稿，这"图文并茂"的手稿至今还保存在中国人民革命军事博物馆里。

在得知高玉宝的创作后，解放军总政治部派作家荒草指导高玉宝修改手稿。高玉宝与荒草两人经过多次的修改和推敲，定稿后小说压缩到20万字。当时的总政治部主任罗荣桓对高玉宝不畏艰难、刻苦创作的精神非常认可，并亲自审定小说。这不仅让高玉宝没有想到，连解放军文艺出版社和总政治部的领导都没有想到，一个普通战士的文学作品惊动了军委首长。罗荣桓看完小说后将书名定为《高玉宝》。

1955年小说出版后，立刻震动了国内外文坛，还被翻译成多种民族文字和外国文字出版。苏联著名作家、语言博士费德林在《文学报》上评价："高玉宝写了一部真实的天才作品。"日本早稻田大学教授新岛淳良在日文版后记中写道:"《高玉宝》这部小说告诉我们,日本军国主义如何可恶,日本人必须记住过去日本军国主义侵略中国犯下的罪行。"

中华人民共和国成立后,不再行军打仗的高玉宝终于有机会进行系统的学习。他进入中国人民大学读书,毕业后成了一名真正的作家。除了写作,他还到学校、工厂、机关,将书的内容讲给大家听。几十年来,高玉宝做了5000多场报告,听众逾500万人次。从20多岁的第一场报告直到80多岁,高玉宝的足迹遍布大半个中国。听他报告的人有工人、农民、教师、学生,还有劳教人员、失足青少年等,高玉宝的报告和小说影响了很多人,甚至改变了他们的命运。

60多年来,《高玉宝》这部小说读者众多,不断再版,国内各种民族文字版本发行超过600万册,堪称我国文学作品出版发行的奇迹。

(李琼)

高玉宝

1927年生于辽宁瓦房店孙家屯村。中国知名作家。曾任共青团第二届中央委员,中德友好协会理事,辽宁省民间文学协会理事,沈阳军区创作室名誉主任。其代表作有长篇小说《高玉宝》《春艳》《我是一个兵》《高玉宝续集》等。

84. 有你在，灯亮着
——冰心《小橘灯》

北京出版社出版的《小橘灯》封面，该书收录了《小橘灯》

《小橘灯》

发表在《中国少年报》1957年1月31日的散文。

1957年1月中下旬，适逢农历春节，《中国少年报》向冰心约稿。冰心看到四处都挂着彩灯、一派新年气象，因此想到了一个遥远的故事，写下了《小橘灯》这篇散文。

冰心开头便写道"这是十几年前的事了"，具体来说是指1945年的重庆。当时，抗日战争取得胜利，但国共合作因为国民党单方面撕毁协定而破裂，陪都重庆正处在战争与特务的双重恐怖之下，《小橘灯》中的小女孩就生活在这样的背景中。由于《中国少年报》的受众主要是儿童，冰心为了满足儿童的阅读需求，情节、人物都设置得十分简单，隐去了故事发生的时代背景与前因后果，笔墨集中于小女孩与作者"我"的短暂交往。

《小橘灯》讲述了"我"因为偶然遇到为母亲求医的小女孩，出于同情买了几个大红橘子来到她家。小女孩的家里一贫如洗，母亲病倒在床，再无其他亲人在家，年仅八九岁的小女孩成为家中的支柱。"我"见此情景难免感伤，小女孩见状却反过来安慰"我"说："我爸爸一定会回来的。那时我妈妈就会好了。"直到离开女孩家，"我"才听说，小女孩的父亲因为被发现帮助共产党而失踪，再加上母亲的病，这对于本就贫困的家庭而言无疑是灭顶之灾。因此，小女孩安慰"我"

的那番话尤其令人心疼与感动,她送给"我"的用橘子皮做成的小灯,不仅照亮了"我"身边的黑暗,更是小女孩的化身,她的乐观、勇敢、善良,照亮了那个黑暗如漆的时代。

冰心在谈到《小橘灯》的创作背景时说,那时候她生活在重庆郊外的歌乐山,那里的医学院、乡公所还有小摊小贩,都是写作《小橘灯》的原型素材。故事中的小女孩也确有其人,她的父亲是一名地下党员,因为党组织遭到国民党特务的破坏而被迫离家,母亲因为受到特务的殴打而受伤。小女孩经历的那场灾难只是当时恶劣环境中的冰山一角,冰心也因为要躲避政治迫害来到重庆农村,正巧听到了那一段悲惨的故事。

冰心是中国儿童文学的奠基者之一,她的书信体儿童散文《寄小读者》是现代儿童文学的扛鼎之作。这篇《小橘灯》中选择的本是带有政治色彩的题材,对儿童来说较难理解,但是经过冰心的加工创造,人物的优秀品质和对光明的信念达到了驱散眼前困苦黑暗的效果。儿童读者通过认识这么一个年龄相仿、可亲可爱的小伙伴,更能够看到她身上发光的地方,起到儿童文学的教育作用。《小橘灯》后来还被选入小学语文教材。

《小橘灯》这篇散文首发在1957年1月31日的《中国少年报》上,当时中国正进入社会主义建设阶段,第一个五年计划完成,人们都在为更美好的中国而全力奋斗,冰心这篇积极乐观、鼓舞人心的散文成了新中国昂首前进的指路灯,更成为激发人民创造力与积极性的号角。

冰心生于1900年,逝于1999年,被称为"世纪老人"。冰心最令人感动、敬佩之处,在于她身处一个战乱频发、朝不保夕的时代,却在这黑暗凝重的岁月中领悟了"爱的哲学"。正如冰心给那段逃亡重庆的压抑时光留下了《小橘灯》这样温暖如春的文字,相比许多作家选择揭露黑暗、控诉恶势力的创作理念,冰心更加注重心灵的归宿与重建,她把她的信仰、勇气与坚持娓娓道来,成为中国现当代文学史上一位温暖慈祥的冰心奶奶。与冰心有着60多年友情的巴金曾说"有你在,灯亮着",这句话用在冰心身上是最合适不过的。沈从文也评价说:"冰心女士的作品,以一种奇迹的模样出现,生着翅膀,飞到各个青年男女的心上去,成为无数欢乐的恩物。"

  优秀的文学作品可以成为读者心目中照亮未来的一盏灯,优秀的文学工作者更能够以其文学力量与人格魅力,成为万千民众人生路上的引路人。因为有了冰心,一代代青少年有了精神的寄托与关怀,中国近现代文学花园中有了向着太阳的葵花、有了一位冰心一片的"爱"的作家。

(方芳)

冰心

  女,原名谢婉莹,1900年出生,福建长乐人。1919年8月的《晨报》上,冰心发表了第一篇散文《二十一日听审的感想》和第一篇小说《两个家庭》1923年出国留学前后,开始陆续发表总名为《寄小读者》的通讯散文,成为中国儿童文学的奠基之作。诗集《春水》《繁星》在文学史上享有盛名,所译诗文《泰戈尔诗集》《马亨德拉诗抄》《印度童话集》,是名作名译。

  因翻译纪伯伦的《先知》《沙与沫》,印度泰戈尔的《吉檀迦利》《园丁集》等作品,1995年经黎巴嫩共和国总统签署授予国家级雪松勋章。冰心发表的短篇小说《空巢》,获1980年全国优秀短篇小说奖。

85. 永葆童心，历久弥新
——张天翼《宝葫芦的秘密》

中国少年儿童出版社出版的该书封面

一个创作于1958年的童话故事，60多年来几乎家喻户晓。《宝葫芦的秘密》这个陪伴了几代中国人成长的作品，如今被教育部作为新课标推荐书目，继续影响着今天的孩子。

《宝葫芦的秘密》讲述的是一个小学生王葆去钓鱼，钓上来一个会说话的宝葫芦——

这你可不用怀疑。你别瞧表面——我跟别的葫芦一个样子，可是里面装的玩意儿，各个葫芦就都不一样。我的确是一个可以使你幸福的葫芦，保你没错儿。我这回好容易才找上了你。你该做我的主人。我愿意听你的使唤，如你的意。

于是，王葆得到了一个立誓要为他谋利益、处处替他打算的宝葫芦，并立刻过上了不劳而获的日子。他一嘴馋了就会忽然冒出熏鱼、卤蛋还有糖葫芦；只要心稍微一动，喜欢的起重机模型、自行车就会被宝葫芦变到家里，堆得铺天盖地、满满当当……

宝葫芦虽灵，却也惹了不少乱子。它让王葆从小河里钓出了品种名贵的金鱼；下象棋时刚想吃对方的"马"，宝葫芦就"好心"地将一颗又大又脏的棋子塞进他的嘴里；它还让王葆被小偷误认为是手法高明的同行，甚至因不遵守"盗亦有道"被小偷看不起……

《宝葫芦的秘密》

长篇童话，1958年由中国少年儿童出版社首次出版。

宝葫芦还给王葆带来了苦恼，让这个从来不说谎的少先队员，变得满口谎言，因为无法圆谎只能躲着亲人和朋友，而应有尽有的生活让他的时间多得用不完……

当王葆发现宝葫芦"变"来的东西并不是凭空出现，而是从别人那里"拿"来的时候，他咬着牙嚷起来："这是偷！这是偷！"他决定违反与宝葫芦的约定，让它失去"法力"并把它"偷"来的东西都还回去。

然后，他就醒了。原来整个故事从头到尾都是王葆同学的一个"白日梦"。

《宝葫芦的秘密》以活泼、细腻的笔调，通过幽默风趣的语言和细致入微的心理描写，刻画了一个鲜活饱满的小学生形象，并以丰富的想象力成功地塑造了一个个性鲜明、爱说话的神奇"宝葫芦"。即使过了这么多年，王葆与当代小学生依然毫无"代沟"，或许所有孩子都做过不劳而获的"白日梦"，故事让大家看到即使拥有"宝葫芦"，但在短暂的幸福之后仍是难以摆脱的痛苦，告诫孩子们要脚踏实地、积极努力地学习和生活。

《宝葫芦的秘密》的作者张天翼，1906年出身于一个没落望族家庭。他的父母都开明通达、注重新知。在上小学、中学期间，张天翼就读了不少中外文学作品。他从十几岁开始文学创作，最开始喜欢写滑稽和侦探小说。1931年，张天翼加入中国左翼作家联盟，创作了大量不同类型的优秀文学作品。在讽刺时弊的创作形式走向高潮时，他将目光投注到不为人关注的儿童文学上，当时流行的是充满"欺骗和毒害"的儿童文学，这让他非常反感，并立志要改变现状。从20世纪30年代起，他创作了《大林和小林》《秃秃大王》《金鸭帝国》等童话故事。

中华人民共和国成立后，对儿童文学的热爱使张天翼增添了神圣的时代使命感，像他最敬重的鲁迅先生一样，张天翼相信"立人"，也就是"少年强则国强",他创作了《宝葫芦的秘密》,希望通过自己的童话,让新一代的少年儿童树立正确的人生观。在这篇作品中,张天翼独辟蹊径用儿童的视角来洞察周遭社会,以纯真的心态和幽默诙谐的手法,寓教于乐。

这部12万字的童话被誉为新中国成立以来我国童话创作中的重要收获,推动了中国儿童文学的发展。为表彰他对我国儿童文学事业做出的贡献,在第二次全国少年儿童文艺创作评奖时,张天翼被授予荣誉奖。

生于1955年的"童话大王"郑渊洁曾多次表示,他读过张天翼所有的童话,是张天翼让他走上了儿童文学创作的道路。

(李琼)

张天翼

1906年生于南京,中国著名的现代小说家和儿童文学作家。曾任《人民文学》的主编,并曾是中国作家协会的负责人之一。其代表作有《秃秃大王》《大林和小林》《宝葫芦的秘密》等。

86. 写给男孩子看的童话
——郑渊洁《皮皮鲁外传》

浙江人民出版社出版的该书封面

《皮皮鲁外传》

1981年出版的中篇童话。

1981

1981年2月10日,一对龙凤胎横空出世,他们就是"童话大王"郑渊洁笔下的皮皮鲁和鲁西西,他们一个随父亲姓皮,一个随母亲姓鲁,皮皮鲁是哥哥,鲁西西是妹妹。皮皮鲁第一次出场时12岁,他学习成绩不好,也不喜欢死板的管理和约束,但心地善良、正义勇敢、聪明伶俐、敢于反抗生活中的不公平,还有些喜欢标新立异,是一个喜欢发明创造的小男孩。在这一对兄妹身上,发生了很多上天入地、穿越时空的奇遇和历险,他们在中国孩子们中是几乎无人不晓的传奇人物。

作者郑渊洁,1955年出生于河北一个军官家庭,父亲是一所军校的哲学教员,只上过五年私塾,但每年要看百八十本书,热爱读书是父亲对郑渊洁最大的影响。郑渊洁在读小学四年级时因"文革"爆发而辍学,但他觉得自己还算幸运,四年级字认全了,虽然没有学可上,但他一天都没有离开过读书。他把家里所有的书都找出来看完,然后再去书店看书。后来郑渊洁当过兵,复员后又当过工人,但他始终坚持阅读,并从1977年开始文学创作。

1981年春节,郑渊洁回太原老家过春节,他决定利用这次较长假期写一部中篇童话。2月8

日，他开始构思一部专门给男孩子看的童话，主角是男孩子，其性格顽皮、爱恶作剧，但本性善良、有同情心。郑渊洁认为童话人物的名字应该有滑稽的成分，同时要容易被读者记住。他选定了"皮皮鲁"。

2月10日下午，郑渊洁趴在房间的写字台上，拿出稿纸和钢笔开始创作。他先写下了作品名称《皮皮鲁外传：写给男孩子看的童话》。然后，他开始一笔一画地写起来，刚开始很慢，这个下午只写了几百字，但到了第二天，他觉得自己进入了状态，写了9000字。越到后边越写越快，郑渊洁甚至觉得是"皮皮鲁"这个角色在拽着他走，上天入地、纵横捭阖，直至累得他气喘吁吁。2月12日又写了9000字，这时的他觉得身不由己，是自己被动地跟着"皮皮鲁"走。2月13日，郑渊洁写了1万字还欲罢不能，直至感到四肢无力才放下笔。2月14日，郑渊洁发现自己发烧了。他服药休息了一天，晚上退烧了。2月15日，他完成了《皮皮鲁外传》，共计3万字的中篇童话，仅仅用了5天时间。

此后，作品一经推出，皮皮鲁成了郑渊洁童话中最酷最帅的绝对男主角，他拥有了来自全国各地的读者朋友。而郑渊洁动笔写给女孩子的童话《鲁西西外传》则是在一年后。郑渊洁觉得，一个能让孩子们记住的童话人物，作者必须精心设计、反复书写。自皮皮鲁诞生后，郑渊洁陆续写的有关皮皮鲁的作品文字量达到200万字，他一直将皮皮鲁写到了40多岁，还给他娶了一个外国妻子——燕妮。而以皮皮鲁为主角的《童话大王》杂志发行了30多年，刊物总发行量超过1亿册，成为中国儿童文学界真正的"童话"。

更被中外出版史视为"童话"的是：作为一份月刊，《童话大王》从头到尾完全由郑渊洁一个人撰写，一写就写了30多年。1986年，郑渊洁主动跟出版社签了30年的供稿合同，让自己每月有交稿数量和时间的约束，于是，他每天晚上九点睡觉，第二天凌晨四点半起床写作，集中精力写两个小时。这样的作息习惯严格维持了 30 年。在 30 年合约结束之后，续签的合同改成一年一签，他的生物钟依然雷打不动，每天凌晨四点半自然醒，继续笔耕不辍。

  郑渊洁的童话想象奇特，往往会从多侧面反映一个时期的社会生活，让读者在阅读和欣赏的同时，去认识生活、思索人生。他笔下的皮皮鲁、鲁西西、舒克和贝塔等的故事都被拍成动画片，皮皮鲁等也成了生动立体、家喻户晓的形象。他的童话在中国拥有亿万读者，连成年人也被吸引，现已拥有"70后""80后""90后""00后"四代读者人群。他的作品销量长盛不衰，每年都在千万本以上，被赞"适合全家人阅读"。郑渊洁成为新中国当之无愧的"童话大王"，他的作品是几代人共同的童话记忆。

（李琼）

郑渊洁

  1955 年生于河北石家庄，现代作家、演讲家、慈善家。一个人写一本期刊（《童话大王》月刊）30 多年的世界纪录保持者。其代表作有《童话大王》《舒克和贝塔》《皮皮鲁和鲁西西》等。

87. 青春期的苦恼
——秦文君《男生贾里》

秦文君于20世纪90年代初创作的长篇小说《男生贾里》一经出版，在之后的短短几年里荣获全国优秀儿童文学奖、全国优秀少儿读物一等奖以及中国作家协会儿童文学奖。它不仅得到业界的肯定，在上海160万中小学生投票产生的"首届上海优秀少儿读物评选活动"中还荣获头奖。有媒体评论："《男生贾里》是近年难得的深受中小学生欢迎的长篇小说。"

《男生贾里》主要讲述一个名叫贾里的男生身边所发生的事情。小说用生动活泼、轻松幽默的笔调真实地反映了当代中学生家庭、学校生活的各个侧面，具有浓郁的生活气息与时代特色。小说中的人物个性鲜明，情节引人入胜，受到广大青少年的喜爱。2009年5月，小说还被改编成电影在全国公映，获得了不错的社会反响。

《男生贾里》的作者秦文君，是著名的儿童文学作家，1954年出生在上海。1981年，秦文君发表了她的第一部中篇小说《闪亮的萤火虫》。如今已是花甲之年的她，从事创作近40年，出版作品逾600万字，其中包括《男生贾里全传》《女生贾梅全传》《宝贝当家》《小鬼鲁智胜》《小丫林晓梅》等50多部作品。她的读者更新了一代又一代，常常有当年的读者带着孩子来找秦文君聊她的作品、

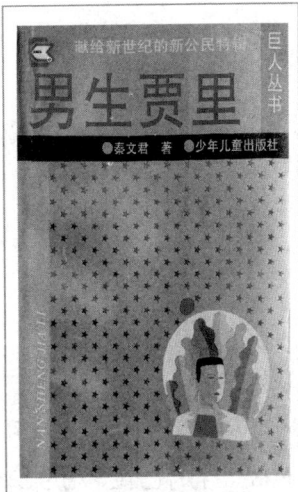

少年儿童出版社出版的该书封面

《男生贾里》

长篇小说，1993年由少年儿童出版社首次出版。

1993

找她签名。

1991年,秦文君收到一个远方男孩的来信。在信中,这个处在青春期的男孩倾诉了自己在学习、家庭、生活等方面的苦恼。秦文君仔细阅读了信件并认真回复,这封偶然到来的信件也让她思考了良久。她想象着这是一个什么性格、长什么样子的小男孩,他的一天是怎么度过的,他都有些什么烦恼。不久,一个活泼机灵的小"男主角"形象就在秦文君的脑海中诞生了,他就是"男生贾里"的雏形。这便是秦文君创作《男生贾里》的契机,她也由此一改比较凝重的写作风格,寻求一种明朗诙谐的表述人物心灵的途径。

《男生贾里》这篇儿童文学的诞生在当时一众儿童小说中显得"另类",但很显然这是一种成功的"实验"。小说中贾里常挂在嘴边的一句话"世上只有男生苦,没当过男生的不知道",成了当时青少年中的流行语。秦文君收到很多小读者的来信,令她意外的是,读者中以女孩居多,她们强烈地表达出对这部作品的热爱。很多女孩还表示:希望能有像贾里这样的哥哥!

之后的20年,秦文君将这一文风发扬光大,陆续创作了"贾里""贾梅""鲁智胜"和"林晓梅"系列。这20年中,祖国发展迅猛,人民的生活也发生了翻天覆地的变化。面对巨大的时间跨度,秦文君做到了艺术上的"无缝"衔接,使主人公生活的环境、故事事件都与时俱进,人物性格也都有成长变化,并保持饱满鲜明。"贾里贾梅"系列共有8本书,至今依然很受欢迎,年年都会加印新书。秦文君笔下的故事和人物,与现在的小读者之间并无隔阂。这得益于秦文君始终保持艺术创新与纯净的童心,就像她一直说的"引起人类心灵的共鸣是文学最大的魅力"。

秦文君不仅自己创作儿童文学,还研读过近百年来中国大部分的儿童文学作品,她认为中国儿童文学从"文革"结束时的"几近荒芜"发展到今天的"多元时代",是儿童文学作家和全社会共同创造的。谈到儿童文学创作,她总结道:"对孩子微妙心灵的把握是重要的,对人性的普遍认识更重要,要有艺术的功力,才能描摹出孩子的心灵深处,不隔膜,惟妙惟肖地将他们,以及绝不简单的心——独特而艺术地描摹出来,不仅让他们会心一笑,还能帮助他们认识艺术,辨别世界,确立自我。"

秦文君是一位有使命感的儿童文学作家,即使已过花甲之年,她依然笔耕不辍。更难能可贵的是,她的作品能从青少年的视角出发,展现他们的所思所行所感,语言风趣幽默,且不乏感人之处,非常富于感染力。她的作品先后50余次获得国内外大奖,10余次被改编成影视剧,10多篇作品被收入中小学语文课本,还有10多部作品被翻译成多个外文版本发行到海外,影响了一代又一代的海内外青少年。

(李琼)

秦文君

女,1954年出生,上海人。当代儿童文学作家。曾任上海《儿童文学选刊》主编,中国作家协会全国委员会委员,上海市作家协会副主席,上海市文联委员。其代表作有《秦文君文集》,儿童文学集《十六岁少女》《开心男孩》《开心女孩》《男生贾里》《小鬼鲁智胜》等。

88. 结实而美丽的童年记忆

——曹文轩《草房子》

江苏少年儿童出版社出版的该书封面

《草房子》

小说，1997年由江苏少年儿童出版社首次出版。

1997

曹文轩的小说《草房子》讲述的是中国20世纪六七十年代青少年的生活故事和精神成长历程，自1997年出版以来就好评如潮，各种荣誉纷至沓来，先后获得第四届国家图书奖、第七届精神文明建设"五个一工程"奖、第四届全国优秀儿童文学奖、第九届冰心儿童图书奖、第五届宋庆龄儿童文学奖等。出版界也出现了罕见的"《草房子》现象"，它被认为是"我国儿童文学的一个新的、重大的收获"。《草房子》就如一声春雷，给中国儿童文学带来了春天的气息。

"一个人其实永远也走不出他的童年"，这是曹文轩写在《草房子》扉页上的一句话。《草房子》其实是曹文轩在向我们诉说他心心念念的童年记忆。曹文轩的童年除了欢乐和温暖之外，还掺杂了饥饿与贫穷。20岁以前的曹文轩，生活在苏北一个偏远的农村里，那里非常贫瘠，交通也极不便利。对于孩提时代的曹文轩来说，挨饿和没有衣服穿那是经常的事。不过，幸运的是他生活的地方有河流，有大片的芦苇荡，还有他爱的人。

因此，尽管曹文轩后来离开了从小生活的农村，去往大都市，但是，他的心里一直都知道，有一部作品已经等他很久了,那就是在阳光下闪耀的"金色的草房子"和苏北农村的童年生活。就这样,曹文轩把故乡的水和童年的温情与苦难,都幻化成了《草房子》里那些感动无数人的美丽故事。如秃鹤和他的那顶白帽子,桑桑与纸月之间纯洁而朦胧的感情,杜小康历经苦难的成长过程,秦大奶奶和她的艾地……这些故事都真实地伴随了曹文轩的整个童年。

曹文轩多次说到桑桑就是童年的他,桑桑干过的所有调皮捣蛋的坏事,曹文轩小时候基本上都做过。桑乔则是以他父亲为原型,小说里面当桑乔得知儿子桑桑得了绝症之后,几近崩溃,然后带着儿子天南海北寻医觅药的事情,在曹文轩身上也真真切切地发生过。小说中秃鹤、杜小康、细马等鲜活的人物,都是他孩提时代的玩伴。《草房子》的那片油麻地里,装满了曹文轩似水的年华和他的趣味童年。

曹文轩是对待艺术特别认真的一个人。他在早期开始学习写作时,总是忍着冬天的严寒,经常看书写作到深夜。后来在写小说《大王书》时,曹文轩至少看了25部关于人类学的专著。因此,他的《草房子》《青铜葵花》等一系列作品能够成为世界级的文学作品,他能够荣获"国际安徒生奖"也是意料之中的事。

当然,《草房子》由萌芽到最终问世也不是那么轻而易举的,漫长的写作过程让曹文轩费了不少心血。曹文轩在写作上有一个奇怪的习惯,他把酝酿作品和真正动手写作看成是怀孕和分娩两个阶段,他酝酿一部作品需要花费很长的时间,而写作用的时间则很短。《草房子》从开始构思到最后完成,曹文轩大概用了七八年的时间。在真正动手创作《草房子》前的很长一段时间,他就已经开始构思这个藏在他心中很久的故事。那时他只要脑子里一有设想,就立马把这些想法记到笔记本上,生怕自己忘了。而曹文轩真正动手写作《草房子》,前后其实只花了大概1个月时间。那些横躺在笔记本里的想法乱七八糟，有的甚至还自相矛盾，但曹文轩就像吐蚕丝一样，整个写作过程非常顺畅，可以说一气呵成。

曹文轩在创作《草房子》之前还发生了一件大事。他最敬爱的父亲因病离开了这个世界，这使得一向与父亲甚为亲密的曹文轩感到非常悲痛。因此，《草房子》的完成实际上也是曹文轩对父亲的一种祭奠和缅怀，《草房子》里蕴藏着一个儿子对父亲深沉的爱。

"如何使今天的孩子感动"，这是曹文轩一直挂在嘴边的一句话。这个问题的答案，我们大可以从曹文轩挖空心思为读者编织的一则则结实而美丽的故事里找到。国际安徒生奖评委会主席帕奇·亚当娜曾评价道："曹文轩的作品书写关于悲伤和苦痛的童年生活。他的作品也非常美丽，树立了孩子们面对艰难生活挑战时的榜样，能够赢得儿童读者的广泛喜爱。"

（杨景交）

曹文轩

生于1954年，籍贯江苏盐城，儿童文学作家。现任北京作家协会副主席、中国作家协会鲁迅文学院客座教授、中国作家协会儿童文学委员会委员。其代表作有《山羊不吃天堂草》《草房子》《根鸟》《蜻蜓眼》《青铜葵花》《火印》等。

2016年4月4日，曹文轩获"国际安徒生奖"。

89."笨狼妈妈，你让笨狼变聪明吧"
——汤素兰 《笨狼的故事》

湖南少年儿童出版社出版的该书封面

20世纪90年代，汤素兰在湖南少年儿童出版社当编辑。一次偶然的机会，汤素兰参加了中国台湾的一个征文比赛，写了笨狼的6个小故事去投稿。结果她的征文获得信谊幼儿文学奖，这是笨狼故事的开始。后来这6个故事在《小学生导刊》上连载，受到读者的喜欢。

刚开始的时候，汤素兰没有想到笨狼会有这么多故事，可以写成这么多本书。她忙起来没时间写，就让笨狼离开森林镇，出门旅行去了。可是小朋友老在问：笨狼旅行到了哪些地方，它回来了吗？于是，汤素兰写了《笨狼旅行记》，告诉小朋友笨狼离开森林镇以后都到了哪些地方。小朋友又打听：笨狼在家里都做些什么事情呢？笨狼的爸爸妈妈也像自己的爸爸妈妈一样，督促它写作业，考试一定要考100分吗？于是，她又写了《笨狼和他的爸爸妈妈》《笨狼的学校生活》。读了这几本书之后，小朋友们更来劲了：笨狼的朋友聪明兔呢，它真的有那么聪明吗？胖棕熊和棕小熊呢，它们是怎么刁难笨狼的？于是，汤素兰又写了《笨狼和聪明兔》《笨狼和胖棕熊》。这样断断续续地写下去，慢慢地就成了《笨狼的故

《笨狼的故事》

系列儿童文学作品，1998年首次在国内结集出版。

265

事》这个系列。

《笨狼的故事》最先是在台湾出版的，当年就被《民生报》"好书大家读"推荐。1998年在大陆结集出版，受到广大小读者的热烈欢迎。当时，汤素兰的儿子正上一年级。收到样书之后，儿子把已经听过许多遍的故事又一口气读完，还要求妈妈给他们班的小朋友每人送一本。汤素兰于是就到他们班义务讲了一堂课。那是她第一次到小学去上课，第一次和读者面对面交流，既兴奋，又紧张。

如今，最新写的《笨狼奇遇记》还在《小学生导刊》上连载。可以说是汤素兰和读者共同书写了《笨狼的故事》。20多年过去，一代又一代小读者依然喜欢着这只傻傻的、笨笨的狼，而汤素兰也有了一个特别的名字——"笨狼妈妈"，她和自己一手"孕育"的笨狼已经密不可分了。

有一次，汤素兰到一所学校举行读者见面会，见面会结束的时候，老师领着一个胖乎乎、正在哭鼻子的小男孩来到她的面前。老师说，这个小男孩一定要跟她说一句话，因为在见面会上得不到机会，见面会结束的时候还独自在哭。汤素兰问他有什么事情一定要对自己说。他说："笨狼妈妈，你不要让笨狼那么笨，让笨狼变聪明吧……"

孩子提出这样的要求，充分说明了汤素兰的童话不仅在过去深受孩子们的喜爱，就是在现在，汤素兰的作品依然影响空前，备受读者尤其是少儿读者的追捧。

前几年，新浪"扬帆计划"的记者在湖北松滋麻水小学拍到一张图片：一个胖乎乎的小男孩举着一张纸，纸上写着自己的新年梦想——想得到《笨狼的故事》这本书，这个小朋友叫刘钰信。"扬帆计划"是一个号召爱心人士为孩子捐书的公益项目，汤素兰立即回复了这条微博，亲自为刘钰信小朋友圆了这个梦。

汤素兰说:"很多的读者反馈,说我的故事影响了孩子的成长。我想,我的工作能参与另一个生命的成长,没有比这更幸福的事了。"汤素兰表示,中国的儿童文学目前正在路上,往后自己会更关注中国本土原创,创作出更多有中国特色的儿童文学作品。

如今,小朋友可以在喜马拉雅电台收听笨狼的故事,可以看到笨狼的系列漫画,还可以在手机上读到笨狼的故事。时光荏苒,当年读童话的第一批小读者,现在又陪着自己的孩子读《笨狼的故事》了。

今天,"笨狼妈妈"依旧是小读者们最喜欢的儿童文学作家之一。汤素兰说,为了满足小朋友们的心愿,她还会一本一本接着往下写……最终会写多少本,她也说不准。汤素兰的童话,将会继续伴随更多孩子的童年时光,给他们的心田播下美好的种子,带给小读者真善美的体验,培养孩子们内心的力量,教孩子认识这个世界,给孩子爱的滋养,引导一代又一代孩子们快乐成长。

(高求忠)

汤素兰

女,1965年出生,湖南宁乡人,作家。创作儿童文学作品40余部,曾获得全国优秀儿童文学奖、宋庆龄儿童文学奖、冰心儿童文学新作奖大奖、陈伯吹儿童文学奖等。其代表作有《笨狼的故事》《小巫婆真美丽》《阁楼上的精灵》等。

90. 歌声与希望
——孟宪明《花儿与歌声》

海燕出版社出版的该书封面

《花儿与歌声》

长篇小说，2017年由海燕出版社首次出版。

"月亮走，我也走，我给月亮手扯手。我问月亮到哪去，月亮光笑不开口……"每当孟宪明《花儿与歌声》中的歌谣响起时，无数人都会被留守儿童骨子里所具有的疾风劲草般的生命力所感动。

与同时期的儿童作品不同，孟宪明的《花儿与歌声》直击时代主题，关注现代化进程中农村留守儿童的真实生存现状，描写了留守儿童与乡村基层老师的真挚情谊，抒写了留守儿童在城乡落差中贫穷所掩埋不了的美好与光明，抚慰了留守儿童的伤痛，让人们看到这个时代所蕴含的真善美。所以，《花儿与歌声》一经发表，就广受关注，好评如潮，立即被改编成电影和电视剧，还获得了第十四届精神文明建设"五个一工程"奖，被评为2017年"中国好书"。

其实，孟宪明在1978年就播下了写《花儿与歌声》的种子。那个时候，孟宪明在一所乡村学校教音乐和体育。乡村学校的条件非常简陋，基本没有什么音乐设备。孟宪明为了让孩子们能上音乐课，就自己动手造乐器，从集上买来竹竿，盘上煤火给笛子钻孔，造了四十多支笛子。为了给孩子们排节目，孟宪明什么都得写，相声、快板、对口词、歌曲、表演唱……后来回望着那段岁月时，孟宪明意味深长地说："那时候孩子们喜欢我，我也真诚地喜欢着孩子们！"可是在乡村与孩子们的快乐时光还没过多久，一纸录取通知书就打破这种宁静，也彻底改变了孟宪明的命运。那年，孟宪明收到河南师范学院的入学通知书，很快就要去上大学。孟宪明走的那天，孩子们全都站在路边送他，一个个勾着头，一言不发。每次孟宪明放假回家，下了公交车还没走到路口，孩子们就飞奔过来接他。孟宪明看着大大小小、高高矮矮的孩子，他的眼泪一下就从眼眶里流了出来，那个时候他在心里暗暗地对自己说："我要写一本关于孩子的书，写一写我的希冀和梦想。"

时隔多年，这个梦想总算是实现了。可是《花儿与歌声》的成稿过程并不容易，为了写好农村留守儿童的真实生存状态，他无数次走访乡村学校和留守儿童家庭。每次走访看到这些孩子单薄的身影、渴望的眼神，孟宪明都不禁感叹："我一次又一次地想到野草，想到那些野草长出来的细碎无名的野花，他们的柔韧和坚强、他们的卑微和自信，很像我家乡的孩子。"经过八年的蛰伏，到了2011年，孟宪明终于写出《花儿与歌声》的初稿，而出版社也爽快地排好稿子准备出版，可是孟宪明总是觉得不满意，最后他执意地将稿件撤了下来。又过了四年，出版社再次准备印发孟宪明重改的稿件，可是孟宪明仍感觉有所欠缺，思索再三，他决定还是让出版社再次停止出版。"我发现我已经想到我要怎么表现它了！"就这样又过了一年，到了2016年，孟宪明兴奋地将30万字的原稿全部推倒重写。他借鉴音乐的三重奏，在形式上做了创新，把歌谣分成24个部分，选取24种野草野花作为24个章节的衔接，形成《花儿与歌声》独有的文字、花草、歌谣的"三重奏"。至今，当谈及这种形式上的创新时，孟宪明仍很得意地说："文学讲究创造性，不管是形式还是内容，对我们都是一个挑战，这些挑战虽然需要付出时间和精力，但是是很值得的。"

《花儿与歌声》中对盲童的设定，引出了很多人的眼泪。当谈及对这个人物的塑造时,孟宪明深有感触地说:"写的过程中掉了好多次眼泪,女孩是盲人,在老师和社会力量的帮助下,女孩眼睛出现了弱光。为了迎接女孩,让女孩回来看到最美的学校,学校打扫得干干净净。像这些东西都是极其美丽的,你何曾想过世界的五颜六色会展现在眼前!"孟宪明认为儿童是弱势群体,残疾儿童更是弱中之弱,而文学是弱者的倾诉。因此,他希望通过作品能够唤起社会对弱势群体的更多关注。

孟宪明的《花儿与歌声》切中了时代的命脉,展现了生命的尊严与高贵,为社会唱响了人性的赞歌,更为那些仍在风雨中奔跑的孩子传来希望的号角。

(杨颖)

孟宪明

1955年出生,河南杞县人,作家、民俗学家。其代表作品有《少林武僧的故事》《爱因斯坦传》《双筒望远镜》《花儿与歌声》《民间服饰》《民间礼俗》等。

91. 最可爱的子弟兵
——魏巍《谁是最可爱的人》

东北人民出版社出版的该书封面

谁是我们最可爱的人呢？我们的部队，我们的战士，我感到他们是最可爱的人……

1951年4月11日，《谁是最可爱的人》被破例放在《人民日报》头版社论的位置发表。这篇当时被称之为战地通讯的作品，刚一发表，便赢得如雷的喝彩之声。

毛泽东读后立即批示："印发全军。"朱德读后连声称道："写得好！很好！"周恩来在第二次文代会上说："我们就要写工农兵中的优秀人物，写他们中间的理想人物。魏巍同志所写的《谁是最可爱的人》，就是这类典型的歌颂。"更有趣的是，周总理在会上讲到这里时，竟然推开讲稿，对着话筒大声说："在座的谁是魏巍同志，今天来了没有？请站起来，我要认识一下这位朋友。"

20世纪50年代，魏巍的这篇通讯使"最可爱的人"成了朝鲜战场上全体志愿军的代名词。而今，跨越时空的距离，"最可爱的人"仍然是新时代那些为祖国默默奉献的人民子弟兵的专有称谓。

要说起《谁是最可爱的人》是如何产生的，还得从魏巍第一次亲赴朝鲜战场说起。1951年，魏巍受总政治部派遣，奔赴战火纷飞的朝鲜前线，到俘虏营了解美军的政治情况。那时，魏巍还是一名血气方刚、才华出众的战地新闻记者。为了

《谁是最可爱的人》

发表于《人民日报》1951年4月11日头版的通讯。

1951

了解更多战地英雄的事迹，他大量地阅读军队出版的《战旗报》、浏览战地的宣传单。同时，他还冒着生命危险，穿梭在朝鲜前线，到多个部队进行实地采访。那时，魏巍除了要克服战争带来的安全问题之外，还面临着如何真正进入战士们内心的难题。魏巍尝试了各种办法，如对战士进行个别访问、在军队里开座谈会等。然而，那些习惯了在战场上勇猛杀敌的战士，大多数都很腼腆，不会说话，魏巍在和他们谈心、交流的过程中时常出现四目相对的尴尬局面。但是，魏巍没有放弃，他继续深入战地一线，和战士们同吃压缩饼干，一起吃雪解渴。最终，战士们被魏巍亲切朴实的采访风格和平易近人所感动，这才消除了他和战士们之间的隔膜。大家变得不再那么拘束，也愿意和魏巍说自己的心里话。很多战士都讲出了埋藏在自己心里不为人知的战场故事。魏巍将战士们的故事，认认真真地记录在采访本上。

写作的材料有了，可是接下来魏巍又遇到了怎么写的难题。志愿军战士的英雄事迹实在太多，太感人了，可又该从何写起呢？同时，怎样把这些英勇的战士写得生动，又带着真感情呢？这一系列的问题萦绕在魏巍的心头。最后，他决定从自己采访到的20多个实例中精心选取3个最有代表性的故事，以此反映这些战地英雄可爱又可贵的生命本质：一个是在松骨峰战斗中一群勇士用自己身上的火烧死敌人的感人故事；一个是青年战士马玉祥冒死从火里救出已无父母的孩子的无私事迹；一个是战士"吃一口炒面，就一口雪"艰苦奋战的故事。关于采用哪种文学样式写出来，魏巍也有一定的思考。他坦言，自己本来是一个特别钟情于诗歌创作的人，对通讯倒不是那么看重。可是诗歌的形成除了需要天时地利人和之外，还要有灵感的乍现。魏巍担心用诗歌来写这些战士们的故事，可能需要花费更长的时间，最后万一没有写成功的话，他又觉得对不起这些可爱的战士。因此，魏巍最终选择用简洁、明了的通讯记录下战士们坚强的战地身影。

  《谁是最可爱的人》从主题的选取，到通讯形式的最后定稿，是魏巍多年战地生活的日久生情，更是当年志愿军战士崇高品质的集体结晶。"最可爱的人"是魏巍对抗美援朝战士们从心里跳出来的称呼，它与魏巍的名字共同成了那个时代的记忆和象征。同时，也正是因为魏巍的这一篇通讯，"最可爱的人"从此成了国人对人民子弟兵最亲切的称呼。

（杨景交）

魏巍

  出生于1920年，籍贯河南郑州，作家。曾任中国文学艺术界联合会荣誉委员、中国作家协会顾问。其代表作有《谁是最可爱的人》《东方》《黎明的风景》（长诗）等。

  1981年，《东方》获首届茅盾文学奖。

92. 时代楷模的颂歌
——穆青、冯健、周原《县委书记的榜样——焦裕禄》

刊载《县委书记的榜样——焦裕禄》的《人民日报》1966年2月7日版面

《县委书记的榜样——焦裕禄》1966年2月发表的长篇通讯。

1966

"为官一任,造福一方,遂了平生意。"1990年7月15日,时任福州市委书记的习近平写下《念奴娇·追思焦裕禄》。多年来,习近平始终强调学习和弘扬焦裕禄精神,先后3次到兰考视察。他曾动情地说,我们这一代人是深受焦裕禄同志事迹教育成长起来的,焦裕禄同志的形象一直在我心中。

而令焦裕禄这个名字一下子传遍祖国大江南北的,则是一篇长篇通讯——《县委书记的榜样——焦裕禄》。这篇发表于半个多世纪前的作品,所产生的影响,至今没有丝毫的减退。焦裕禄已经成为一种民族精神的象征,人们依旧牢牢记得他,"焦裕禄精神"早已成为干部全心全意为人民服务的代名词。

说起来,那是一个百废待兴的年代,那个年代需要一篇振奋人心和打动人心的通讯,而那个年代里出现的焦裕禄,正是能振奋和打动人心的最典型的先进人物。当时,我国在经历"大跃进"运动和三年困难时期后,1961年实行新的方针政策,国民经济开始复苏,人民群众蕴藏着一股百折不挠、不断奋进的坚韧精神。为了弘扬这种精神,时任新华社副社长的穆青决定写一篇通讯。

穆青需要寻找一个新闻素材,最后,他将目

光盯在河南这片土地上。这里是他的故乡,他熟悉这片土地,也熟悉这里的百姓。穆青带着同事冯健赶到河南后,果然从新华社驻河南的同事周原那里得到一个线索:在河南东部地区,有一个兰考县。该县的一位县委书记,深受当地老百姓爱戴,在开展"除三害"的斗争中因积劳成疾病逝!

穆青意识到这是他需要抓住并仔细了解的时代先锋,他感受到他需要弘扬的精神就在这个先进人物身上。1965年12月17日上午,穆青一行赶到兰考县委大院,召开了座谈会。会上人们都述说了有关焦裕禄的事迹,说者不时哽咽,听者阵阵啜泣。此时的穆青也不禁潸然泪下,他再也坐不住了。第二天上午座谈时,记者们哭得实在受不了,只好休会。时年44岁的穆青动情地说:"我参加工作28年,很少哭过,这次被焦裕禄的事迹感动得流了眼泪,焦裕禄的精神太感人了。"

兰考成为穆青一行人情感无法承受之地,他们在这里吃不下、睡不着,开口就想哭,去哪儿都流泪。最终,穆青决定,离开兰考,去距此地最近的开封写稿。他们来到开封后,穆青、冯健、周原三人各把一头,写通讯、配评论、赶社论,夜以继日地干了起来。

在穆青看来,这篇稿件成功的关键之处,是提炼出能够反映时代特征的主题,并以这个高度来表现焦裕禄的思想风貌,不能把焦裕禄简单地写成一部"好人好事录"。

于是穆青决定,在周原等人的基础上,自己亲手对稿件进行修改。就这样一直改到第9稿,穆青提炼出了整个报道的灵魂:"他心里装着全体人民,唯独没有他自己。"这是周原起草稿中的一句话,也是穆青最为欣赏的一句话。

最后在稿子基本完成后,穆青让周原把稿子带回兰考,在县委常委扩大会上朗读以征求大家的意见。除了订正几个人名、地名外,大家都表示通讯里所写的事实是准确无误的。

　　1966年2月7日上午，中央人民广播电台播出了由穆青、冯健、周原三人合作撰写的长篇通讯《县委书记的榜样——焦裕禄》。这篇感人肺腑、催人奋进的通讯一经播出，立即在全国引起震动。一批批记者、作家、画家，成千上万的干部、工人、学生，都奔向了兰考。根据形势需要，新华社河南分社决定暂迁兰考；铁道部门决定，陇海线的列车一律在兰考站短时停靠……为报道一个典型人物，新闻机关搬到现场办公，铁路运行秩序做出调整，这在中国新闻史上恐怕也是不多见的。

　　焦裕禄的典型事迹所产生的巨大效应不仅在当时，更重要的是整整影响了几代人的成长，成为人们心目中永垂不朽的典范。

（苏大平）

穆青

　　1921年出生，新华通讯社原社长、当代著名新闻记者。其代表作品有《管得宽》《一厘钱精神》《九龙江上抗天歌》《驯水记》《为了周总理的嘱托》《一篇没有写完的报道》《县委书记的好榜样——焦裕禄》等。

93. 诗意世界的理性猜想
——徐迟《哥德巴赫猜想》

刊载《哥德巴赫猜想》的《人民文学》1978年第1期封面

《哥德巴赫猜想》

发表于《人民文学》1978年第1期的报告文学。

徐迟最早为人所知,是源于他的诗歌创作。然而其作品中最为后人所称道的非《哥德巴赫猜想》莫属,这部在当代报告文学史上具有里程碑意义的作品,记录了一位数学家与文学家所碰撞而出的智慧之光。一位被世人淡忘甚至忽略的数学家,在一位诗人的笔下抛却过往的负重与枷锁,重拾了自己的价值。

那时的中国虽然已经结束了"十年浩劫",但"两个凡是"的思想观念还在大街小巷肆虐,束缚着人们惴惴不安的心。经历了十年肉体折磨与精神迫害的陈景润,依旧沉迷在自己的数学世界里。数学家在那个特殊的年代,备受关注的不是其数学成就和贡献,而仅仅是因为他做着别人不敢做或无法做的事,人们习惯了用那些敏感而又艰涩的字眼去揣度陈景润——"怪人""麻烦"。

当《人民文学》编辑部的周明邀请徐迟写陈景润的故事时,徐迟不可避免地遭受了来自各方的阻力。在正式采访陈景润之前,徐迟的亲友们便带着对陈景润的偏见在饭桌上提出了反对意见。此起彼伏的不满和抱怨声中,唯独徐迟的姐夫伍修权将军认为"陈氏定理了不起",力排众议支持徐迟参与这份工作。而后投身于写作的徐迟,为了客观全面地写好陈景润这个人物,将自己的白天黑夜都排满了采访日程。对于搜集到的意见，无论是正面还是负面，徐迟都细心地记录下来，但他的脚步并没有因过多的反对声而停下。通过自己的接触和搜集到的关于陈景润的真实素材，徐迟已被陈景润纯真执着的性子所吸引，以至第一次采访结束时徐迟就动情地说道："他多可爱，我爱上他了！就写他了。"在徐迟等人说明采访来意时，陈景润害羞地拒绝了并坚持"不要写自己"，但徐迟以长者的心态温和地为他解释道：写他个人的目的在于探究他背后的数学界、科学界，为世人拨开成见，深入地了解数学和科学。在耐心的解释和沟通下，陈景润这才理解徐迟一行人的用意并最终同意了他们的采访要求。

相处过程中，徐迟慢慢打开了陈景润封闭的内心。他开始了解到，陈景润的学术心血堆满了一间6平方米的小屋，而除了屋角的一捆捆稿纸、破败暖气片上的饭盒和药瓶，他的生活里不再拥有其他烟火味。为了读懂陈景润本人，年过花甲的徐迟不仅买来一本马克思的《数学手稿》带回家，逐字逐句地"深挖"，而且前前后后还阅读了《中国古代数学史》《堆垒素数论》《数论导引》等书。最重要的是他花了大量时间，盯着陈景润那难懂的学术论文不断地"啃"。可以说，陈景润激发出徐迟对于自然科学的浓厚兴趣，他那诗性的世界逐渐融进了理性的猜想。而陈景润则通过徐迟重新点亮了自己的精神天空，他们之间所激生的磅礴能量带领着一代人从长久的冬蛰中苏醒过来。

陈景润在十几年前写出了厚逾200页的长篇论文，他那被誉为筛法"光辉顶点"的"陈氏定理"引起国际上的强烈反响，他的论文也获得国际数学界的认可。但这样的成果直到1978年《哥德巴赫猜想》一文的诞生，才在国内引起轰动，陈景润自此才成了家喻户晓的人物。

当时党中央花费大量心血拨乱反正，更在全国科学大会召开之际，鼓舞科学家们投入到四个现代化的建设中去。文学界也需要一个能够反映科学领域的关键性人物，以此推动人们思想的拨乱反正，燃起人们对于科学春天的期盼，并借此将知识分子的地位和作用摆回正确的位置。

《哥德巴赫猜想》自1978年1月发表以来，《人民日报》《光明日报》相继转载，并出版了单行本，还一版再版。《哥德巴赫猜想》将全国人民对于数学和科学的热情都激发了出来，时隔多年，科学宣讲终于重现听众坐满礼堂的景象。那个年代的人们，通过《哥德巴赫猜想》打开了崭新的视野，重塑了正确的价值观，促进了思想的彻底解放；久被搁置的科学领域，重又被人加以肯定和讴歌。

时隔多年，《哥德巴赫猜想》还在以不同的形式延续着，影响着一代又一代。

（徐宁怡）

徐迟

1914年出生，浙江吴兴人。诗人、散文家和评论家。著有报告文学集《哥德巴赫猜想》《结晶》，文艺评论集《诗与生活》《文艺和现代化》，散文集《徐迟散文选集》《法国，一个春天的旅行》，诗集《二十岁的人》《诗歌朗诵手册》等。

《哥德巴赫猜想》与《地质之光》获1977年中国优秀报告文学奖，《刑天舞干戚》获1981年中国优秀报告文学奖。

94. 赤子之心
——陈祖芬《祖国高于一切》

刊载《祖国高于一切》的《人民日报》1980年10月2日版面

《祖国高于一切》

发表在《人民日报》1980年10月2日的报告文学

1980

《祖国高于一切》的问世极具戏剧性。

1980年，在北京朝阳区文化馆工作的陈祖芬接待了一位朋友，朋友找她帮忙写一份材料。对于写材料这种并没有太多创造性的工作，陈祖芬兴趣不大，可她还是愿意帮忙，于是就由着性子写，写完了，朋友拿着这份材料交到中直机关的一个部门，可是稿子被退了回来，说材料不能这么写。这份被退回来的材料就是后来的《祖国高于一切》。陈祖芬因为这篇报告文学一举成名，走上了专业作家的道路。

《祖国高于一切》讲述了内燃机工程师王运丰真实的人生故事。王运丰1938年前往德国柏林大学学习，1949年新中国成立的消息传到联邦德国时，他已经是联邦德国内燃机专业领域的顶级工程师，并且在那里娶妻生子。强烈的爱国之情让他毅然选择离开妻子，带着三个孩子回到急需专业人才的祖国。可这样一位对祖国赤胆忠诚的爱国知识分子，却在"文革"中被诬蔑为"德国特务"，受尽折磨。"文革"结束后，他重返工作岗位，在五机部科学院担任副院长，将毕生所学奉献给祖国的机械制造事业，为国家做出了巨大的贡献。

陈祖芬笔下的王运丰是20世纪80年代为祖

国默默奉献的一代知识分子的代表。当时是以"改革开放"和"实事求是"为主流思想的年代，政治对文学的要求是"写实实在在的生活及人民在生活中遇到的阻力，要写出怎样克服阻力，给人以信心和力量"。陈祖芬此时创作的《祖国高于一切》，与国家政治的要求达到了一种完美的契合。在《祖国高于一切》的写作中，陈祖芬没有拘泥于事件发生、发展的时间逻辑，而是以独白式的自序和旁白式的议论表达思想和观点，用意识流等手法在大跨度的时间和空间跳跃中完成人物形象的塑造。正是这些独特的美学风格，让这部作品卓然于同时代的其他报告文学。

　　陈祖芬说她的成长离不开祖国的繁荣发展，所以她总是对那些为祖国默默做出贡献的知识分子和改革者充满敬佩之情，对共产党员送去她毫不保留的赞美之词。陈祖芬个人的人生轨迹佐证了她的这种表达。

　　陈祖芬1943年出生在上海的一个知识分子家庭，父母都是教师，她从小接受了良好的教育。父亲在"文革"中被迫害致死，让她很早就体会到世态炎凉与人情冷暖。幸运的是她自己的人生几乎可以说是一帆风顺。1964年她从上海戏剧学院毕业，之后在北京市文工团任编剧，后来在朝阳区文化馆工作。1980年那份被退回来的材料，使她阴差阳错地走上了报告文学创作的道路。她最开始创作的题材是诗歌，1979年在《北京文学》上发表过两篇文章。当她拿着那份被退回来的材料想找地方投稿时，她心里也很纠结，不知道这篇文章该如何定位。她不愿意去找《北京文学》的人，觉得难为情，担心他们看了会说这算什么文章。可是当时她不认识什么人，于是想到了和自己有过一面之交的《人民日报》的刘虔。她来到《人民日报》传达室，就把稿子放在那里，心想若是他们看不上，不给发表也不丢人，反正人家和她也不熟。让她意外的是，《人民日报》不但把它发表了，而且还是作为当年国庆期间的重头文章发的。文章发表之后引发了巨大的轰动，陈祖芬也因此获得第一届全国优秀报告文学奖。

以此为起点，陈祖芬一连写出了 20 多篇以反映知识分子品格和命运为主题的文章，这就是她的"中国牌知识分子"系列。1984 年之后，陈祖芬将目光投向改革开放，又推出了"经济与人"系列作品。从 1979 年开始发表作品至今，陈祖芬已经出版作品 40 多部，获奖 50 多次。除了《祖国高于一切》之外，她创作的《共产党人》等其他四部作品分别获得第二、三、四、五届优秀报告文学奖，她是新时期获得全国优秀报告文学奖五连冠的唯一一位作家。

她的创作始终紧随时代的发展，把国家的主流意识与她自己的价值观和判断力凝聚在一起，为新时期的报告文学做出了很大的贡献。她的作品影响了一个时代的报告文学作家。

（朱思衡）

陈祖芬

女，1943 年出生，上海人，作家。主要作品有《陈祖芬报告文学选》《陈祖芬报告文学二集》《青春的证明》《挑战与机会》等。

95. 灾难无情,人有情
——钱钢《唐山大地震》

解放军文艺出版社出版的该书封面

1976年7月28日凌晨,在毫无征兆的情况下,一场史无前例的大地震席卷唐山。前后仅仅23秒,整个唐山被夷为平地,24万多人从此长眠废墟之下。时至今日,那一幕幕惨状仍在人们心头挥之不去。作为当年大地震的亲历者,钱钢将自己的所见所感和对大地震的深度思考全都熔铸于笔端,动情地写下了报告文学《唐山大地震》。

那一年还只有23岁的钱钢,被抽调到上海《朝霞》杂志社做编辑。当他听说发生了地震时,便毫不犹豫地收拾行囊要到灾区去。在上海虹桥机场,本应运输乘客的飞机却装满裹尸袋,一架又一架飞往唐山。钱钢要求随机飞往唐山,但被严厉喝止。在等待了10天后,钱钢才终于和上海防疫大队一起出发前往灾区。临行前,一些熟人在纸条上写上人名、门牌号,托钱钢帮他们在唐山找人。可抵达唐山后,哪里还找得到门牌呢?昔日繁华的工业重镇已成为一片废墟,眼前的惨烈之景至今回忆起来都让他难以忘怀。整座城市弥漫着死亡的气息,那些恍若游魂般的幸存者,似乎来不及思考,也来不及感觉,甚至来不及为眼前这生离死别而悲恸。

在救援过程中发生了太多触目惊心的事,最让钱钢心酸的是数千名孤儿被送往各地的孤儿院

《唐山大地震》

报告文学,1986年由解放军文艺出版社首次出版。

1986

283

抚养。在送往途中，他们没有哭也没有闹，把护送的救援人员当作自己唯一的亲人。为了不让孩子们情绪失控，钱钢一队人第二天只能悄悄在孤儿院窗外看望他们，恰好有小孩眼尖认出了钱钢，随即又哭又叫，赶忙从床上跳下来便追，而钱钢也只能强忍着内心的伤痛咬了咬牙，趁着混乱低头就跑。正是在灾区的种种经历和牵绊，让钱钢在这之后的十余年时间里一直在受灾区追踪访问。他除了力所能及地帮助灾民，还记录下最珍贵的史实资料。

  自古以来，人在大自然的面前都是极其渺小的。但是在面对大地震时，人类所表现出来的顽强意志和坚韧姿态却大大超乎自己的想象。钱钢在书里这样写道："人类在未曾经历灭顶灾难之前，很难想到生存对于生命的含（原文作"涵"）义，也很少意识到生存本身需要怎样的坚韧与顽强。常常，生命的消失不仅仅在于外在的灾难，而更在于虚弱的人类本身。"我们在哀痛逝者的同时，也感叹幸存者在面对灾难时所表现出来的强大生命意志。当年，有一位老妈妈在废墟下被困了13天后得到救援。13天，没有任何食物和水，已是这位老妈妈的生命极限，但是她却坚韧顽强地活了下来。钱钢在采访她时，这位老妈妈语无伦次地说了很多，而这混乱的记忆却是最真实的。后来，这位老妈妈还在春节时邀请钱钢去她家包饺子。这位在地震中失去丈夫和女儿的孤独老人，早已把钱钢当成了自己唯一的亲人，亲切地唤他为"孩子"。

  弹指一挥间，43年已经过去，唐山人民在战胜灾难、重建自己家园的过程中所表现出来的坚强、勇敢、强大，不由得让人们钦佩和赞叹。同时这种种力量最终凝结成为强大的抗震精神，它不仅仅是所有唐山人民宝贵的精神财富，更是我们全人类共同的精神追求。

  近年来地震灾害频发，2008年和2010年我国先后发生了四川汶川大地震和青海玉树大地震，造成巨大的人员和财产损失。这两次大地震不由得让人们想起当年的唐山大地震，钱钢的这本书又一次被人们提起。钱钢在《唐山大地震》再版序言中这样说："本书所记录的历史事实，时而被人淡忘，时而又被突然提起。被淡忘的日子，它本应被记忆；而被突然提起，却每每在不忍回首之时。"的确，伤痛的记忆总是不愿被提及，但是我们更不应该淡忘这些曾经真实发生过的苦难。

透过钱钢的《唐山大地震》，我们看到灾难的可怕无情，看到人类面对灾祸时表现出来的顽强和抗争，同时也反思人和自然之间如何相处的问题。作为当代报告文学中的经典之作，这样一部作品理应得到我们每一代人的重视。它让我们学会用正确的态度去正视历史，去面对灾难。

（刘婕宇）

钱钢

　　1953年出生，浙江杭州人，中国报告文学代表性作家之一。其代表作有《唐山大地震》《海葬》《大清留美幼童记》（与胡劲草合作）、《旧闻记者》等。

　　《唐山大地震》曾获得1986年全国十大畅销书奖、全国优秀报告文学奖、全国图书金钥匙奖。

96. 没有大国崛起，何来小民尊严
——何建明《国家——2011·中国外交史上的空前行动》

作家出版社出版的该书封面

《国家——2011·中国外交史上的空前行动》

报告文学，2012 年由作家出版社首次出版。

2012

作为一名普通的公民，你会因为中国首次载人航天飞行成功或 GDP（国民生产总值）总量跃居世界第二而感到自豪。不过，这些都是你在安稳生活中的数据体验。可当有一天你漂泊异国他乡，身无分文，身处枪林弹雨，在死亡线上挣扎，你的国家不顾艰难险阻带你回家，这时的你是否会更加明白"国家"这个词的意义和重量呢？

作家何建明的报告文学《国家——2011·中国外交史上的空前行动》（以下简称《国家》）以 2011 年那场史无前例的"利比亚撤侨"为创作中心，首次从外交官的视角出发，详细而真实地记录了我国政府如何迅速而高效地将 35860 名侨民从那场动乱中安然带回自己祖国的事件。这也正好印证了何建明在创作《国家》时的初心，"如果离开了自己的国家，你还会有什么？如果没有了自己的人民，国能是什么样？"

对何建明来说，创作《国家》是一件既紧迫又重要的事情。从收到外交部的邀请到创作完成，这中间留给他的时间并不多。因此，一接到写作任务，何建明就马不停蹄地开始广泛地收集资料，进行实地调研，对那场动乱中的 50 多个事件亲历者进行深入的采访。

何建明坦言，在采访和记录这个外交事件时，自己被外交官们无私而坚强的精神所感染。不论是高层领导为了保护同胞安全时的临危不惧、外交人员在处理各种外交事项时的唇枪舌剑，还是"特别行动小组"亲临一线的舍生忘死，这些都令何建明感动不已。

在对外交官的采访过程中，何建明才了解到外交官这样一个群体的真实工作状态。外交官是一个看似风光的职业，其实，我国大多数的外交官一直都处在充满战乱、疾病、高海拔、高温、饮用水困难等艰难的环境中为祖国保驾护航。因此，在创作这部作品的过程中，何建明总是会想起周恩来总理任外交部部长时对外交官的定义：不穿军装的"文装解放军"。他曾提道：如果是参战的解放军，他们每人手中都应该有武器；然而，身为"文装解放军"的外交官，他们不能随身带武器，他们只能用血肉之躯和一颗忠诚于国家的赤诚之心去迎接枪林弹雨下的战斗。

创作《国家》对何建明来说是一件极不容易的事。《国家》这部作品横跨了的黎波里、班加西、塞卜哈、米苏拉塔、伊斯坦布尔、雅典等多个地区，需要在全球视野下来述说中国外交部解救侨民的故事。而如何驾驭"外交"这一本身就具有神秘性的题材，以及如何书写正在世界面前崛起的中国形象，这都是摆在何建明面前的大难题。

为了准确地再现"利比亚撤侨"事件，何建明采用了"国家叙事"这个大的视角。与一般文学作品中所展示生硬、简单、死板的"高、大、全"的"国家叙事"不同，何建明以人物和故事为核心，用紧凑而合理的结构展现了中国外交部近乎完美的撤侨行动。何建明表示：今天的中国所做的许多事，不仅展现的是一个崛起大国的形象，而且有的事件本身就具有国际意义，我们作为叙述者和记录者，应当有世界视野，有时代和历史的高度。

至今，距离《国家》的出版已经过去好几年了，可何建明依然久久不能忘记自己在采访时听到的一个细节：在一个边防关口，当地警察扣住了几十名中国工人，车辆也被没收，理由是他们没法证明这些人都是中国人。如何证明？撤侨工作组人员灵机一动，他们都会唱中国国歌！"起来！不愿做奴隶的人们……"工人们唱得声情并茂、高亢昂扬，利比亚警察被镇住了，在国歌声中，他们顺利过境。何建明认为"这些鲜活的故事是文学家写不出也编不出来的"。

《国家》这部作品向我们诠释了"家是最小国，国是千万家。有了强的国，才有富的家"的真谛。何建明以史学家的气度和诗学家的气质书写了祖国与人民血脉相承、骨肉相连、家国一体的真挚感情，"没有大国崛起，何来小民尊严"。

（杨颖）

何建明

1956年出生，江苏苏州人，作家。现任茅盾文学院院长。其代表作有《共和国告急》《落泪是金》《国家行动》《部长与国家》《国家——2011·中国外交史上的空前行动》等。

曾荣获全国优秀报告文学奖、鲁迅文学奖、徐迟报告文学奖和中宣部精神文明建设"五个一工程"奖等多个奖项。

97. 君子淡如水，岁久情愈真

——李春雷《朋友——习近平与贾大山交往纪事》

刊载《朋友——习近平与贾大山交往纪事》的《光明日报》2014年4月21日版面

《朋友——习近平与贾大山交往纪事》

2014年4月20日新华社以通稿形式发表的纪实文学，后由中国言实出版社首次出版。

2013年末，李春雷在读罢康志刚在博客上贴发的中共中央总书记习近平在1998年发表的悼念文章《忆大山》之后，他感觉到意犹未尽，内心久久不能平静。在朋友魏定的激励下，他到正定实地去搜寻材料，完成了感人肺腑的纪实文学：《朋友——习近平与贾大山交往纪事》（以下简称《朋友》）。

此篇纪实文学一出，就感动了无数人，引起海内外巨大的反响。一时之间，"习贾之交"成了继高山流水、管鲍之交、三顾茅庐后广为流传的美谈，习近平总书记在与贾大山交往中展现的勤学苦读、知人善用、重情亲民的风范成为基层干部学习的榜样。"习贾之交"的故事，让人们看到中华民族在新时代的勃勃生机。李春雷也凭借这篇纪实文学荣获了2015年孙犁文学奖、第七届鲁迅文学奖报告文学奖。

当时，习近平总书记与贾大山的真情故事在正定流传了好几个版本。李春雷为了正本清源，探究这个故事的原委，便多方查找资料，翻阅该县原文保所所长的日记，还找了几位当年的知情人，进行多方位的考实、佐证，以此还原当时的真貌。同时，李春雷为了体验当时的状态，他还特意走了当年习近平总书记拜访贾大山的路线。在一次次的采访和对故事的还原过程中，李春雷再次被习近平总书记与贾大山真挚的友谊所感动，不禁叹道："这个故事真实、感人且完整，是任何天才作家也虚构不出来的。而且，它拥有独特的现实意义和永久的历史价值。"李春雷为了给历史留下真实而精美的作品，他决定打破传统的写法，融合古典诗文，用纯正的文学笔法来写。

但是当真正下笔时，李春雷却面临着一个巨大的考验：该从什么角度去树立党和国家最高领导人的形象？人们总是不自觉地往"高大全"的方向去呈现领袖人物，但是这种笔法却可能会让领袖人物与人民群众有很大的距离感。思索再三之后，李春雷觉得习近平总书记的微笑和真诚是面对贾大山的，也是面对大家的。习近平总书记是贾大山的朋友，也是大家的朋友。于是，李春雷决定回到创作之初，从人情、人性的角度写出生活和工作中最本色的习近平。所以，在文中除了必要的时候，他都情真意切地直呼习总书记的名字：近平。

几经修改，李春雷终于写完了《朋友》。可是文章报送光明日报社审阅通过后，按有关程序报送中央办公厅审阅，之后就没有音信。"毕竟题材太特殊了。而且，中办通行的是公文体，而我的写作是文学语言，他们能认同吗？还有，文内的称呼大都是'近平'，是否会有犯忌？"此时的李春雷感到心灰意冷。可是正当李春雷感到泄气时，北京方面却通知他去面谈。令李春雷感到意外的是，中南海的有关人员肯定了他的作品，只是提出了几点修改意见。李春雷听取了修改建议，与负责审稿的同志通了无数次电话，增添了李满天这个人物，删掉了一些闲笔，斟酌了文章的一些句子。其实，整个修改过程并不容易，李春雷为了确保文章的真实性和准确度，保证每句话言之有据，他对文内的每一个字都进行了反复推敲。作为纪实文学,尤其事关党和国家最高领导人,《朋友》里不能有任何虚构和想象。在修改中,最费周章的还是李满天这个人物,为了核查李满天名字的正确性,李春雷查遍档案和县志,四处探访他的亲戚。而让李春雷庆幸的是,在他最担心写作方法会改弦易辙的问题上,中央办公厅还是尊重了他借鉴古代散文增添艺术效果的意见。改完《朋友》的李春雷,再次深深明白具有严苛真实性的纪实文学所承载的书写新时代"史记"的重任。

君子淡如水,岁久情愈真。诚如李春雷所说:"当今中国,解决了许多难题,办成了许多大事。所有这些成就,都蕴含着无数精彩人物故事,都需要作家通过讲好中国故事来反映和记录这些历史性变革。"而习近平总书记与贾大山这段千载难逢的君子之交、岁久之谊的故事,不仅彰显了中华民族的传统美德,它还像一股温和的暖风,让人们在历史的变革中坚定中华民族在新时代的航向。

(杨颖)

李春雷

1968年出生,河北成安人,作家。现为河北省作家协会副主席、中国报告文学学会副会长。其代表作品有《钢铁是这样炼成的》《宝山》《木棉花开》《朋友——习近平与贾大山交往纪事》《夜宿棚花村》等。

曾获鲁迅文学奖、中宣部精神文明建设"五个一工程"奖、徐迟报告文学奖(蝉联三届)、中国新闻奖、全国优秀短篇报告文学奖(蝉联两届)、冰心儿童文学奖。

98. 拓荒者的劳动交响曲
——丰收《西长城——新疆兵团一甲子》

人民文学出版社出版的该书封面

《西长城——新疆兵团一甲子》

报告文学，2014年由人民文学出版社首次出版。

2014

"无论父辈怎样地乡音不改，兵团第二代、第三代的故乡都是——新疆。"作家丰收写出了每一个新疆生产建设兵团人的心声。

新疆生产建设兵团是捍卫我国边疆稳定的"西长城"，自1954年创建至今，它已经走过了65年的漫长征程。报告文学《西长城——新疆兵团一甲子》（以下简称《西长城》）是送给兵团最好的礼物。作者丰收以新疆生产建设兵团为创作的土壤，全景式地反映了兵团走过的60年风雨历程。他从西北野战军第一兵团奔赴新疆、徒步穿越塔克拉玛干大沙漠这片死亡之海开始写起，然后写到他们屯垦戍边、剿匪平叛、兴修水利、开荒造田、种植棉花和瓜果，使新疆变成郁郁绿洲的辉煌历史。

真实性是报告文学的精魂所在，丰收也深知"报告文学是知识分子理性认识、把握社会的一种方式"。他怀着巨大的勇气，选择以兵团成立60年的宏大历史背景为素材，旨在创作一部反映新疆生产建设兵团精、气、神的《西长城》。即使孩提时代已经在新疆生活，但是搜集大量的人物资料和兵团史料，仍然是丰收需要攻克的大工程。从确定作品创作主题之后，丰收便开始了长达20多年的资料整理与实地考察之旅。丰收希望自己的作品能够最大限度地还原那一段历史，于是他不断地翻阅浩如烟海的史料和新闻报道，常年与孤灯清影为伴。在这期间，他基本上把兵团的每个团场连队都跑了一遍，采访了200多人。丰收还坚持与兵团里面不同性别、性格、职位的人接触，深入了解他们生活的方方面面。最终，他从250万兵团人中选择了上百个有名有姓的兵团人作为作品的主体部分。更难能可贵的是，丰收的这本书里还收录了大量新疆生产建设兵团的老照片。正如丰收在接受记者采访时曾说："'涉深水者观蛟龙，涉浅水者得鱼虾'，功夫到了哪一步，你就能达到哪一步。"

透过丰收笔下的这些故事，我们看到了兵团人对建设新疆的深厚感情。作品中不仅介绍了兵团创始人王震、陶峙岳、张仲瀚等"大人物"是如何开始建设新疆的艰难创业史，也讲述了用一公斤粮票找到老婆的理发师小麻子、为建设新疆舍小家的棉花专家陈顺礼、马武军与他"一个人的哨所"等这些"小人物"的动人事迹。只要是丰收视野所及之处，他都希望用自己的笔将兵团人可歌可泣的生活刻印在宏大的历史长河里。

在创作这部作品的过程中，丰收坦言自己有时也会觉得很累。但是，当谈及为什么想到要创作这样一部作品时，丰收十分坚定地说："在西北边疆，这一群人有家国情怀，他们在沙漠的边缘，在边缘的地带，一直坚守着一代人、坚守着又一代人。我想传达的就是让每一个生活在幸福中间的人，使他们多多少少能记起来，他们的安逸和幸福是因为一部分人在付出。"

丰收将这部作品取名为《西长城》也有着特别的寓意在里面。丰收认为"屯垦戍边它本身就是一座可移动的长城，这座长城是用兵团人的青春、生命、血脉铸就的。数百万兵团人一直坚守在西部边疆，守卫祖国，就是为了国家、民族的最高利益"。一代又一代的新疆兵团人，将国家、民族的利益置于生命的第一位，他们兢兢业业、勤勤恳恳，将自己的青春和热血挥洒在新疆这一片绿洲上。丰收的《西长城》描绘了这群新疆拓荒者们真实的生活画面，它是"一部拓荒者的劳动交响曲，是一首儿子献给父辈们的颂歌，也可以说是新疆生产建设兵团所有将士们的凝固雕塑群像"。

《西长城》里塑造的时代拓荒者群像，充分显示了新时代人们对新疆生产建设兵团屯垦戍边、保家卫国这一爱国行为的肯定，以及对铸剑为犁的兵团精神在当下社会的弘扬。《西长城》也因此获得了第七届鲁迅文学奖。它的获奖，推动了兵团文学的发展，有利于广大作家进一步理解习近平总书记在文艺工作座谈会上提出的"中国精神是社会主义文艺的灵魂"这一重要论断。

（杨景交）

丰收

出生于1950年，籍贯河南夏邑，作家。现任新疆生产建设兵团作家协会副主席。其代表作有《西长城——新疆兵团一甲子》《西上天山的女人》《镇边将军张仲瀚》《铸剑为犁》等。

2018年8月11日，《西长城——新疆兵团一甲子》获第七届鲁迅文学奖报告文学奖。

99. 向海图强

——许晨《第四极——中国"蛟龙"号挑战深海》

作家出版社出版的该书封面

2012年6月24日,"蛟龙"号载人潜水器在马里亚纳海沟创下最大下潜深度7062米的中国载人深潜纪录,实现了中华民族"下五洋捉鳖"的美好愿景。作家许晨以此为对象,创作了《第四极——中国"蛟龙"号挑战深海》(以下简称《第四极》)。这部以我国深海载人潜探的"蛟龙"号研制为对象的长篇报告文学,是对人民伟大创新实践活动的一次动情的文学书写。在强化海洋强国战略、大力建设海洋文明的新时期,这部传播海洋精神的作品,对整个民族树立海洋强国意识和探索海洋精神起着积极的作用。

许晨与"蛟龙"号结缘,似乎是冥冥之中注定的。酷爱海洋的许晨,于2012年7月前往青岛专心从事文学创作。恰逢这时,成功创造世界探海纪录的"蛟龙"号正停泊在青岛市奥帆中心码头。许晨看着这个科技界的"国宝",对它的崇敬之情油然而生,许晨深知"蛟龙"号的横空出世对于我们整个国家和民族的重大意义,于是,创作的火花随之迸发。许晨决定要摸清"蛟龙"号的来龙去脉,并用文字记录下那些"共和国不能忘记他们,历史不能忘记他们"的科学家、试航员和船员水手建设海洋强国的动人故事。

为了写好这部作品,整整四个年头,许晨扑

《第四极——中国"蛟龙"号挑战深海》

发表于《中国作家》2015年纪实版第11期的报告文学,2016年由作家出版社出版。

下身子，扎扎实实做一名海洋知识的求索者。他利用所有业余时间，不断地查阅、采访、收集、整理海洋文化的材料，并且深入了解、掌握世界和中国载人潜水器的历史发展过程。在《第四极》中，我们能够感受到丰富的海洋知识、深潜知识，以及海洋深处那些奇特的美景，它呼唤着我们大胆去探求大海深处的奥秘。

"纸上得来终觉浅，绝知此事要躬行"，有着丰富报告文学创作经验的许晨深知亲身体验对于创作的重要性。因此，2014年的夏天，他跟随"蛟龙"号在海上漂泊了近2个月，航程近万海里，经历了凶险台风、海浪的袭击。在那些海上航行的日子，许晨与"蛟龙"号研发、深潜、后勤保障等参与者朝夕相处。他目睹台风来临时船上这些人的生活常态，还随同"载人深潜英雄"傅文韬钻进"蛟龙"号舱内体验真实的深海情景。与"蛟龙"号、海洋亲密接触的两个多月，许晨感受到了那些科学家、深潜英雄和后勤保障员等奋战打造"蛟龙"的团队精神，同时也收获了大量第一手鲜活而丰富的写作素材。

在许晨真正动手创作这部作品的过程中，还有一位特殊的"朋友"一直陪伴着他，给予他精神上的极大鼓励。这位密友就是放在许晨案头上的一瓶泡在海水中的锰结核矿石，那是他在太平洋上得到的特殊礼品。许晨说："写作累了，我抬头看一眼潜航员采自深海5000米的宝贝，身上立刻有了无穷的力量。"

说到《第四极》名称的由来，也是他一次大胆而浪漫的想象。一开始，许晨把作品定名为《中国"蛟龙"》，但他觉得这个名字没有让人眼前一亮的冲击感。后来，在与朋友们的讨论下，"第四极"的影子突然浮现在许晨的脑子里：南极和北极，号称地球上最远端的"第一极"和"第二极"；珠穆朗玛峰是世界最高峰，人称"第三极"。经过几代人的努力，这些地方都被人类征服了，然而还有一个极点未被真正涉足探究，那就是数千米乃至数万米以下的海底深处，即世界上最深极——第四极！以探索深海奥秘为己任的"蛟龙"号，不就是挑战第四极的勇士吗！大家都觉得这个名字的寓意更加深远，也彰显了人类不断探索未知世界的挑战精神。

正如《第四极》的题记所写，"未知世界奥妙无穷，人类求索永无止境，南极北极珠峰高极，潜海深极看我蛟龙"，这部以中国航海史和海洋文化为题材的报告文学，有力地诠释了建设海洋强国的重要性，更弘扬了中国海洋人的奋斗和探索精神，它鼓舞着人们向海图强。

（杨景交）

许晨

1955年出生，籍贯山东德州，作家。其代表作有《第四极——中国"蛟龙"号挑战深海》《一个男人的海洋——中国航海家郭川的故事》《真情大援川》《钢铁铸造的岁月》等。

2018年8月11日，《第四极——中国"蛟龙"号挑战深海》获第七届鲁迅文学奖报告文学奖。

湖南人民出版社出版的该书封面

《乡村国是》
发表在《中国作家》纪实版2017年第9期的报告文学。

100. 精准扶贫的中国式故事

——纪红建《乡村国是》

一个矫健的身影频繁地出现在广袤而贫瘠的中西部地区,穿行在高山密林、河流峡谷、沙漠戈壁之间。他进入那些近乎荒凉的边远村庄,面对那些依然处在贫困之中的村民和他们不如意的现状,他还看到了在他们之间还有另一群人,一群生活在这些贫困人口之中的人。这些人肩负着领导当地人快速脱离贫困、迈入新生活的艰巨任务,他们是精准扶贫庞大队伍中的一员。年轻人和他们不断交流,向他们询问每一个具体的问题,专注地寻找着什么。他不时录音,飞快地做笔记,仔细地倾听每一个他遇见的人的话语。他在为创作《乡村国是》搜集素材,他想为那些在祖国中西部偏远地方无私奉献过的人留下一些印记。

这个年轻人就是纪红建,湖南望城人。1996年他应征入伍,成为一名战士。由于文笔很好,他在部队主要从事文职工作,还曾担任过《北京军事志》编辑。纪红建自1994年开始发表作品,不断有各类佳作相继推出。

作为一个军人,纪红建的创作更多的是对准家国情怀这一宏大的时代主题。他以一个作家的敏感,对于时代的脉搏跳动,有其精准的把握。

当他决定要进行新的创作时，他自觉地将目光投向了广阔的中西部——因为他得知，从卫星遥感的中国夜晚的地图上面，可以清楚地发现"光明"和"暗淡"的两块。东南沿海经济发达而且人口密集的地区，夜晚华灯璀璨，熠熠生辉；但是更加广袤的中西部偏远地区，不仅人口稀少，而且入夜几乎就被黑暗吞没。这一现象震撼了纪红建的心灵。他很想了解在那些地方继续生活着的人们，究竟是处在怎样的一种境地。我国的贫困地区主要集中在内陆尤其是中西部农村，但是贫困程度究竟是怎样的？人们都没有具体的感知。截至2018年年底，我国仍有1660万农村贫困人口。这就是习近平总书记提出要狠抓扶贫工作、展开精准扶贫的原因。

  纪红建立下了这样一个目标，就开始全力投入现场调查和采访。他风尘仆仆地奔走在祖国39个贫困县的山山水水之间，体验那里艰苦的生活，观察那里的风土人情，聆听扶贫人员的酸甜苦辣，兢兢业业收集第一手材料。这当中的苦乐只有他自己清楚。纪红建将100多万字的采访素材和200多小时的采访录音，以及大量的参考资料，整理并仔细整合后，开始了艰辛的创作。他运用一个个鲜活的故事，串联起整个漫长的采访过程，将自己在贫穷村庄里的所见所闻都记录在《乡村国是》中，生动地展现出新时期扶贫工作，尤其是习近平总书记提出的精准扶贫工作所面对的各种各样的现实困难和问题，以及在大家的共同努力下所取得的巨大成绩。《乡村国是》的意义，已经超出了精准扶贫报告文学这一题材与体裁，而涉及国家的政治、经济、文化等各个方面的大事。

  2018年，第七届鲁迅文学奖获奖名单里，出现了纪红建的名字。他的获奖作品就是《乡村国是》。这部作品凝聚了纪红建对家国的关注和热爱，将时代赤子们伟大而平凡的事迹永远留存，把中华民族在艰难困苦之中不屈奋进的伟大精神铸成文字不朽的丰碑。纪红建经历数年的披星戴月、跋山涉水之后，所有的辛劳化作这一本沉甸甸的作品。

　　就是这部作品，不仅使人重新认识到湖南文学的实力，也让文坛重新认识了"报告文学"这一体裁的作用。在当下的文学阅读中，人们一般对于小说、诗歌和散文这三类文学体裁更感兴趣。但是通过报告文学作者的不断努力，近年来人们对于这一体裁也开始给予更多的关注。随着《乡村国是》的出版，人们开始意识到这一体裁的重要性和现实性。它为作家的创作和读者的阅读，提供了一个崭新的视角：广阔的现实生活里，需要一种积极的东西，那可能还不是一种所谓的"情怀"，而是一种民族不断前进的激昂精神——指引我们永不止息对未来所有可能的探索。

（苏大平）

纪红建

　　笔名湘水，1977年出生，湖南望城人，作家。著有诗集《忠诚》《诗歌生长的地方》，散文集《皇城背后看北京》，长篇报告文学《不孕不育者调查》《哑巴红军传奇》，纪实文学作品集《古都北京警卫风云》《中国御林军》《中国明朝抗倭纪实》《中央警备团警卫纪实》等。

　　2017年12月，获得第二届"中华文学基金会茅盾文学新人奖"。2018年8月11日，凭借《乡村国是》获第七届鲁迅文学奖报告文学奖。